글로벌 기후변화 거버넌스와 국제법

Global Climate Change Governance & International Law

정서용

박영사

서 문

1990년대 중반 미국으로 유학길에 오른 이후 국제환경문제는 저자에게 항상 중요한 관심사가 되어 왔다. 교토 의정서가 탄생하기 전 미국 대학교 세미나에서 시장질서에 기반을 둔 새로운 접근 방법에 대한 논의는 전통 웨스트팔리아적 국제법적 접근 방법에 친숙했던 저자에게는 하나의 충격이었다. 기후변화 문제는 단순한 환경 보호의 문제 수준을 넘어서서 인류의 생존 문제이자, 새로운 국제질서 재편을 선도하는 정치·경제의 문제이다. 이 때문에 기후변화 문제에 대한 대응은 관련 이슈를 종합적으로 이해하면서 효과적인 문제 해결방법을 모색하는 학제적 연구를 필요로 하였고, 이것은 판례를 분석하는 것만큼이나 흥미롭고도 한편으로는 새로운 도전이었다.

기후변화가 인간의 경제활동의 결과라는 점을 믿는다면 기후변화 문제를 해결하기 위해서는 인간의 경제 활동이 기후변화 문제를 일으키지 않는 방향으로 유도할 필요가 있다. 여기에 더하여 기후변화는 글로벌 이슈라는 점에서 주권 국가로 구획되어 있는 국제사회에서 국가들이 어떻게 협력하여 문제해결을 함께 해 나갈 것인가를 찾아내야 한다. 분권화된 국제사회에서는 투명한 정보, 효과적인 모니터링 그리고 위반자에 대한 제재를 전제로 하는 규제적 접근 방법은 기후변화 문제를 해결하는 데 있어서 많은 경우 한계를 보이고 있다. 우리에게 그럴싸한 해답을 주리라고 기대하였던 유엔은 논의의 정치화, 정부 위주의 논의, 유엔의 관료주의화 등으로 인하여 2012년 이후 새로운 기후변화 체제를 만들어 내는 데 큰 고통을 겪고 있다. 이에 대하여 G20를 비롯한 다른 협의체들은 유엔의 노력에 더하여 기후변화 문제 해결을 위한 새로운 방안 모색에 나서고 있다.

이렇게 복잡하고 어려운 기후변화 문제를 효과적으로 해결하기 위해서는 기후변화와 관련된 다양한 문제들을 이해해야 한다. 그 바탕 위에서 국가를 포함한 다양한 이해관계자들 간에 효과적으로 문제를 해결할 수 있는 실용적인 방안을 마련할 수 있도록 거버넌스를 재편하고, 기후변화 레짐을 발전시킬 수 있을 때 국제법은 사회로부터 부름을 받을 수 있을 것이다. 그동안 우리나라에서 기후변화를 비롯한 국제환경 문제를 바라보는 국제법의 시각은 이러한 도전에 대해서 다소 소극적이었던 것 같다. 『글로벌 기후변화 거버넌스와 국제법』은 이러한 상황에서 좀더 적극적인 국제법의 역할을 모색하려는 시도를 하고 있다. 기후변화 문제를 다루기 위한 법의 기본 바탕을 이해하기 위해서 과학적, 경제적, 정치적 측면의 이슈들을 바라보면서, 국가들이 적극적으로 이행을 하지 않는 구속력이 있는 법레짐을 논의하기보다는, 문제 해결을 위해서 법이 어떻게 효과적인 역할을 할 수 있을 것인가를 모색하고자 했다.

이러한 저자의 시도는 그동안 종종 정부 대표단의 일원으로 협상에 또는 관련 국제기구 활동에 참여하면서 또는 학자로서의 연구 과정에서 사회문제를 효과적으로 해결하지 못하는 국제법에 공허할 수 있다는 실용적인 태도에서 기인하고 있다. 국제사회 규범의 총체가 국제법이라면 국제사회가 해결을 원하는 이슈를 효과적으로 잘 해결할 수 있는 국제법 규범을 모색하는 것이 필요하다. 저자의 이러한 접근방법은 미국과 영국 등에서 학제간 연구와 교육의 세계에 푹 빠져 있던 영향이기도 하다. 어찌되었건 이제는 그동안 연구해 온 것들을 정리하고 싶었다.

『글로벌 기후변화 거버넌스와 국제법』은 학제간 연구방법론과 실용적 접근방법론에 바탕을 두고 있는 관계로 다양한 용도로 사용될 수 있을 것이다. 국제법의 새로운 이론적 측면을 연구하고자 하는 연구자는 물론, 기후변화 문제에 대한 심층적인 이해를 하고자 하는 학생, 실무가 또는 일반 독자까지도 관심을 가져주기를 기대한다.

여기에 실린 글들은 저자가 이번에 모두 새롭게 작성한 것은 아니다. 지난 10여년 간 저자가 해 온 연구를 현재의 시점에서 정리한 부분이 있는가 하면, 독자의 이해를 돕기 위해서 이번에 새롭게 작성한 부분도 있다. 제 1 장, 제 3 장의 일부, 제 4 장의 일부, 제 5 장은 새롭게 작성한 것이고, 그 외는 기존에 출판하였던 논문 등을 다시금 수정 · 보완한 것이다. 항상 글을 마무리할 때면 부족함이 느껴지는데 이번에도 이러한 부족함을 피하기 어렵다. 그렇지만 기후변화에 대한 다양한 논의가 진행되는 상황에서 그동안의 연구결과를 조금이나마 정리하여 내놓고 싶다는 생각 또한 피할 수 없었다. 앞으로 더욱 노력하여 부족한 부분은 후에 보완을 하리라고 다짐을 해 본다.

『글로벌 기후변화 거버넌스와 국제법』이 출판되기 위해서는 많은 분들이 도움을 주셨다. 박영사의 여러 관계자 분들은 기후변화라는 독립된 주제에 대한 저서 출판을 하기로 결정해 주심은 물론, 출판 과정에서 여러 가지 어려웠던 일들을 잘 해결해 주셨다. 고려대 제자로서 현재 글로벌녹색성장연구소에서 근무하는 이고은 양, 그리고 현재 석사과정에서 열심히 수학하고 있는 김진엽 군은 바쁜 중에도 원고 교정 등에 도움을 주었다. 부족한 아들에게 항상 힘을 심어 주시고 격려해 주시는 부모님과 사랑하는 아내, 그리고 삶의 기쁨을 선사해 주고 있는 아들 구준을 비롯한 나의 가족이 없었다면 작업을 끝내지 못했을 것이다. 이 모든 분들에게 진심으로 감사드린다.

2011년 1월
안암동 연구실에서
정 서 용

차　례

제 1 장　기후변화 문제에 대한 대응 / 3

제 2 장　국제환경문제에 대한 새로운 대응 방법론의 대두: 규제에서 시장으로 / 23

제 3 장 기후변화 협약 체제의 형성과 발전 / 47

제 4 장 글로벌 기후변화 대응 체제의 다원화 / 101

제 6 장 우리나라의 기후변화에 대한 대응 / 161

부 록

CHAPTER 1
기후변화 문제에 대한 대응

1. 기후변화의 원인과 영향
2. 기후변화 경제학
3. 국제협력의 필요성
4. 기후변화레짐의 전주곡: 국제환경레짐의 형성

제 1 장 기후변화 문제에 대한 대응

1. 기후변화의 원인과 영향

기후변화 문제에 대한 대응방안을 마련하기 위해서는 기후변화의 원인과 영향에 대해서 이해하는 것이 중요하다. 19세기 중반 이후 지구의 평균 기온은 약 6도 정도 상승하고, 특히 최근에는 계속해서 20세기 들어 가장 높은 기온을 기록한 해가 속출하고 있다. 이러한 기온 증가는 해수면 상승도 가져와서 20세기 동안에 해수면이 10-20센티미터 정도 상승하였다. 또한 해양의 생태적 특징에도 변화를 가져왔고 특히, 엘니뇨 등의 이상 현상이 증가함에 따라 미주, 아시아 등의 기후체계에 영향을 주고 있다.

기후변화는 온실효과의 영향이다. 태양으로부터 전달되는 복사열이 지구의 대기를 투과하여 지표면에 닿으면 약 절반은 지표면에 흡수되고, 나머지는 다시 대기 중으로 방출된다. 대기 중으로 다시 방출된 복사열의 일부는 대기를 투과하고 일부는 다시 지표면으로 반사된다. 그런데 대기 중 온실가스로 불리는 가스의 농도가 높아지면 지구 대기권 밖으로 빠져 나가야 할 복사열이 다시 반사되어 지표면으로 방출되어 결국 대기 중 온도를 상승시키게 된다.

이러한 기후변화를 일으키는 요인은 크게 자연적인 요인과 인위적인 요인으로 구분할 수 있다. 자연적인 요인은 기후에 영향을 주는 다른 요인들과의

〈그림 1-1〉 온실효과

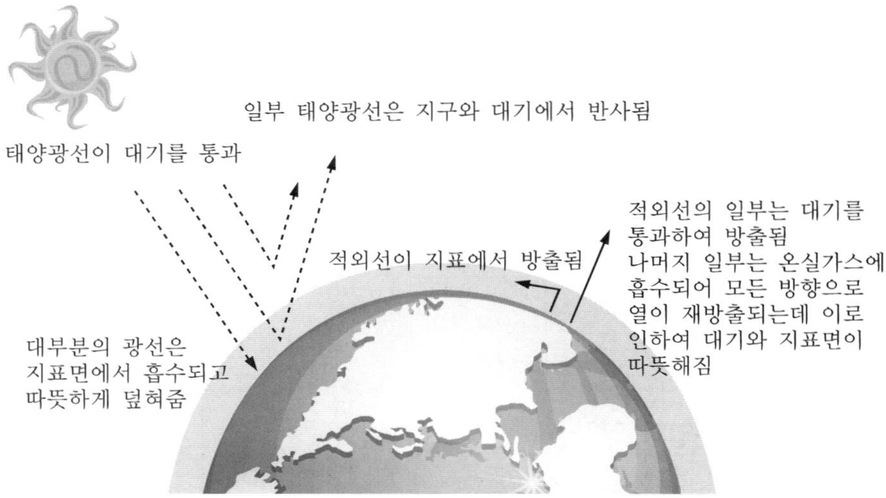

[온실효과]

상호작용에 의해서 기후변화가 발생되는 경우이다. 대기, 해양, 남극의 빙하, 고산지대 빙설, 육지의 물, 대기 중의 에어로졸 등이 상호 작용을 하면서 궁극적으로는 지구의 대기 상태를 결정한다. 이러한 기후변화의 결정 요인 중에서 특히 중요한 것은 인위적 요인에 의한 기후변화이다.

인위적 요인은 여러 가지가 있다. 대기 중 온실가스의 증가, 에어로졸의 효과, 잘못된 토지의 사용, 산림 파괴 등이 그 예이다. 에어로졸이란 대기 중의 미세한 입자들로서 자연적으로 뿐만이 아니라, 산불이나 농작물 소각 시에 발생하는 이산화황 등의 기체에 의해서도 생성된다. 이들은 온실가스와 반대로 태양광을 차단하고 산란을 시켜서 대기를 냉각시키는 역할을 하기도 한다. 인간의 활동에 의해서 만들어지는 에어로졸은 짧은 기간 동안에만 대기 중에 남아있기 때문에 산업지역과 같은 발원지역 부근에 집중되는 경향이 있다. 또한 과잉 토지이용이나 도시화 및 산업화로 인한 고층 건물의 등장은 지구의 토지 피복 상태를 변화시킴으로써 복사열의 흡수 및 반사 정도에 영향을 주게 된다. 특히 도로 건설, 벌목 등으로 인한 산림 파괴는 지구 온난화의 부정적인 요인 중 하나이다. 산림파괴는 생물 다양성의 파괴는 물론 지표의 물 순환 및 대기 중 이산화탄소 배출량을 증가시킴으로써 지구 온난화를 더욱 부채질하는 경향이 있다.

물론 현재 지구 온난화의 가장 대표적인 인위적 요인은 온실가스의 증가이다. 현재 기후변화 협약 체제에 의해서 규제되고 있는 온실가스는 모두 6가지로서, 이산화탄소(CO_2), 메탄(CH_4), 아산화질소(N_2O), 수소불화탄소(HFCs), 과불화탄소(PFCs), 육불화유황(SF_6)이다. 이들 온실가스는 각각 배출원, 지구 온난화 지수, 온난화 기여도 및 그 배출량이 각각 다르다.

〈표 1-1〉 주요 온실가스

	CO_2	CH_4	N_2O	HFCs, PFCs, SF_6
배출원	에너지사용/산업공정	폐기물/농축산	산업공정/비료사용	냉매/세척제
지구온난화지수 (CO2=1)	1	21	310	1,300-23,900
온난화기여도(%)	55	15	6	24

[출처 : IPCC]

1990년에 출간된 제 2 차 IPCC(Intergovernmental Panel on Climate Change) 보고서는 지구 온난화를 일으키는 온실가스 중에서 특히 이산화탄소가 지구 온난화에 가장 큰 요인임을 지적하였다. 이산화탄소는 열적외선 흡수 능력이 다른 기체보다 작지만 현재 대부분의 에너지원이 탄소로 구성된 화석연료를 사용하고, 이 때 배출되는 이산화탄소 양이 매우 많다는 점에서 지구 온난화에 대한 대응을 위해서는 대기 중 이산화탄소의 적정량을 유지하는 것이 중요하다고 할 수 있다.

지난 약 150여년 동안 계속해서 지구 온난화가 진행되어 왔다. 지난 몇 십만 년간의 지구 표면의 온도 변화와 대표적인 온실가스인 이산화탄소의 대기 중 농도를 비교하면 양자 간의 상관관계가 보인다. 특히 최근 약 200년간 대기 중 이산화탄소 양이 급격히 증가하면서 대기 온도 역시 급격히 상승해 왔다. 2007년 발간된 IPCC 4차 보고서에 의하면 이산화탄소 이외에 현재 교토 의정서에 의해서 규제되는 6종의 온실가스 (CO_2, CH_4, N_2O, HFCs, PFCs, SF_6)양을 모두 합하면 1970년부터 2004년까지 이들의 대기 중 농도가 70퍼센트가 증가하였다. 만일 추가적인 조치가 없다면 이 가스의 배출량은 2000년 대비 2030년에는 25-90퍼센트가 증가할 것으로 예상되고 있다.

대기 중 온실가스 증가로 인한 온실효과는 지구사회에 심각한 피해를 가져올 것이다. IPCC가 2007년에 발간한 4차 보고서는 지구 평균 온도가 1999

〈표 1-2〉 지난 40만년 동안의 이산화탄소와 기온의 변화추이

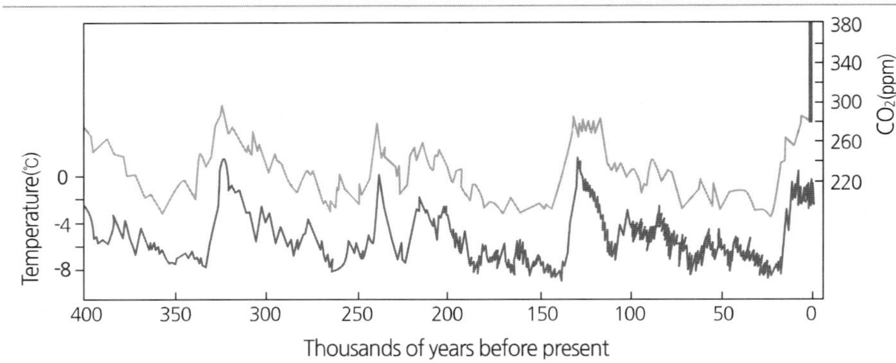

[출처 : IPCC]

년 대비 1.5-2.5도 증가하면 전 세계의 동물과 식물의 20-30퍼센트는 멸종 위기에 처하게 된다고 경고하였다.[1] 만일 기준년도 대비 섭씨 3.5도의 온도 상승이 있게 되면 약 40-70퍼센트의 동물과 식물 종이 사라지는 엄청난 피해를 입게 된다.[2] 아울러 동 보고서는 저위도 건조지역에서는 섭씨 1-2도 증가에도 농작물 생산이 감소하고, 해수면 상승으로 인하여 전 세계 연안지역의 30퍼센트가 침수될 위험에 처할 것이라고 경고하였다. 기후변화는 전 세계적

1) Intergovernmental Panel on Climate Change, *Climate Change 2007: Impacts, Adaptation and Vulnerability* (2007), pp. 7-18.

2) *Ibid.*

으로 기후대의 변화를 가져와서 농산물 생산에 변화를 주게 된다. 어류의 이동 경로 변화, 해양 생태계 변화, 산소량의 감소, 어류 질병의 증가로 인하여 수산업 역시 타격이 예상되고 있다. 또한 세계 기후변화는 인류의 건강에도 부정적인 영향을 줄 것으로 예상되고 있다. 온도 상승으로 인하여 스트레스와 질병이 2배 정도 증가할 것으로 예측되며, 전염성 질병체의 분포변화로 전염병의 이동이 증가하고, 말라리아와 같은 열대성 질병이 고위도로 확산되면서 인류는 보다 많은 질병 위험에 처하게 될 것으로 보인다.

지역별로도 기후변화가 많은 부정적인 영향을 줄 것으로 예상된다.[3] 기후변화로부터 가장 큰 영향을 받을 것으로 예상되는 지역의 하나인 아시아의 경우를 보면 2050년까지 강 유역을 중심으로 담수가 감소하여 아시아의 많은 지역에서 물 부족 현상이 가속화 될 것으로 보인다. 연안 지역의 경우도 악영향으로부터 예외가 아니어서 상하이가 위치하고 있는 양쯔강 하구를 포함하여 많은 지역이 해수면 상승으로 인한 위협에 노출될 것이다. 또한 기후변화는 생태계에도 변화를 가져와서 이러한 기후변화의 악영향은 인간의 질병을 높이는 등 인간생활에도 직접적인 영향을 줄 것이다. 이러한 아시아에서의 기후변화 문제는 아시아 지역의 도시화, 산업화 및 급속한 경제발전과 맞물리면서 더욱 커질 가능성이 크다.

2. 기후변화 경제학

지구사회의 기후변화 문제에 대응하기 위해서는 어느 정도로 온실가스 배출량을 감소하고, 어떤 제도 혹은 메커니즘에 따라서 온실가스 배출을 감축하고, 어떠한 방법에 의할 것인가를 결정하여야 한다.

---

3) *Ibid.*

(1) 오염자 부담원칙

이 문제와 관련하여 가장 많이 인용되는 것이 오염자 부담원칙이다.[4] 오염원에 책임이 있는 자가 오염에 의해서 증가된 사회적 비용을 부담하게 하는 것이다. 그러나 현재의 기후변화 협약 체제는 공동의 그러나 차별적인 책임원칙에 의해서 오염자 부담원칙에 의존한 문제해결이 쉽지 않다. 즉 개발도상국들은 기후변화 협약 체제에서 온실가스 배출과 관련하여 어떠한 의무도 부담하지 않고 있다. 또한 지구사회의 기후체계, 특히 지구 온난화에 영향을 주는 행위 모두가 규제되고 있는 것은 아니다. 온실가스 배출의 규제에 대해서는 많은 논의가 있으나, 산림과 같은 온실가스 흡수원에 대해서는 별다른 논의가 없는 것이 그 예이다.

(2) 소유권 제도

오염자 부담원칙에 의한 해결 이외의 방안으로서 생각해 볼 수 있는 것으로서는 지구 대기에 대한 소유권을 설정하는 것이다. 대기에 대해서 소유권을 설정할 수 있다면 소유한 대기의 거래 및 관리가 가능할 것이다. 이러한 방법은 오염된 대기에 대한 관리도 가능하게 할 것이다. 그런데 소유권을 설정하는 방법에 대한 합의도 쉽지 않다. 중국과 같이 인구가 많은 국가들은 인구당 소유권 설정을 원할 것인데, 이것은 인구가 많지 않은 국가에 대해서는 불리한 방법일 것이다. 유류 자원의 경우에는 이 자원이 위치하고 있는 국가가 소유권을 행사한다. 그러나 대기는 한 지역에 머물지 않고 계속해서 움직이므로 유류 자원과 같은 방법에 의존할 수도 없다.

---

4) Stevens Candice, "Interpreting the Polluter Pays Principle in Trade and Environment Context," *Cornell International Law Journal* Vol. 27 (1994), p. 577.

(3) 공공재 문제의 해결

기후변화 문제의 발생은 공공재로서의 지구 대기를 비효율적으로 사용함에 따라서 배출 온실가스를 과다하게 대기 중에 저장하기 때문이다.[5] 지구 대기 사용에 대한 아무런 대가가 없다면 기후변화는 멈출 수 없을 것이다. 지구 자원의 사용을 위한 비용이 처음에는 매우 낮지만 자원을 계속 사용함에 따라서 추가적인 비용은 점점 늘어날 것이다. 에너지 사용에 있어서 이 비용은 에너지 효율성을 제고함으로써 부담을 줄일 수 있다. 이러한 맥락에서 하나의 기준이 될 수 있는 것이 BAU(Business as Usual)이다. 지난 약 30년간 에너지 효율성은 평균 약 1.5퍼센트 증가했으며, BAU는 이를 반영하고 있다. 따라서 경제활동을 함에 있어서 평균 에너지 효율성 향상 이상으로 에너지 효율성이 향상되지 않는다면 의미가 없다. 여러 경제학적 모델들은 BAU는 최선이라고 믿고 있으나, 경우에 따라서 BAU에서 벗어나거나 혹은 온실가스 배출을 감소하는 것이 반드시 비용이 많이 발생하는 것은 아니다. 따라서 정책결정자의 입장에서는 비용이 적게 들면서 온실가스 배출을 감축하는 방법이 무엇인가가 중요하게 된다.

여기서 소위 가야 모델(Kaya Model)을 살펴볼 필요가 있다.[6] 단순하지만 기후변화 대응을 위한 논의에 중요한 영향을 미친 가야 모델은 온실가스 배출에 영향을 미치는 4가지 요인이 있다고 믿고 있다. 인구수, 인구 1인당 경제생산성, 경제에서 에너지 집약도, 에너지 단위당 탄소배출량 등이 이산화탄소 배출을 결정하는 요소라는 것이다. 따라서 온실가스 배출을 감축하기 위해서는 인구증가를 억제하여야 한다. 인구 1인당 경제생산성 저하도 온실가스 배출량 저감을 위해서는 효과적이지만, 실제로 각국마다 이를 추구하는 정책결정자는 없을 것이다. 에너지 집약도를 저하시키는 것도 정책적으로 가능한 방

---

5) Elinor Ostrom, *Governing the Commons* (1990).

6) Yoich Kaya & Yokobori Keiichi, *Environment, energy, and economy: Strategies for sustainability* (1997).

법이다. 이를 위해서는 에너지 효율화 정책을 추진하는 것이 매우 중요할 것이다. 에너지 단위당 탄소량을 줄이는 것도 추진 가능한 정책이다. 이를 위해서는 화석연료를 사용하지 않는 대체에너지의 개발이 중요하다. 대체에너지 기술은 초기 투자비용이 많이 들지만 시간이 경과함에 따라서 그 비용이 감소하는 경향이 있다. 이는 대체에너지 투자비용 회수에는 일정 기간이 필요하며, 대체에너지가 즉각적으로 화석연료 에너지원을 대체할 수 있는 것이 아님을 시사한다. 이는 또한 대체에너지 사용을 위해서는 초기에 대체에너지 개발비용과 함께 기존의 화석연료 에너지 부문의 이산화탄소 배출 감축 비용도 함께 부담해야 하는 이중의 부담을 어떻게 극복할 것인가의 문제도 안고 있다.

(4) 온실가스 감축과 적응

기후변화 문제를 다루는 방법에는 크게 2가지 방법이 있다. 하나는 지구온난화를 발생시키는 온실가스 배출량을 감축(mitigation)하는 것이고 다른 하나는 변화된 지구 기후체계에 순응하도록 하도록 하는 적응(adaptation)하는 것이다. 아마도 지구사회의 온실가스 배출 문제, 즉 온실가스 감축문제가 완전히 해결된다면 기후변화 문제는 완전히 해결될 수 있기 때문에 적응의 문제는 발생하지 않을 것이다. 그러나 분권화된 지구사회를 이루고 있는 주권국가들은 그 대응 능력이나 의지 면에서 서로 다르고, 아직 이들 간의 행위를 조정할 수 있는 메커니즘도 완전하지 못하기 때문에 현재는 저감의 문제만큼 적응 문제도 중요하다. 특히 지구사회의 대부분의 개발도상국은 온실가스 배출보다는 지구사회 온난화로 인한 피해에 대응을 해야 하는 경우가 많기 때문에 적응 문제는 선발 개발도상국을 제외한 대부분의 개발도상국에게 매우 중요한 문제가 되는 것이다. 반대로 감축의 문제는 200개국에 가까운 기후변화 협약 당사국 중 20-30여개의 선진국과 중국, 인도, 브라질, 멕시코, 우리나라와 같은 선발 개도국이 전체 온실가스 배출의 80퍼센트 이상을 배출하고 있기 때문에 이들 주요 배출국의 온실가스 배출을 어떻게 억제하는가가 온실가스 감축 문제의 핵심이라고 할 수 있다.

(5) 규제 및 정책과 조치

지구사회의 온실가스를 감축하는 방법으로는 각 국가에 대해서 온실가스 감축량을 할당하고 이를 강제하는 규제적 접근 방법이 있을 수 있다. 그러나 뒤에서 설명하는 바와 같이 현재의 기후변화 협약 체제는 오직 선진국에 대해서만 1990년대 기준 평균 5퍼센트 감축의무를 부과하고 있을 뿐 선발 개도국과 중요한 온실가스 배출국 및 교토 의정서를 탈퇴한 미국 등에 대해서는 온실가스 감축을 위한 법적 의무를 부과하는 데 한계를 보이고 있다.

따라서 현재 규제적 접근 방법이 한계를 보이고 있는 상황에서는 정책과 조치(policies and measures)가 중요한 대안으로 고려가 되곤 한다. 이러한 정책과 조치의 대표적인 예로서는 탄소세와 탄소배출권 거래제도를 생각해 볼 수 있다.

탄소세의 경우 에너지 가격을 높임으로써 에너지 사용을 감소하고 이에 따라서 온실가스 배출을 감축하는 효과를 가져올 수 있다.[7] 여기서 탄소세는 각 온실가스 배출로 인한 사회의 한계 피해라고 볼 수 있다. 따라서 탄소세를 부과하게 되면 기후변화로 인한 비용을 내부화하는 효과를 가져온다. 이렇게 탄소세를 부과하게 되면 정책 당국 입장에서는 탄소가격에 대한 정보는 가질 수 있지만 실제로 얼마의 온실가스 배출이 감소할지에 대해서는 정확한 정보를 가질 수 없다.

탄소세와 함께 온실가스 배출 저감을 위한 정책적 수단으로서 많이 고려되는 것이 온실가스 배출권 거래제도이다.[8] 사회전체에서 배출될 배출량을 결정한 후에 이들 총배출량은 해당 사회에서 정한 방법(경매, 무상배분, 무상과 유상 배분 혼합 등)에 의해서 온실가스 배출 기업 등에 할당을 한다. 온실가스

7) Lawrence H. Goulder and Brian M. Nadreau, Chapter 4, International Approaches to Reducing Greenhouse Gas Emissions, in *Climate Change Policy: A Survey* (Stephen H. Schneider et als. eds.(2002)).

8) T.H.Tietenberg, *Emission Trading: Principles and Practices* (2006).

배출자가 할당 받은 배출권을 초과하는 양을 배출하는 경우에는 다른 배출자로부터 배출권을 구입하고, 반대의 경우에는 배출권을 매각할 수도 있다. 온실가스 배출권 거래제도는 사회적으로 배출될 총배출량에 대해서는 정확한 정보를 가질 수 있으나, 탄소 가격에 대해서는 정확한 정보를 갖기 어렵다.

3. 국제협력의 필요성

기후변화를 일으키는 원인은 특정 지역에 국한된 것이 아니라 전 세계에 걸쳐서 흩어져 있고, 그 영향 또한 전 세계에 미치고 있다. 지구 온난화를 발생시키는 온실가스는 대기 중에서 쉽게 이동이 되고 그 영향도 광범위하게 미치기 때문에 산성비를 일으키는 아황산가스 등과 같이 지역 환경문제가 아니라 글로벌 환경문제를 야기하게 된다. 아프리카와 같은 저개발 지역의 경우 비록 인위적 요인에 의한 온실가스 배출이 상대적으로 적다고 할지라도 지구적 차원에서 진행되는 온실효과로부터 자유롭기는 어렵다. 따라서 기후변화로 인한 문제에 대응하기 위해서는 온실가스 배출 감축은 물론 기후변화 영향에 적응 역시 지구적 차원에서 진행되어야 한다. 그러나 중앙 집권질서가 존재하지 않고 주권국가로 구성된 국제사회는 각 주권국가들이 자국의 이익을 추구하는 경향이 농후하므로 이들 간에 이해관계를 조정하면서 지구사회의 기후변화 문제를 해결하는 것이 중요하다.

국제협력에 관한 이론들을 보면 기후변화와 같은 국제환경문제는 다양한 이해관계자들(국가, 사적 부문, NGO 등)이 관계되어 있으며, 어느 한 국가가 다른 이해관계자들을 통제하여 효과적으로 국제환경문제에 대응할 수 있도록 이끌어 나가기가 매우 어렵다는 것을 알 수 있다.[9] 대신에 국가를 비롯한 다양한 이해관계자들의 행위를 조정할 수 있는 제도를 형성하는 것이 보다 바람직

---

9) Alan E.Boyle and C. M. Chinkin, Chapter 2 Participants in International Law-Making, in *The Making of International Law* (2007).

〈그림 1-2〉 기후변화에 대한 인류에 의한 영향과 그에 따른 반응의 상관관계

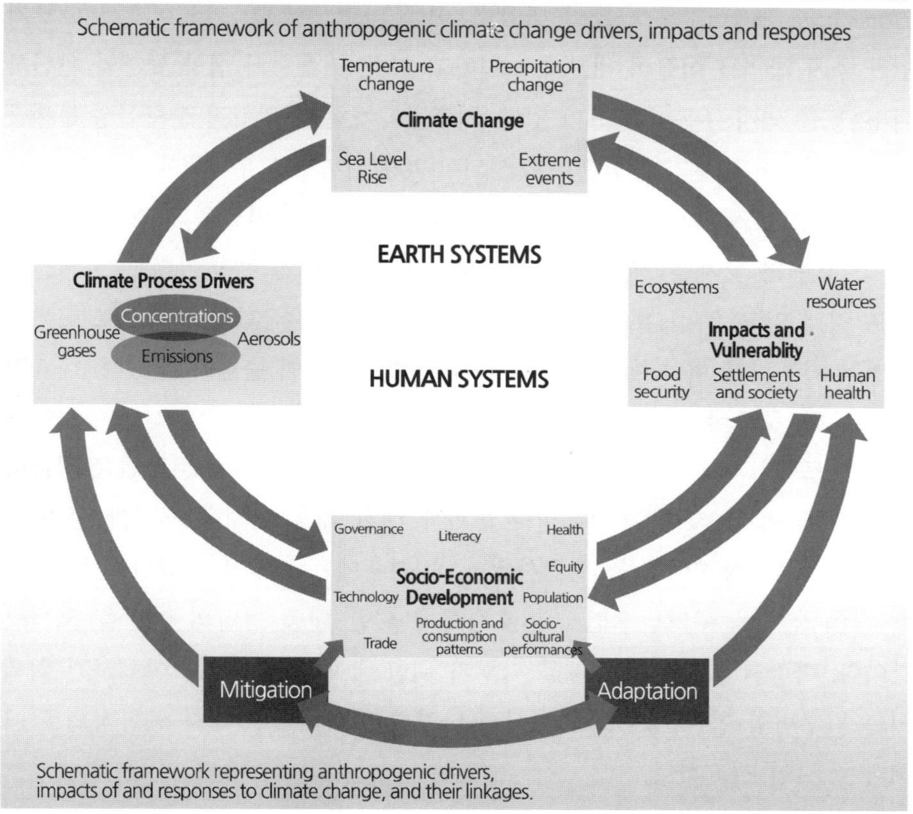

[출처 : IPCC]

할 수 있다. 기후라는 공공재를 다양한 이해관계자들이 적절하게 이용하고 관리하도록 하기 위해서는 외부재 성격을 갖고 있는 기후변화 문제를 해결하기 위한 사회적 비용을 분담할 수 있는 기준이 필요하기 때문이다.

현재 국제사회에서 기후변화 문제를 해결하기 위한 국제제도로서 가장 대표적인 것으로는 유엔 기후변화 협약 체제를 들 수 있다. 1992년 채택된 기후변화 협약과 1997년 채택된 교토 의정서에는 국제사회의 대부분의 국가가 회원국으로 참여하고 있다. 최근 2009년에는 교토 의정서의 제 1 차 공약기간이 종

료되는 2012년 이후 대응 방안을 마련하기 위한 노력의 결과로 코펜하겐 합의(Copenhagen Accord)를 만들어 내었고, 이를 바탕으로 2012년 이후를 다루기 위한 추가 합의를 이끌어 내고자 노력하고 있다. 기후변화 협약 체제와 관련하여 IPCC를 역시 주목할 필요가 있다. 기후변화에 관한 과학적 불확실성 문제를 다루기 위해서 전문가 중심으로 구성되어 2007년까지 모두 4번에 걸쳐 보고서를 내면서 지구사회 기후변화에 대한 논의에 중요한 역할을 하고 있다.

기후변화 문제를 해결하기 위해서는 매우 다양하고도 어려운 문제들이 서로 얽혀 있고, 특히 유엔 기후변화 협약체제가 선진국과 개도국으로 이분화되면서 기후변화 협약 체제 이외의 다양한 협력체들이 출현하고 있다. 대표적으로 G20, 주요국 포럼(Major Economies Forum) 등을 들 수 있으며, 아시아태평양 파트너십과 같이 지역 차원의 협력체도 존재하고 있다. 2010년 우리나라는 향후 국제기구화를 전제로 기후변화에 대한 대응 대책을 제시할 수 있는 글로벌 녹색성장 연구소를 설립하였다.[10] 향후에는 이렇게 다양한 협력체 상호 간에 영향을 주고받으면서 기후변화에 대한 대응 방안의 마련을 모색할 것이다. 따라서 기후변화 문제를 다루기 위한 국제 협력제도를 이해하기 위해서는 기후변화 협약 체제를 넘어서서 다양한 협력체에 대해서 종합적으로 이해하는 것이 필요하다.

4. 기후변화레짐의 전주곡: 국제환경레짐의 형성

대기와 같이 공유하는 자원은 모든 이용자에게 이용이 개방되어 있다. 따라서 적절한 조정이 이뤄지지 않는 경우에는 과다 사용의 문제가 발생하게 되고, 이것은 종종 해당 자원의 고갈로 이어지곤 한다. 이러한 문제를 해결하고자 국제환경법은 이슈별로 다양한 노력을 경주해 왔다. 그동안 발전해온 다양한 국제환경레짐들은 그 유효성 측면에서 매우 다양한 차이를 보여주고 있

10) 정서용, "글로벌녹색성장연구소 통한 국격 높이기," 서울신문(2010. 8. 23).

다. 즉 다양한 환경 조약들이 체결되었지만, 이들로 인하여서 국제환경문제와 관련된 행위자들의 행위를 변화시키고, 그 결과 환경문제를 해결할 수 있는가는 별개의 문제인 것이다.

예컨대, 지중해 지역의 심각한 해양오염 문제를 해결하기 위해서 바르셀로나 협약 및 관련 의정서가 지중해 연안 국가들에 의해서 채택되었지만 이 조약들로 인하여 지중해 지역의 해양오염 문제가 해결되었는지에 대해서는 의문을 제기하는 견해도 있다. 지중해 지역의 해양오염 문제를 해결하기 위한 지중해행동계획(Mediterranean Action Plan)은 지중해 지역의 해양오염을 제거하기 위해서 광범위한 계획을 지속적으로 개발해 왔다. 이에 더하여 유엔 환경계획(UNEP)은 문제해결을 위한 다양한 노력과 1985년 정상회담으로 상징되는 연안 국가들의 관심으로 인하여 지중해 지역 오염원의 대부분을 차지하는 육상기인 오염을 다루기 위한 의정서의 이행을 약속하는 등의 성과를 올리기도 했다.

그러나 지역 차원에서 연안 국가들의 지중해 지역의 해양오염 저감을 위한 의지는 정작 국내적 차원에서는 관련 행위자의 행위 패턴을 변화하는 데는 제한적인 성과를 올렸을 뿐이다.[11] 지중해 지역 국가들이 지중해 지역 해양환경보호를 위한 다양한 이니셔티브를 시작한 배경을 잘 살펴보면, 이것은 지중해행동계획의 영향이라기보다는 E.C. 지침(directive)의 이행 결과라고 보는 것이 더 타당하다. 비록 매우 광범위한 계획이 지중해행동계획을 통하여 마련되었다고 하지만, 연안 국가들은 이 행동계획의 이행을 위해 필요한 여러 가지를 제대로 갖추고 있지 못하였다. 또한 참여 국가들의 서로 다른 참여 동기, 환경보호 능력이 결여된 다수의 최빈 개도국의 존재 등이 또 다른 이유이다. 이러한 문제점을 타개하기 위하여 지중해행동계획은 1995년 제 2 단계 사업을 시작하여, 해양 환경보호와 지속가능한 개발을 동시에 달성하고자 노력하였다.

---

11) Jon Birger Skjærseth, "The Effectiveness of the Mediterranean Action Plan," in *Environmental Regime Effectiveness* (Edward L. Miles et als., eds.(2002)), pp. 311-330.

그러나 아직까지 제 2 단계 사업이 그 이전과 비교하여 실질적인 성과를 얼마만큼 내고 있는지는 좀 더 지켜보아야 할 문제이다.

한편 지구사회의 환경문제를 해결하는 데 효과적인 성과를 이룬 환경협력체들도 존재한다. 그 대표적인 예의 하나가 오존층 문제를 해결하기 위한 비엔나 협약과 몬트리올 의정서이다.

1960년대와 70년대에 걸쳐 항공 산업은 비약적으로 발전하였다. 이에 따라서 이들 항공기가 배출하는 화학물질이 대기 중에 어떠한 영향을 미치는가에 대한 과학적 관심이 증가하였고 그 결과 대기 중 오존층 문제에 대한 정보가 집정되었다. 이들 연구 결과는 염화불화탄소(CFC)와 같이 인류사회에 많은 혜택을 가져다준다고 믿은 화학물질이 오존층을 파괴하여 대기 중에 오존 구멍을 만들어 내고, 이는 인류에게 피부암과 같은 치명적인 피해를 가져다줄 수 있음을 경고하였다.

이러한 심각한 환경파괴에 대한 경고는 1985년 비엔나협약(Vienna Convention for the Protection of the Ozone Layer)의 채택으로 이어졌다. 회원국들은 오존층 파괴에 대한 연구, 정보교환 등에 대하여 합의하였고, 연구 및 협력을 위한 제도 역시 설치되었다. 비엔나 협약을 채택한 국가들은 이어서 1987년 몬트리올 의정서(Montreal Protocol on Substances That Deplete the Ozone Layer)를 채택하였다. 그 이후 수차례의 개정을 통하여 몬트리올 의정서는 규제 범위와 방법을 확대해 나갔다. 1987년에는 염화불화탄소와 할론의 규제로 시작하였으나, 그 후에 계속해서 대상 범위를 확대해 나갔다. 이러한 몬트리올 의정서를 통한 오존층 파괴 물질에 대한 규제는 매우 성공적이어서 1986년 대비 1995년까지 염화불화탄소와 할론의 사용은 75퍼센트까지 감소되었다.[12)]

이렇게 오존층 파괴 물질을 국제적으로 효과적으로 규제할 수 있었던 데에는 몇 가지 이유를 찾아볼 수 있다. 먼저 오존층 파괴 물질을 규제하기 위하

12) Jørgen Wettestad, "The Vienna Convention and Montreal Protocol on Ozone-Layer Depletion," in Environmental Regime Effectiveness (Edward L. Miles et als. eds.(2002)), pp. 149-169.

여 1985년 비엔나 협약에서는 구체적인 규제 기준을 마련하지 않고, 기본 원칙 등에 대해서만 합의를 하였다. 그 후 이에 바탕을 두고 1987년에는 염화불화탄소와 할론에 대한 구체적인 규제 기준을 마련함으로써 회원국가들이 오존 파괴 물질 규제에 대한 합의를 더 쉽게 할 수 있었다. 이러한 협약-의정서[13] 접근 방식은 국제법, 특히 국제환경 분야에서 많이 사용되는 것으로서 환경문제에 대한 신속한 대응과 불확실성 상태에서 국가 행위에 대한 구체적 규제 시 주권국가들의 반대 가능성을 줄여 줄 수 있다는 장점을 갖고 있다.

그러나 오존레짐이 효과적으로 발전한 데에는 협약-의정서 방식 이외에 다른 요인들이 있었기 때문에 가능하였다. 당시 오존층 파괴 물질은 인간 경제 활동을 하는데 없어서는 안되는 중요한 화학물질이었는데, 이들의 사용을 금지하면서 이를 대체할 수 있는 확실한 대체물질이 개발되었다는 점을 주목할 필요가 있다. 듀퐁사 등에 의해서 확실한 대체물질 개발이 가능해지자 이를 바탕으로 미국은 이를 오존레짐을 통한 자국의 국제사회에서 영향력 강화 기회로 이용하였다. 국내적으로 에너지부와 상무부는 기존 물질 사용이 중요함을 강조하였으나, 환경보호청(EPA)와 국무부는 오존 문제에 대한 적극적인 대응을 피력하여 마침내 미국 의회에서 지지를 받기에 이르렀다. 미국의 이러한 태도는 유럽 국가들로부터 호응을 받았고, 처음에 적극적이지 않던 영국 등은 국내 환경단체들의 압력, 친환경 정치지도자들의 등장 등으로 국제적으로 오존 파괴 물질 규제에 적극적으로 참여하기에 이르렀다. 선진국 그룹 중 러시아와 같은 몇몇 국가들은 오존레짐을 적극적으로 준수하지 않았으나 이것이 선진국들의 오존레짐에 대한 신뢰를 무너뜨리지는 못하였다. 한편 개도국 그룹은 오존 물질에 대한 규제에는 원칙적으로 동의하나 이것이 그들의 경제발전에 장애가 될 것에 대한 우려가 강했다. 이를 타파하기 위해서 몬트리올 의정서는 개도국의 경우에는 오존 파괴 물질 사용 금지에 대한 유예를 해주고, 다

13) Suh-Young Chung, "Is the Convention-Protocol Approach Appropriate for Addressing Regional Marine Pollution?: The Barcelona Convention System Revisited," *Penn State Environmental Law Review* Vol. 14(2004), P. 85.

자기금(Multilateral Fund) 등을 통하여서 개도국에게 필요한 지원이 가능할 수 있는 제도적 기반도 마련하였다.

사실 비교적 잘 마련된 오존레짐의 제도도 몬트리올 의정서에 의한 오존층 파괴물질의 효과적인 규제에 기여하였다. 몬트리올 의정서상 최고 의사결정기구는 당사국 회의(Meeting of the Parties)이다. 매년 개최를 원칙으로 2-3년마다 주요 의무사항 이행을 점검하고 있다. 당사국 회의는 오존 사무국(Ozone Secretariat)이 지원을 하는데 회원국의 분담금에 의해서 운영되고 있다. 이행 위원회(Implementation Committee)는 1990년 당사국 회의에 의해서 설치되어서 이행 및 비준수 문제를 다루고 있다. 다자기금 위원회(Executive Committee of the Multilateral Fund)는 다자기금을 운영하는데, 개도국 그룹에서 7인, 선진국 그룹에서 7인으로 구성되어 있다. 또한 기금 운영을 효율화하기 위해서 다자기금 위원회는 별도의 기금 사무국(Fund Secretariat)을 두고 있는데, 공식적으로는 유엔환경계획 산하로 되어 있으나 사무국은 몬트리올 의정서 사무국이 위치하고 있는 캐나다 몬트리올에 위치하고 있다. 한편 당사국 간에 협상을 해야 하는 어젠다가 있는 경우에는 모든 회원국이 참여할 수 있는 다소 비공식적인 협의체로서 작업반(Open-Ended Working Group: OEWG)이 설치될 수 있으며, 매년 2-3회 회합을 갖는다. 이 이외에 다양한 자문 기구들이 존재하는데, 특별한 문제가 있는 경우 자문을 위한 특별 전문 자문기구(Ad hoc Specialized Advisory Bodies), 규제 물질에 대한 검토 작업 1년 전에 설치되는 평가 패널들이 있는데, 과학평가 패널, 환경평가 패널, 기술 및 경제 평가 패널 등이 그것이다. 마지막으로 몬트리올 의정서상 기구와 별도의 법인격을 갖고 있으나 오존 물질의 사용을 규제, 계획 및 사업을 이행하는 기구로서 세계은행, 유엔개발계획, 유엔환경계획 및 유엔공업기구 등을 들 수 있다. 한편 몬트리올 의정서 체제 밖에 있는 지구환경기금(Global Environment Facility)은 국제환경기금 메커니즘으로서 다자기금과 연계되어 있는 오존신탁기금(Ozone Trust Fund)을 세계은행의 집행기구로 하여 관리하고 있다는 점에서 기억할 필요가 있다.

이러한 오존층 파괴에 대응하기 위한 비엔나 협약과 몬트리올 의정서 체제의 성공은 그 후 또다른 지구사회 대기환경 문제인 기후변화 문제를 다루기 위한 지구사회의 노력에 큰 영향을 주었다. 기후변화 협약 체제의 상당부분은 비엔나 협약과 몬트리올 의정서의 접근 방식을 따르고 있기 때문이다. 그러나 위에서 살펴본 바와 같이 제도적 유사성만으로는 기후변화레짐의 유효성을 담보할 수는 없으며, 기후변화와 관련된 여러 다른 요소들을 종합적으로 고려하여 그에 합당한 법제도를 발전시킬 때만이 기후변화레짐의 성공도 담보할 수 있음을 기억해야 한다.

CHAPTER 2

국제환경문제에 대한 새로운 대응 방법론의 대두: 규제에서 시장으로

제 2 장 국제환경문제에 대한 새로운 대응 방법론의 대두: 규제에서 시장으로

기후변화 문제를 지구사회에서 해결하기 위해서는 온실가스 배출량을 적절한 정도로 유지하는 것이 필요하다. 이를 위해서 전통적으로 국제법을 포함한 법학 분야에서는 규제를 통한 온실가스 배출량 통제를 하려고 했으나, 최근 들어서는 시장원리에 의한 문제 해결의 중요성이 점점 더 커져가고 있다. 이를 위해서는 기후변화 문제를 넘어서 국제환경문제는 물론 국내환경문제를 해결함에 있어서 이러한 시장질서에 바탕을 둔 제도들이 어떻게 발전하고 있는가를 일반적으로 이해하는 것은 매우 중요하다. 제 1 장에서는 기후변화의 경제학에 대한 간단한 소개를 하였지만, 이 장에서는 시장질서에 의한 국제법은 물론 국내법 제도 일반에 대해서 자세히 살핀다.

1. 시장질서 원리와 국제환경 법제도

인류에게 지구 환경이라는 문제가 심각하게 대두되기 시작한 것은 그리 오래된 일은 아닌 것 같다. 1972년 스톡홀름 인간환경회의를 계기로 해서 지구 사회에서 주권국가의 국경을 넘어서는 초국경적 환경문제의 심각성이 제기되면서 국제법 분야에서도 환경문제가 중요한 이슈의 하나가 되어 왔다. 경제학적으로 보자면 환경문제는 자원의 효율적인 배분을 가능하게 하는 수요 · 공급 곡선의 이론에 의해 인간 경제활동의 과정에서 자연스럽게 해결이 되는 것이 아니라, 사회적으로 별도의 비용을 추가로 부담시키는 외부재이다. 따라서, 사회적으로 이 외부재 문제를 다루기 위해, 누가 환경문제를 해결하기 위한 추가 비용을 부담할 것인가에 대한 원칙의 마련이 필요하다. 이 문제는 인간 경제활동에 대한 제한이자 경제 활동 주체에 대한 추가적인 비용 부담이기 때문에 각 이해 관계자는 사회적으로 환경비용 부담에 대한 원칙 마련에 민감하게 반응할 수밖에 없었다는 것이다.

환경보호를 위한 제도 발전 초기에는 환경보호는 "규제"[1]에 주로 바탕을 두고 있었다. 환경파괴는 환경 친화적이지 않은 경제 활동의 부산물이므로 이러한 경제활동을 하지 못하도록 명령과 통제(Command and Control)를 함으로써 환경을 보호할 수 있다는 논리였다. 하지만, 규제의 주체가 다양한 경제주체들의 다양한 경제활동을 모두 규제 제도의 틀에 넣는다는 것은 불가능한 것이다. 오히려 지나친 규제의 원리에 따른 환경문제의 해결의 시도는 자원배분의 왜곡을 가져오고, 자원 이용의 효율성도 떨어뜨리게 된다. 이것은 결과적으로 환경문제에 대한 적절하고 효율적인 대응을 어렵게 하게 되는 것이다. 따라서, 이러한 규제 위주의 환경보호에 한계가 있다면, 환경보호는 인간의 경제활동의 "현장"에서 이뤄져야 한다는 논리가 등장하게 되었다. 즉, 완벽한 정보와 통제에 의한 직접 규제가 불가능하다면, 오히려 완벽하지는 않지만 차선책으로서 시장 내에서 환경문제를 해결하고자 하는 것이 보다 타당하다는 논리이다. 이것은 최근 들어서 더욱 설득력을 얻어서 시장원리에 의한 환경보호(소위 Market Approach)라는 환경보호에 있어서 새로운 패러다임의 등장을 가져오기에 이르렀다.[2]

1) 여기에서 규제는 환경문제의 규율 방식으로서 명령과 통제의 원칙을 바탕으로 하는 "직접규제"를 의미하는 것이다.

2) 환경보호의 새로운 정책적 수단으로서 직접통제가 아닌 시장원리에 의한 정책수단을 사용한다는 의미에서 시장질서의 원리에 의한 환경보호 역시 궁극적으로는 법규범의 형태로 규율이 됨은 물론이다. 이러한 의미에서 간혹 시장질서 원리에 의한 환경보호를 법규범의 테두리 밖에서 규율하는 것으로 이해하는 것은 오해의 결과이다.

최근 새롭게 대두되고 있는 환경 문제의 또 다른 특징의 하나는 환경 문제의 국제화이다. 인간 경제 활동의 범위와 규모가 급속히 증대됨에 따라서 자연 생태계의 자정 능력은 한계에 다다랐고, 환경 문제가 국가 국경을 넘어서서 다른 국가에 영향을 심각하게 주게 되었다는 것이다. 경우에 따라서는 우리 인류에게 단 하나밖에 없는 유산의 파괴를 가져올 수도 있다는 점에서 개별 국가의 이해 차원을 넘어서서 공동으로 그리고 효율적으로 지구 환경 문제에 대응할 수 있는 정책적 수단의 개발이 필요하게 되었다. 이러한 의미에서 중앙 정부가 존재하고 있지 않는 분권적인 국제 공동체 사회의 현실에서, 조직화가 훨씬 더 진전된 국내사회에서도 적용의 한계를 드러내고 있는 규제 위주의 접근 방식은 적절한 선택의 아닐 수도 있다. 오히려 어설픈 규제에 의한 국제 환경문제의 해결 시도는 환경 문제에 대한 효율적인 대응보다는 오히려 각 국가 간의 분쟁을 야기할 수도 있다. 이에 따라서, 최근 들어 지구 온난화, 오존층 파괴 등의 문제를 해결하기 위한 정책적 수단 마련 과정에서 시장 원리에 바탕을 둔 새로운 접근 방식이 국제사회에 도입되기 시작하고 있다.

2. 환경보호 정책 수단의 변화: 규제에서 시장으로

(1) 규제에 의한 환경보호의 한계

전통적으로 환경문제, 특히 오염 문제를 다루기 위해서 인류사회에 의해서 선호되어 온 것은 직접 규제의 논리에 바탕을 둔 정책수단이다.[3] 규제라 함은 오염 물질의 배출을 일정한 규칙 혹은 기준에 의해서 규율함을 의미한다. 이러한 규칙 혹은 기준은 주로 배출자가 배출할 수 있는 배출물질의 최대량을 규율하거나 사용해야 하는 특정 오염 저감 기술을 지정을 하게 된다. 따라서, 배출자는 위치, 여러 관련 리소스에의 접근성, 현재 배출 수준 혹은 기술과

3) David Hunter et als. *International Environmental Law and Policy* (2006), pp. 108-109.

관련 없이 동일한 기준을 요구하는 법과 규칙을 준수해야 한다. 이것은 규제 주체 입장에서 보면 매우 단순하고 편리한 수단이 되겠지만, 몇 가지 피하지 못할 단점을 가지고 있다. 그 첫째는 규제주체의 불완전한 정보 보유의 문제이다. 사실 과학적으로 어느 정도의 배출이 안전한가에 대해서 정확한 정보를 제공한다는 것은 불가능하다.[4] 또한 제한적으로만 획득 가능한 정보에 기초한 위험 평가는 건강에 대한 대충의 정보만 제공할 수 있을 뿐이고 이에 대한 비용 판단도 또한 믿을 수 있는 정도가 되지 못한다. 이러한 정보의 불완전성은 규제의 주체에게 여러 가지의 자의적인 정책 기준 양산을 허용하게 된다. 이것은 결국 환경보호의 목적은 퇴색한 채 환경보호를 둘러싼 여러 문제가 "정치화"되어 가게 되는 문제점을 유발하기도 한다.[5]

(2) 시장 원리에 의한 환경보호의 등장

규제에 의한 환경문제 해결의 여러 가지 문제점을 극복하고자 근래에 들어와서 시장의 논리에 입각한 환경보호 정책 수단이 등장하고 있다. 환경보호를 규제자의 손이 아닌 보이지 않는 손에 의하게 되면 몇 가지의 장점이 있다는 논리이다. 첫째는 오염행위를 시장 메커니즘에 의해서 비싸게 만드는 것이다. 이렇게 되면 오염을 직접적으로 저감할 수 있을 뿐만이 아니라 보다 저렴한 비용의 오염 대체물을 오염 배출자로 하여금 찾게 할 것이다. 둘째로, 대부분의 오염 주체자인 기업과 개인에게 특정 오염 배출을 어떻게 감소시킬 것인가의 선택권을 남김으로써 오염 통제 비용을 절감할 수 있을 것이다.

이러한 시장원리에 의한 환경보호 정책 수단의 예로는 오염세와 시장화가 가능한 허가제도(marketable permit system) 등을 들 수 있다.[6] 오염세라 함은

---

4) Eban S. Goodstein, *Economics and the Environment* (2nd ed.(1999)), p. 215.

5) See *Ibid.*, pp. 215-233.

6) Scott J. Callan & Janet M. Thomas, *Environmental Economics and Management: Theory, Policy and Applications* (1996), pp. 25-30; David Hunter et als. *supra* note 3, pp. 111-117.

발전소에서 배출되는 아황산가스로 인한 산성비 문제를 해결하기 위해 예컨대 아황산가스 1톤당 50만원과 같은 방식으로 세금을 부과하는 것이다. 다른 방법은 일정 목표 배출량에 대해서 허가가 내어지면 이 허가된 배출량은 시장에서 수요 공급의 이론에 의해서 오염물 배출자 상호 간에 구매 또는 판매되는 것이다. 이외에도 환경친화적인 경영을 장려하기 위해서 여러 가지 자율적인 환경보호 정책 수단이 개발되고 있는데, 환경친화기업지정, ISO 14000 시리즈 등의 에코 라벨링 제도, 환경 기술 지원 등이 그 중요한 예이다.[7)]

(3) 지속가능한 개발 개념과 환경보호

환경보호 패러다임 변화에서 중요한 것의 하나가 지속가능한 개발의 개념이다. 지속가능한 개발은 UN의 환경 및 발전에 관한 세계 위원회(World Commission on Environment and Development: WCED)에서 채택된 브룬트란트 보고서(The Bruntland Report)에서 그 개념정립이 시도되었다.[8)] 이에 따르면 지속가능한 개발은 "미래 세대가 그들의 필요를 충족시킬 능력을 저해하지 않으면서 현세대의 필요를 충족시키는 것"이라고 정의되고 있다. 지속가능한 개발은 환경과 개발이라는 서로 양립이 어려운 두 개념 사이의 일종의 타협점을 제시하는 것으로서 국내사회에서의 환경친화적인 균형발전 및 국제적으로 선진국과 개도국 간의 환경보호 노력의 기준 설정 등에 있어서 매우 중요한 출발점을 제시하여 주고 있다. 즉, 오염물질 규제를 위해서 시장의 이론이 사용되는 경우에도 보이지 않는 손이 해결할 수 없는 형평의 문제도 역시 고려를 해야 한다는 것을 의미한다.[9)]

---

7) OECD, *Voluntary Approaches for Environmental Policy: An Assessment* (2000).
8) See WCED, *Our Common Future* (1987).
9) Patricia Birnie & Alan Boyle, *International Law and the Environment* (3rd ed.(2009)), pp. 84-98.

지속가능한 개발과 녹색성장

최근 들어 기후변화에 대한 대응이 지구사회의 초미의 관심사가 되면서 저탄소 녹색성장(low carbon green growth) 혹은 저탄소 경제(low carbon economy) 등 새로운 개념이 등장하고 있다. 지속가능한 발전이 기후변화를 비롯한 일반적인 환경보호를 하면서 개발이 지속가능한 방법론을 찾는 것이라면, 저탄소 녹색성장 혹은 저탄소 경제는 기후변화에 대한 대응 차원에 초점을 맞춘 개념이라고 할 수 있다. 즉 기후변화 문제를 해결하기 위해서 화석연료의 사용을 자제하면서 에너지 효율성 제고, 재생 에너지 사용의 증대 및 대체 에너지 확산 등을 위해서 녹색 기술을 개발하고 이를 통한 녹색 산업을 육성함으로써 전통적인 회색 경제로부터 녹색경제로 이전을 촉진하고자 하는 것이 저탄소 녹색성장의 개념이라고 할 수 있다. 녹색성장의 개념이 확산됨에 따라서 전통적인 지속가능한 개발 혹은 환경문제 일반을 다루기 위한 환경경제학의 일반화 차원에서 녹색성장이 논하여 지는 경우도 있으나, 이 경우에는 "저탄소" 녹색성장의 개념이라고 하기는 어려울 것이다.

3. 시장질서 원리에 의한 국제환경문제의 해결

(1) 지구 공동체 사회의 특징과 국제환경법

1648년 이래 주권 국가 중심의 웨스트팔리아 체제에 아직도 그 기반을 두고 있는 국제 공동체 사회는 이론적으로는 절대적인 주권을 가진 주권국가들이 상호 대등한 지위를 가지고 국제 공동체 사회를 공동으로 경영하고 있다고 볼 수 있다. 즉, 국내 공동체 사회와는 달리 국제 공동체 사회에는 어느 국가의 행위에 대해서 명령과 통제를 할 수 있는 정부제도도, 국제 공동체 사회의 모든 국가들에게 그들의 명시적 혹은 묵시적 의사와 관계없이 적용될 수 있는 국제 공동체 사회의 법률을 제정할 수 있는 입법부도, 또한 국제법의 위반이 있는 경우에 강제 관할권을 보편적으로 행사할 수 있는 사법부도 존재하고 있지 않다. 이러한 분권적인 성격의 국제 공동체 사회에서는 규제 주체에 의한 적절한 규제 기준의 설정과 그 이행의 강제를 통한 국가의 오염 행위의 규율은 매우 어려울 것이라는 것은 쉽게 이해가 된다. 더구나, 국제법의 다른 분야와 비교를 하더라도 국제환경법 규범의 발달 역사는 매우 일천하여서 국가들의 반복된 규제 관련 행위에 기한 관습법의 성립을 기대하기도 어렵다. 그렇다고 해서, 갈수록 심각해져 가는 지구 환경 문제를 내버려 둘 수는 없기에, 국제 공동체 사회는 그동안 실체적인 의무 규정보다는 각 국가가 서로 협력을 할 수 있는 절차적 원칙 중심의 법원칙을 "연성법"의 형태로 발달시켜서, 국가들의 선의에 기한 자발적인 해결 노력을 유도하려고 노력하여 왔다.[10]

환경문제는 그 범위와 문제의 심각성이 큰 경우에는 즉각적인 대응을 하지 않는다면 소위 인류의 마지막 유산인 지구 환경이 파괴되어 우리 세대는 물론 다음세대의 생존의 터를 상실할 수도 있다는 위험성을 가지고 있다.[11] 따라서, 강제성이 없는 국제 환경 기준을 마련하는 것은 각국의 상충되는 이해관계를 조정할 수 있는 제 3 자가 존재하지도 않고, 장시간의 협상과 타협은 설사 마련된 환경 기준이라 하더라도 지구 환경 문제를 해결하기에는 너무 미약한 정도의 환경 기준을 제공할 수 있을 것이다. 이것은 환경 기준이 국가에 의해서 잘 준수(compliance)가 된다고 하더라도 국제환경문제 해결에 얼마나 효율적(effective)인가에 대해서는 많은 의문점과 문제점을 제기할 수 있는 가능성이 있음을 의미한다.[12]

그렇다면 이것이 우리에게 주는 시사점은 무엇인가? 규제 방식 의지하여 국제환경문제를 해결하는 것보다는 다른 대안이 필요하다는 것이다. 이 대안으로서 가장 설득력을 얻고 있는 것이 바로 시장질서 원리에 의한 국제환경문

---

10) 이러한 국제환경법의 원칙에 대해서는 다음을 볼 것. Philippe Sands, *Principles of International Environmental Law* (2003), pp. 231-290; 노명준, 「신국제환경법」(2003), pp. 73-90.

11) Edith Brown Weiss, *In Fairness to Future Generations: International Law, Common Patrimony and Intergenerational Equity* (1989).

12) 이에 대해서는 다음을 참고할 것. *The Implementation and Effectiveness of International Environmental Commitments* (David G. Victor et als, eds.(1998)).

제 해결이라고 할 수 있다. 범세계적 환경 문제를 시장의 이론에 의해 해결하려는 시도는 여러 국제환경법상 제도들에서 이제 어렵지 않게 찾아볼 수 있지만, 그 대표적인 예로는 오존층 파괴에 의한 몬트리올 의정서 체제, 지구 온난화 문제를 다루고 있는 기후변화 협약 체제 및 최근 강조되고 있는 환경과 무역에 관한 논의 등을 들 수 있다.

1992년 기후변화 협약 채택이후 1997년 원칙들을 구체화한 교토 의정서에서는 시장질서의 원리에 의해서 온실가스 저감은 물론 선진국과 개발도상국 간의 형평성의 문제도 동시에 해결하려는 획기적인 방안을 제시하고 있다. 앞으로 이러한 환경정책 수단이 어느 정도 "실효성"을 거둘 수 있을지에 대한 판단을 내리기 위해서는 다소 시간이 필요하겠지만, 이러한 제도의 도입 자체만으로도 환경보호 역사에 있어서 대단한 진일보임은 틀림없다. 또한, 오존층 문제를 해결하기 위한 비엔나 협약과 몬트리올 의정서 체제는 국제환경법 역사상 예외적으로 단기간에 오존층 파괴 물질인 CFC의 사용을 금하는 체제를 시장원리를 이용하여 성공적으로 도입하여 다른 국제환경법 체제에 관심 및 연구의 대상이 되고 있음은 앞 장에서 이미 언급하였다. 마지막으로, 환경에 유해한 물품의 이동을 무역 장벽을 통해서 금지하려는 환경과 무역에 대한 논의 역시 시장질서에 의한 국제 환경보호를 위한 노력의 맥락에서 논의가 진행되고 있다고 할 수 있다.

(2) 시장질서 메커니즘과 기후변화[13)]

리우 지구 정상회의 이래 계속되고 있는 기후변화 협약에는 무분별한 인류의 경제활동의 결과 발생한 지구 온난화 문제의 심각성에 대처하기 위해서 전 지구상의 국가들이 참여하고 있지만, 여전히 지구 온난화 원인에 대한 의견의 불일치, 선진국 및 개도국 간의 이해의 상충 및 온실가스 저감의 기준에 대한 상반된 의견 등으로 별다른 진전을 보지 못하고 있다. 이에 최근 교토

---

13) 이에 대하여 좀더 구체적인 내용은 제 3 장을 참고할 것.

의정서에서는 시장원리에 의해서 지구 온난화 문제를 해결하기 위한 소위 교토 메커니즘을 도입하였으나, 교토 의정서 체제의 성공여부는 매우 불투명한 상태이다.[14] 그럼에도 불구하고, 기후변화 협약 체제에 시장 원리에 바탕을 둔 메커니즘의 도입을 통해서 기존의 여러 문제를 해결하려는 시도는 범지구적 환경 문제 대응에 있어서 매우 중요한 시도로서 관심을 끌고 있는 것은 틀림없는 사실이다. 다음 장에서 교토 메커니즘에 대해서 자세히 다루고 있지만 여기서는 국제환경조약의 시장메커니즘 수용의 차원에서 간략히 살핀다.

가. 공동이행(Joint Implementation: JI)

공동이행은 선진국 간(즉 부속서 I 상의 국가들[15])의 시장원리에 의한 온실가스 배출 감소를 위한 제도이다.[16] 다시 말하자면 기후변화 협약 체제하에서는 각국의 온실가스 배출량이 정해지게 되는데, 이 할당된 배출량 감소는 자국의 영역 내에서도 가능하겠지만 다른 선진국 영역 내에서 배출을 감소하여도 가능하다. 이 경우에 다른 선진국 영역 내에서의 감소 즉, 배출감소단위(Emission Reduction Units: ERU)는 자국의 배출량 감소 목표를 달성하는 데 도움을 주게 된다. 이러한 제도가 고안이 되게 된 배경에는 모든 부속서 I 상의 국가들이 자국이 부담하는(교토 의정서 이후에는 법적 구속력이 있는) 배출량 감소를 위한 사회적 비용이 같지 않기 때문이다. 예컨대, 최근까지 온실가스 배출량 1위국이었던 미국의 경우는 이미 환경친화적 기술을 국내에 도입한 상태에서 추가로 국내에서 사회 전체의 온실가스 배출량을 감소하기란 쉽지 않다. 이와 같은 상황에서, 석탄화력 발전소를 보다 효율적인 열병합발전소로 대체

---

14) David G. Victor, *The Collapse of the Kyoto Protocol and the Struggle to Slow Global Warming* (2001).

15) 오스트레일리아, 오스트리아, 벨기에, 불가리아, 캐나다, 크로아티아, 체코, 덴마크, 에스토니아, 핀란드, 독일, 그리스, 헝가리, 아일랜드, 이태리, 라트비아, 리히텐시타인, 리투아니아, 룩셈부르크, 모나코, 네덜란드, 뉴질랜드, 노르웨이, 폴란드, 포르투갈, 루마니아, 러시아, 슬로바키아, 슬로베니아, 스페인, 스웨덴, 우크라이나, 미국, 영국.

16) 교토 의정서 제 6 조.

하기를 원하는 다른 부속서 I 상의 국가들(예를 들면 러시아나 우크라이나 등의 구소련 국가들)에서 미국의 기업들이 자본과 기술을 투자하면 여기서 발생하는 배출량 감소, 즉 배출감소단위는 미국의 배출량 감소의 의무 이행에 도움을 주게 되는 것이다.

나. 청정개발 메커니즘(Clean Development Mechanism: CDM)

청정개발 메커니즘은 기후변화 협약상 선진국, 즉 부속서 I에 해당 국가들이 비 부속서 I 당사국의 영역 내에서 온실가스 감축을 할 수 있는 프로젝트이다.[17] 이것은 교토 의정서에서 새롭게 도입된 제도인데, 비 부속서 I 국가들은 교토 의정서상 배출량 감소 의무를 부담하지 않는 현 체재에서 개발도상국들의 온실가스 배출 감소를 이끌어 낼 수 있는 매우 중요하고도 현실적인 제도로 이해가 되고 있다. 예컨대, 현재의 온실가스 배출 속도 증가 추세로 보면 조만간 가장 중요한 온실가스 배출국이 될 것이 분명한 중국의 경우에는 아직 개발도상국으로서 환경보호의 중요성보다는 자국의 경제개발에 좀 더 중점을 두고 있다. 즉, 저기술과 비효율적인 석탄화력발전소 산업에서 보다 환경친화적이고 효율적인 구조로의 조정의 필요성을 인식은 하고 있으나, 이를 이행하기 위한 엄청남 사회적 비용 부담을 꺼려할 뿐만 아니라 이를 위한 자본과 기술도 거의 보유하고 있지 않는 상태이다. 따라서, 미국, 일본과 같은 선진국의 사기업이 중국의 전력산업 구조 조정과정에 참여함으로써 이들의 자본과 기술의 투자는 중국의 “지속가능한 개발”을 담보함과 동시에 개도국의 온실가스 감축 프로젝트의 참여를 통해 획득한 인증배출감소(Certified Emission Reductions: CERs)라는 투자 선진국의 온실가스 배출량 감소 의무 이행에 도움을 주게 된다. 여기서 한 가지 기억해야 할 것은 현행 기후변화 협약 및 교토 의정서 체재상 선진국의 감소 의무 이행이 모두 개발도상국에서 이뤄지는 것은 아니며, 그들의 감소량의 극히

---

17) 교토 의정서 제12조. Sands, *supra* note 10, pp. 373-374.

일부분만을 이를 통해서 달성할 수 있을 뿐이라는 것이다.

다. 배출권 거래(Emission Trading)

배출권 거래는 선진국 즉 부속서 I 국 간의 시장에 의한 온실가스 배출량 감소를 위한 제도이다.[18] 즉, 부속서 I 국가들은 기후변화 협약 체제 내에서 인정되는 범위(즉 commitment period reserve)내에서 비교적 배출량 감소가 용이한 다른 부속서 I 국으로부터 할당량단위(assigned amount units: AAUs)를 획득할 수 있는데, 이를 통해서 전 지구적으로 달성해야 하는 배출량 총량 감소를 보다 효율적이고 저비용으로 달성이 가능하도록 한다.[19]

(3) 환경과 무역

기후변화 협약에서 사용된 교토 메커니즘이 환경문제를 시장 현장에서 직접 해결하기 위한 제도라면, 환경과 무역에 관한 문제는 환경보호를 위해서 시장에서의 상품 및 용역의 이동을 적극적으로 제한함으로써 환경보호의 목적을 달성하기 위한 것이라고 볼 수 있다. 지구 환경 문제를 해결하기 위해 환경에 유해한 물질의 국가 간 이동을 억제하기 위한 무역 조치들도 역시 시장 원리에 기초한 국제환경문제 해결의 중요한 예의 하나이다. 이러한 환경보호를 위한 무역 조치들은 개별 국제환경 조약 체제의 일부를 이루고 있는 경우가 있다.[20] 이와 함께 현재 세계무역기구 내에서는 환경과 무역에 대한 광범위한 논의가 진행되고 있기도 하다. 이러한 논의의 핵심은 무역 장벽의 부과를 통한 통상 분쟁의 해결보다는, 무역 재제 수단을 통한 환경보호가 자유 무역 주의를 기본으로 하는 세계통상법 질서와 어떻게 조화를 이룰 것인가에 집중이 되어 있다.[21]

18) Sands, *supra* note 10, pp. 372-373.

19) 이 제도는 유사한 국내 제도를 갖고 있는 미국이 강력하게 지지를 하였으나, 중국을 중심으로 한 G-77국가들의 강력한 반대가 있어서 협상을 통해 타협안을 만든 것이다.

20) 현재 국제환경조약 중에서 무역조치에 관한 조항을 갖고 있는 것은 약 25여 개 정도이다.

21) World Bank, *Climate Change Policies and International Trade* (2008), 제 2 장 및 제 8 장; James Cameron & Karen Campell, "A Reluctant Global Policymaker," in *The*

가. 개별 환경 조약과 무역 조치

개별 국제환경 조약으로서 무역 조치 조항을 갖고 있는 대표적인 예로서는 멸종위기에 있는 야생 동식물의 국제거래에 관한 협약(CITES), 몬트리올 의정서 및 바젤 협약 등을 들 수 있을 것이다.

CITES의 경우에는 멸종위기에 처해 있는 야생 동식물을 보호하기 위해서 협약상 규율 대상이 되는 동식물의 거래에 대해서 허가 제도를 도입하여 이들에 대해서 사전허가가 없는 거래를 금하고 있고, 이를 위반하는 경우에는 표본의 거래 또는 소지에 대한 처벌, 불법으로 거래된 표본의 몰수 등의 조치를 취할 수 있고, 대상 동식물 거래 내역에 대한 철저한 추적 및 통제가 가능하도록 하고 있다.[22] 또한, 유해폐기물의 국가 간 이동 및 그 처리의 통제에 관한 바젤 협약에서는 유해 폐기물의 이동 자체를 금지함으로써 국경을 넘어서는 환경 문제를 해결하려고 노력하고 있다.[23] 몬트리올 의정서의 경우 특히 관심을 끄는 것은 몬트리올 의정서의 당사국과 비당사국 간의 규제물질의 수출입 및 규제물질 사용하여 생산된 물품, 규제물질 생산기술 및 이용 기술 등을 규제함으로써 비 당사국의 몬트리올 의정서 체제 내로의 편입을 유도하여 몬트리올 의정서 체제의 효율성을 제고하려고 노력을 하고 있다는 점이다. 최근에는 기후변화 협상 과정에서 국경조치 등의 무역장벽 또는 에너지 보조금에 대한 대응을 통하여 온실가스 감축 노력을 더욱 활성화하려는 논의가 있다.[24]

이들 개별 환경 조약상의 무역 조치는 당사국과 비당사국, 선진국과 개도국 등 여러 국가군들 간의 첨예한 이해관계의 대립으로 인한 여러 문제점을 노출하고 있다. 그러나 CITES 및 바젤 협약과 같이 협약의 근본 목적이 대상물질의 무역금지인 경우 자유무역 질서와의 관계에 대해서 이론적인 논의와

Greening of Trade Law (Richard H. Steinberg ed.(2002)).

22) CITES 제 3 조, 제 4 조, 제 5 조, 제 7 조 및 제10조.

23) 바젤 협약 제 4 조.

24) World Bank, *International Trade and Climate Change* (2008). 제 2 장 참조.

는 별개로 실제 환경과 무역 규범의 충돌로 인한 무역 분쟁은 발생하고 있지 않다. 기후변화와 관련된 무역 조치의 경우에도 이론적인 충돌 가능성은 별개로 실제 이 문제로 인해서 다수의 무역 분쟁이 발생하기 위해서는 기후변화협약 체제나 세계무역기구나 모두 선결적으로 해결해야 할 많은 문제들이 있기 때문에 단시간 내에 많은 분쟁이 발생할 가능성은 사실상 많아 보이지 않는다. 오히려 논의의 대상은 기존 자유무역 질서가 형성될 당시에 고려되지 않았던 환경보호 문제가 국제사회에서 매우 중요한 이슈로 부각된 만큼, 환경과 무역을 상호 충돌이 아닌 보완적인 가치로서 보호하기 위해서 양자의 조화를 모색하는 쪽에 모아질 가능성이 훨씬 크다.

나. WTO 내에서의 무역과 환경 논의

개별 환경 조약을 통한 환경보호를 위한 무역 조치와 함께, WTO 자체에서도 이 문제에 대한 논의가 최근 활발하게 진행되고 있다. 즉, 환경 문제는 시장에서 수요, 공급 곡선상에서 보이지 않는 손에 의해서 해결될 수 있는 문제가 아닌 소위 외부재 문제라는 이유에서 자유무역 질서를 추구하는 WTO 규범체계와 환경보호를 목적으로 하는 무역 제재 조치가 양립할 수 있는가에 대한 어려운 문제를 해결하기 위해서 세계무역기구는 1995년 이래 무역과 환경위원회를 설치하고 논의를 계속하여 오고 있다.[25] 논의의 핵심은 개별 환경 조약상 무역 관련 조치와 WTO/GATT 규정이 배치되는 경우에 어느 것이 우선하는가의 문제이다. 현재까지 WTO의 환경과 무역에 관한 입장에 관해서는 Tuna-Dolphin 사건 등을 통해서 알 수 있는데, 환경보호 조치는 GATT 협정 제20조에 의거하여 자유무역에 대한 예외로서 인정될 수 없다고 판시함으로써, 환경보호를 위해 무역 조치를 과다하게 사용할 수 있는 가능성에 대해서 경고를 하고 있다고 볼 수 있다.[26] 그러나 WTO 분쟁해결 절차에서 환경과

---

25) Sands, *supra* note 10, pp. 951-952.

26) *Ibid.*, pp. 960-961.

무역에 관한 사건이 여전히 매우 적다는 점에서 매우 일반적으로 규정되어 있는 GATT 협정 제20조에 의한 해결보다는 새로운 규범의 필요성이 절실한 상태이다.

(4) 책임이론과 환경보호

책임이론은 환경의무 준수를 촉진하는 경제적 수단이자 불법행위에 대한 제재 수단이며 외부재로서의 환경 비용을 내부화하는 수단으로서 사용될 수 있다. 이러한 맥락에서 1972년 스톡홀름 인간환경선언 원칙 22, 1982년 World Charter for Nature, 리오 선언 원칙 13 등에서도 국제 환경 책임원칙에 대해서 언급을 하고 있다. 이러한 책임원칙은 국제법상의 주체, 특히 국가의 경우에는 유엔 국제법 위원회의 국가의 불법행위 책임뿐만이 아니라 국제법상 적법한 즉, 금지되지 않은 행위로 인해 발생한 손해에 대한 책임에 대해서 초안 중심으로 논의가 되고 있다.[27] 불법행위와는 별도로 국가의 적법하지만 해로운 결과를 유발하는 행위에 대해서도 유엔 국제법 위원회는 1970년대 이래 작업을 해온 결과 1990년 첫 번째 초안을 완성하였다. 하지만 이 초안은 아직까지 불완전한 상태이며 논란의 대상으로 남아있다.[28] 이러한 국제법상 주체에 대한 책임이론과 더불어서 개별 국제환경조약 체제 내에서 책임원칙에 관한 규정을 두거나, 국제법의 원칙하에서 각국의 국내법상의 책임원칙을 통하여서 책임원칙을 추궁하는 예도 증가하고 있다.[29]

국내사회에서도 책임이론이 환경보호의 목적 달성을 위해서 얼마나 효율

---

27) See James Crawford, *The ILC's Articles on State Responsibility: Introduction, Texts and Comments* (2002).

28) J. Barboza, *Preliminary Report on International Liability for Injurious Consequences Arising out of Acts Not Prohibited by International Law*, UN Doc. A/CN.4/394 (1985); C Tomuschat, "International Liability for Injurious Consequences of Acts Not Prohibited by International Law: The Work of the ILC," in *International Responsibility for Environmental Harm* (F. Francioni & T. Scovazzi eds.(1991)).

29) Sands, *supra* note 10, at 897-939.

적인가에 대해서는 후에서 살필 미국의 종합환경대응법의 논의에서 살펴본 바와 같이 논란의 여지가 없지는 않지만, 강력한 집행력을 담보로 행위 주체들의 책임을 추궁함으로써 환경 책임이론 정립 목적에 어느 정도 부합하고 있는 것도 사실이다. 하지만, 국제 사회의 경우에는 사정이 다른 것 같다.[30] 특히, 책임이론을 강조하는 국제 문서의 경우에도 리오 선언에서부터는 지나치게 많은 비용 부담을 초래하는 국제 책임원칙의 마련을 자제하고 있다.[31] 또한, 1986년 체르노빌 원자력 사건의 경우에도 비교적 국가 책임원칙 이론의 적용이 수월하였음에도 불구하고, 이 문제로 인해 국가 책임이론에 바탕을 두고 구소련의 책임을 추궁하려는 시도는 존재하지 않았다.[32] 국제환경법상 초국경적 환경문제에 대한 국가 책임 문제를 논하는 경우에 항상 원용되는 Trail Smelter 사건의 경우에도 미국과 캐나다 간의 사건의 해결 이후 국제 사회에서 유사한 문제 해결에 보편적으로 적용되고 있지는 않는 것 같다. 이것은 중앙정부, 입법부 및 사법부가 존재하지 않는 국제 공동체 사회의 경우에는 책임원칙의 적용을 위한 전제조건으로서 강력한 집행력의 담보가 불가능하기 때문에 이에 관한 이론적인 논의의 가치와는 별개로 실재적으로 책임이론에 근거하여 국제환경문제를 해결하는 데에는 한계가 있다는 데 그 이유가 있는 것으로 보인다.

---

30) 물론, 이에 대해서는 여전히 전통 국제법의 권위를 인정하고, 국제환경법 원칙의 위반이 있는 경우에는 그것이 국제법상 불법적이든 아니든 모두 전통 국제법상의 국가 책임이론에 의해서 해결할 수 있다고 믿는 학자들도 다수 있다. Alexandre Kiss & Dinah Shelton, *International Environmental Law* (1991), p.107; Ian Brownlie, *System of the Law of Nations: State Responsibility* (1983); Jiménex de Archaga, in Sorensen (ed.), *Manual of Public International Law* (1968); ILC Draft Articles on State Responsibility for International Wrongful Acts (2001); Draft Articles on Prevention of Transboundary Harm from Hazardous Activities (2001).

31) *Ibid.*, at 870.

32) *Ibid.*

4. 시장질서 원리에 의한 국내 환경보호

지구 공동체 사회의 환경보호는 궁극적으로는 각 국가가 국내에서 환경보호를 위한 정책 수단을 시행함으로써 가능하다. 비록 국제 사회에서 시장질서 원리에 의한 환경보호 원칙이 잘 마련된다고 하더라도 국내사회에서 이에 대한 이해가 부족하거나, 이행을 위한 기반 조성이 되어 있지 않다면 지구 환경 문제 해결이 어렵게 될 수밖에 없다. 여기서는 비교적 시장원리에 의한 환경문제 해결이 잘 발달한 미국과 우리나라를 살펴본다.

(1) 미 국

완벽한 규제 제도 시행의 불가능에 대한 대응으로서 환경 문제를 시장원리에 의해서 해결하고자 하는 환경보호 정책 수단의 개발 노력은 선진 각국에서 여러 환경보호 정책 수단의 발달을 가져왔다. 여기에서는 그 대표적인 예의 하나인 미국의 수자원, 대기환경 및 폐기물 처리와 관련하여 어떠한 정책 수단들이 시장원리에 바탕을 두고 발전되어 왔는가를 살펴본다. 이렇게 국내에서 발달된 시장질서에 바탕을 둔 환경정책 수단은 이들 선진국들을 중심으로 국제환경문제를 해결하기 위한 국제 협상 테이블에도 적극적으로 소개되고 도입이 되고 있다는 점에서 선진국의 시장질서 원리에 기초한 환경문제에 대한 대응의 이해는 국제환경조약에 시장질서 원리의 발전에 대한 단초를 제공해 줄 수도 있다.

가. 수자원 환경보호와 시장원리: 비점원오염원에 대한 대응[33)]

미국의 수자원 환경보호의 역사는 1972년 Clean Water Act[34)]의 도입으

---

33) 비점원 오염물질이라 함은 오염물질의 배출자가 분리되어 있지 않은 경우를 의미하는데, 그 예로는 농경지에서 흘러나오는 물, 하수도에서 흘러나오는 물 또는 태풍으로 인한 홍수 등을 들 수 있다.

34) 33 U.S.C. §§1251 to 1387.

로 본격화 되었다. 이 법은 어느 누구도 수자원 오염을 시킬 수 있는 권리가 없다는 가정하에 전통적인 규제위주의 법리에 바탕을 두고 있다.[35] 하지만, 규제 위주의 이 법은 특히 전체 수자원 오염의 대부분의 차지하는 농경지 및 도시로부터 발생하는 비점원 오염에 대해서는 효율적인 대응에 한계를 보였다.[36] 경제학적으로 볼 때 모든 오염물질을 금하는 데 필요한 막대한 사회적 비용을 감안하지 않았다는 데서 그 이유를 찾아볼 수 있다. 이러한 문제를 해결하기 위해서, 정부에서 각 오염원(특히 비점원 오염원)에 대해서 일정량의 오염권(right to pollute)을 인정하여 오염원별 일정 배출 총량만을 규제하고, 각 오염자는 필요에 따라서 자신이 가정 효율적이라고 생각되는 범위에서 오염권을 판매 혹은 구매하는 양태를 취하게 되고, 이것은 사회 전체로 하여금 지속적인 경제 활동을 가능하게 하면서, 해당 오염원에 대한 오염배출을 통제하는 데 최적의 기술도입 및 비용부담 배분이 가능하도록 하는 시장의 원리에 바탕을 둔 새로운 접근 방식이 논의가 되고 있다.[37]

이러한 시장 원리에 의한 오염원 통제의 법리는 다음에서 논의할 Clean Air Act에 의해 그 개념이 도입된 개념으로 아직 Clean Water Act에는 본격적으로 사용되는 것은 아니고 지역에 따라 제한적으로 사용되고 있을 뿐이다. 어쨌건 앞으로는 이러한 오염배출권의 거래에 의한 오염원 통제의 사용범위가 점점 더 증가를 할 것으로 예상되며, 이에 따라서 정부의 역할도 각 오염배출자의 법적 기준 준수 혹은 법에 의해서(각 오염 배출자의 경제적 부담 능력을 고려하지 않고) 일률적으로 요구하는 오염 배출 통제 기술 사용여부에 대한 통제가 아닌, 오염원에 대한 분석 및 그 총량의 증감 등 환경 자체에 대한 정보관리에 중점을 두게 될 것이다. 물론, 이 경우에도 초기에 누가 어느 정도의

---

35) §208 and §319 of Clean Water Act.

36) See David Zaring, "Agriculture, Nonpoint Source Pollution, and Regulatory Control: The Clean Water Act's Bleak Present and Future," *Harvard Environmental Law Review* Vol. 20 p. 515 (1996).

37) See Terry L. Anderson & Pamela Snyder, *Water Markets: Priming the Invisible Pump* (1997).

배출권을 갖는가에 대한 결정을 할 때에, 즉 오염권 배분의 과정에서는 정치적 논리가 문제가 될 것임은 피할 수가 없다.

나. 대기 환경보호와 시장원리: 산성비

Clean Water Act 및 기후변화 협약 체제하의 배출권 거래제도는 1990년 Clean Air Act에 산성비의 원인인 아황산가스 및 질소산화물을 통제하기 위한 제도로서 미국에서 도입되었다.[38] 그 경제학적 논리 및 시행상 예상되는 문제점 등은 이미 위에서 설명하였으므로 여기서는 구체적으로 어떻게 실행되었고 어느 정도 효과가 있었는지를 보기로 한다.[39]

아황산가스의 경우에는 1단계에서 미국의 가장 큰 석탄화력발전소 110개를 선정하여 이들에서 시장에서 거래가 가능한 허가원을 부여하고, 그 다음 단계로는 좀 더 강한 기준을 부과하여 약 1000여 개의 발전소가 보유하고 있는 2400개의 화력발전소 시설을 추가로 포함시켰다. 불필요한 정치적 논쟁 등을 피하기 위해서 배출권 판매에 정부가 개입하지 않으며, 배출권은 1995년을 기준으로 지난 10년간의 배출량을 고려하여 결정되었다. 불필요한 시장진입 문제를 막기 위해서 전체 거래량의 2.8%는 경매를 통해서 거래가 된다. 배출권 거래와 관련된 규정을 어기는 경우에는 배출량 1톤당 2천불의 벌금이 부과가 되는데, 이는 시장에서 거래되는 가격에 비해 상대적으로 높고 위반자에 대해 충분히 억제효과를 발휘할 수 있는 수준이다.[40]

사실, 이 제도가 도입된 후 배출권 거래 실적 자체는 기대보다 훨씬 미미하다. 이것은 이 제도 자체가 실효성이 없었다기보다 오염원 배출자들의 대부분을 차지하는 화력발전소가 거래권의 거래를 통해서 자신들의 배출량 문제

38) Title V(§§501-507) of Clean Air Act. See Goodstein, *supra* note 1.

39) 또한 Clean Air Act상의 산성비 문제 해결에 관한 정치경제학적 관점에서의 분석은 다음을 참조할 것. Paul L. Koskow & Richard Schmalensee, "The Political Economy of Market-Based Environmental Policy: The U.S. Acid Rain Program," 41 *Journal of Law and Economics* Vol. 41, p. 37 (1998).

40) 1997년까지 단 한 건의 위반 사례도 없는 것으로 평가되고 있다.

를 해결하지 않고, 정제된 석탄을 사용한 결과이다. 결과적으로 이 제도의 원래 취지인 배출량 감소를 달성했다는 면에서 이 제도는 어느 정도 성공적이라는 평가가 내려질 수 있다.

다. 환경의 사법화: 종합환경대응법

종합환경대응법(Comprehensive Environmental Response, Compensation and Liability Act: CERCLA)은 연방 정부에 유해물질 방출이나 이의 위협이 있는 경우에 토양 환경보호를 위해서 대응할 수 있는 폭넓은 권한을 주고 있다.[41] 만일 법에서 허용되는 범위 이외의 방출이나 방출위협이 있으면 수퍼펀드(Superfund) 기금을 사용하는 국가사고계획(National Contingency Plan: NCP)을 수립하여 유해물질을 장단기적으로 제거하고 유해물질에 오염된 지역을 복원한다. 이러한 일련의 작업에 소요되는 수퍼펀드 비용을 충당하기 위해서 미국 환경보호국(EPA)은 책임 있는 시설 소유자, 운영자 및 관련 당사자들 모두로부터 모든 관련 제거, 복구 및 피해 비용을 추징한다.

이러한 종합환경대응법은 미국의 환경법제도에 있어서도 매우 이례적인 제도라고 할 수 있다. 그 이유는 규제보다는 토양 오염에 책임 있는 자로 하여금 비용을 부담하게 하는(즉, 오염자 부담원칙을 실현시키려는) 강력한 책임원칙에 근거를 두고 있기 때문이다. 그러나, 이러한 강력한 책임을 추궁하려는 환경종합대응법의 시행의 결과가 성공적인 것만은 아니었다. 이것은 장기간에 걸쳐 이뤄지는 토양오염에 대한 정확한 정보를 확보하는 데 어려움에 근거하기도 하지만, 보다 근본적인 이유는 시장 메커니즘 제도에 대한 도외시에서 찾을 수 있다.[42] 그나마 시장메커니즘 원리에 의할 것으로 보이는 공급원료세(feedstock tax)도 그 본래 목적이 환경을 보호하고 개선하기 위한 결정을 장려하기보다는 수퍼펀드의 재원을 마련하고자 하는 데 그 목적이 있을 뿐이다.

41) Comprehensive Environmental Response, Compensation, and Liability Act, 42 U.S.C. §9601 to 9675.

42) Callan & Thomas, *supra* note 6, pp. 565-569.

또한 종합환경대응법에서 부과하고 있는 과중한 엄격책임은 잠정적인 책임부담자로 하여금 적절한 토양오염에 대응을 위한 정보제공을 회피하게 하였고, 이는 불필요하게 오염된 토양을 원상회복하고 오염물질을 제공하기 위해 필요한 정보를 수집하는 데 비용을 사용하는 결과를 가져왔다. 일례로 1985년의 한 연구에 의하면 사용된 비용 중 55퍼센트가 관련 정보를 얻기 위한 법적비용으로 사용되었던 것으로 파악되었다.[43]

라. 결 어

미국에서는 수자원, 대기 등을 보호하기 위해서 시장원리에 의한 환경정책 수단을 개발 · 발전시키고, 토양 오염 등과 같은 경우에는 강력한 사후 책임원칙의 확립을 통해서 시장에서 토지 거래 과정에서 토양오염 제거 비용을 거래 당사자 간의 토양거래 가격 산정을 통해서 배분하려고 하였다. 이러한 미국 국내의 모든 시장 원리에 기한 환경 정책 보호 수단이 성공을 거두고 있다고 보기는 어렵지만, 환경보호가 규제에 의하기보다는 시장에서 해결될 수 있도록 하려는 노력은 계속될 것으로 보인다. 특히, 미국의 Clean Air Act 상의 시장원리에 의한 환경보호는 국제환경문제를 해결하기 위한 국제환경조약에도 영향을 주고 있다는 점에서 앞으로 미국 등 선진국의 시장원리에 의한 환경보호 정책 수단의 개발은 더욱 주목할 만한 가치가 있다.

(2) 우리나라

현재 우리나라에서 환경보호를 위한 정책수단으로는 지시 및 통제방식의 직접 규제와 시장기구를 이용한 경제적 유인제도 모두가 존재하고 있다.[44] 직접규제의 예로서는 배출업소 인허가 제도, 지도 및 점검, 각종 수질, 대기 및 소음진동 토양보전 및 유독물 관리 등의 환경기준 등이다. 경제적 유인 제

---

43) *Ibid.* p. 569.

44) 환경부, 「환경백서」(2009).

도로는 환경개선 부담금, 배출부과금, 폐기물예치금, 폐기물부담금 및 수질개선부담금 등이 있다. 또한 환경 친화적 기업 경영을 촉진하기 위해서 각종 새로운 정책수단이 도입이 되었는데, 에코라벨링 등이 그 예라고 할 수 있다.

비록 직접 규제 수단과 경제적 유인 수단이 혼용되는 상황에서 점차 시장원리에 기반을 둔 환경정책 수단의 도입이 증가하고 있다고 하더라도, 아직 우리 사회에서 앞서 살펴본 배출권 거래 등의 서양 선진국 및 범세계적 환경문제를 해결하기 위한 노력에서 사용되고 있는 시장 원리에 근거를 둔 중요한 제도들이 환경정책 수단으로서 일반적으로 사용되고 있다고 보기는 어렵다. 하지만, 최근 들어 배출권 거래제 시행을 위한 입법이 추진되는 등 앞으로는 보다 많은 시장원리에 의한 환경제도들이 도입될 것으로 예상된다.

따라서 앞으로 시장질서 원리에 의한 환경보호가 우리나라에서도 효율적으로 이뤄지기 위해서는 우리가 보완하고 고려해야 할 점들에 대해서 생각해 보는 것이 중요하다고 할 수 있겠다.[45] 미국의 예에서도 보았지만 배출권 거래 등의 시장원리에 의한 환경보호가 성공하기 위해서는 무엇보다도 정부의 역할이 오염물질 제거자로서의 역할에서 환경 자체에 대한 정보를 수집하고 관리하는 역할로 전환이 되어야 한다. 이것은 환경 상태를 정확하게 파악할 수 있는 "과학적 역량 강화"라는 매우 중요하고도 어려운 문제를 해결해야 한다는 것을 의미한다. 이러한 선결 문제에 대한 해결 없이 단순히 선진 시장원리에 의한 환경정책 수단을 국내 환경관리체제 내로 들여오는 것은 오히려 환경관리체계에 혼란을 야기할 것이다.

둘째로, 시장에 의한 환경보호 정책이 실효성을 발휘하기 위해서는 시장메커니즘이 잘 작용할 수 있는 기반을 조성해야 한다. 다시 말하자면 불필요한 시장에의 진입 장벽을 없도록 한다든지, 시장 메커니즘을 유지하기 위한 기준위반자에 대한 적절한 강제 수단도 마련이 되어야 한다. 이것은 오염자가 오염

45) 이것은 단순히 우리나라에만 해당하는 것이 아니라, 앞으로 시장질서에 의한 환경보호 정책수단의 도입이 예견되는 대부분의 국가에도 공히 적용될 수 있는 것이다.

물질 배출을 하지 않고 시장에 의해 자연스럽게 환경 문제를 풀어갈 수 있는 바탕을 마련해야 함을 의미하고, 궁극적으로는 정확한 사회적 환경 비용의 계산이 필요함을 의미하게 된다.

마지막으로, 환경보호는 전 생태계적 개념하에서 국제적 차원과 국가 차원을 불문하고 동시에 이뤄져야 하듯이, 국내에서는 중앙과 지방 간에 동시에 이뤄져야 한다. 이것은 지방의 지속적인 역량의 증대를 필수적으로 요청한다. 이를 위해서는 장기적으로는 지속가능한 지역개발의 개념하에서 국토의 균형 있는 발전과 단기적으로는 원활한 중앙과 지방 간의 환경에 관한 리소스가 공유될 수 있는 시스템이 존재하고 있어야 한다.

CHAPTER 3
기후변화 협약 체제의 형성과 발전

1. 기후변화 협약
2. 교토 의정서
3. 코펜하겐 합의

제 3 장 기후변화 협약 체제의 형성과 발전

1. 기후변화 협약

유엔기후변화 협약은 몬트리올 의정서 체제로부터 많은 영향을 받았다. 지구사회 기후변화 문제에 대응하기 위한 방법의 많은 부분이 몬트리올 의정서의 접근 방법에 바탕을 두고 있다는 점을 보아도 그렇다. 오존층 문제를 다루기 위한 비엔나 협약이 그러했듯이 본질적으로는 자발적인 성격의 골격 협약인 기후변화 협약을 먼저 채택하였다. 기후변화 협약은 기본적인 원칙과 정보 공유, 과학적 지식, 사무국 등 회원국 간의 협력에 관한 일반적인 합의 사항을 담고 있다. 이렇게 하여 지구사회에서 기후변화 문제에 대한 심각성에 대해서 인식을 제고한 후에 강제적 의무를 담을 수 있는 의정서를 채택하고자 하였다.

(1) 목　　적

기후변화 협약의 기본 목적은 제 2 조에서 찾아볼 수 있다. 이에 따르면 기후변화 협약과 의정서의 궁극적인 목적은 생태계가 자연적으로 기후변화에 적응하고, 식량 생산에 위협이 없고 지속가능한 방법으로 경제개발이 계속될 수 있도록 대기 중 온실가스 농도를 안정화하는 것이다. 대기 중 온실가스 농도는 계속해서 증가해서 현재는 약 430-440ppm을 유지하고 있으며 추가 노력이 없다면 이들 농도는 계속해서 올라갈 것이다. IPCC를 비롯하여 현재 다수의 견해는 대기 온도 평균 2도 상승, 즉 대기 중 온실가스 농도 450ppm 유지를 권하고 있다. 이 경우 지구 온난화의 영향이 있으나 현재의 과학기술의 발달 정도를 감안한다면 적절히 대응이 가능할 것으로 예상하고 있다.

(2) 기본원칙

기후변화 협약의 기본 원칙은 제3조에 규정되어 있다. 먼저 사전주의 원칙을 강조하고 있다.[1] 기후변화 협약 당사국은 기후변화의 원인을 예견·방지·최소화하고 부정적인 효과를 완화하기 위해서 예방조치를 취하여야 한다는 것이다. 이것은 기후변화를 비롯한 모든 환경문제가 갖고 있는 불확실성을 해결하기 전에 발생할 수도 있는 위험을 사전에 예방하는 것이 중요하다는 것이다. 물론 이 경우에도 기후변화를 다루기 위한 정책과 조치는 최소한의 비용으로 세계적 이익을 보장할 수 있도록 비용 효과적이어야 한다. 그러기 위해서 이러한 정책과 조치는 서로 다른 사회경제적 상황을 고려하고, 종합적이며, 온실가스의 모든 관련 배출원, 흡수원 및 저장소 그리고 적응 조치를 포함하여야 하며, 포괄적으로 모든 경제부문을 함께 다뤄야 한다. 물론 이러한 예방조치는 어느 한 국가가 할 수 있는 문제는 아니므로 모든 이해 당사국이 협력하여 수행하여야 한다.

사전주의 원칙과 함께 기후변화 협약의 원칙으로서 공동의 그러나 차별적인 책임원칙(common but differentiated responsibility)은 매우 중요하다.[2] 당사국은 형평의 원칙에 입각하여 공동의 그러나 차별적인 책임과 각각의 능력에 따라 인류의 현재 및 미래 세대의 이익을 위하여 기후체계를 보호하여야 한다. 이러한 맥락에서 기후변화 대응에 있어서 선진국은 선도적인 역할을 부담해야 한다. 이러한 공동의 그러나 차별적인 책임원칙은 현재의 기후변화 문제의

---

1) 기후변화 협약 제3조 3항.
2) 기후변화 협약 제3조 1항.

상당 부분은 선진국들이 산업 혁명 이후 경제개발을 위해 행한 결과이고, 따라서 선진국들은 역사적 책임을 부담하여야 한다는 데 그 논리를 두고 있다.[3)] 개발도상국에 대해서는 기후변화 협약 이행으로 인하여 이들에게 불균형적이면서 과중한 부담을 지우지 않도록 해야 한다. 또한 개발도상국의 지속가능한 경제 성장과 발전을 이룩하고 기후변화 문제에 더 잘 대응할 수 있도록 지속가능하고 개방적인 국제 경제체제를 유지하여야 한다.

공동의 그러나 차별적인 책임원칙은 기후변화 협약 및 그 이후 진행된 관련 협상들에서 매우 중요한 원칙으로 역할을 해 오고 있는 것은 부인할 수 없다. 이러한 공동의 그러나 차별적인 책임원칙에 의해서 기후변화 협약에서는 뒤에서 자세히 설명하는 바와 같이 선진국으로 구성된 부속서 I 국가와 개발도상국으로 구성된 부속서 II 국가들을 구분하여 상이한 의무를 부담시키고 있다. 또한 협약 전반에 걸쳐서 개발도상국의 대응 능력 향상을 위한 기술지원 등을 하고, 기후변화 대응을 선진국의 개도국에 대한 새로운 무역장벽으로 사용되지 못하도록 하고 있다.[4)]

원칙론적으로 기후변화에 대한 공동 대응의 필요성과 함께 각 국가들의 서로 다른 상황을 고려한다면 각 국가별 능력을 고려한 기후변화 대응 능력을 마련하는 것이 필요하다. 그러나 지구사회의 온실가스 감축의 절대량은 정해져 있고, 각 국가별 상황이 수시로 변한다는 점을 감안한다면 국가별 능력을 고려한 탄력적이고 유연한 기후변화 대응이라는 원래 취지를 잘 유지하기는 쉽지 않다. 1992년 기후변화 협약 채택 당시의 중국의 온실가스 배출량은 현재에 비하여 현저히 적었다. 2010년 현재 세계 제 1 의 온실가스 배출국이 된 중국이 여전히 공동의 그러나 차별적인 책임원칙, 역사적 책임원칙을 내세우

3) 기후변화 협약 제 3 조 1항.

4) 당사자는 모든 당사자, 특히 개발도상국인 당사자가 지속적 경제 성장과 발전을 이룩하고 그럼으로써 기후변화 문제에 더 잘 대응할 수 있도록 하는 지지적이며 개방적인 국제 경제체제를 촉진하기 위하여 협력한다. 일방적 조치를 포함하여 기후변화에 대처하기 위하여 취한 조치는 국제무역에 대한 자의적 또는 정당화할 수 없는 차별수단이나 위장된 제한수단이 되어서는 아니 된다.

면서 기후변화 협약 체제 내에서 선진국에 비하여 현저히 낮은 수준의 온실가스 저감 노력을 해야 한다면 이것이 기후변화 대응 노력에 가장 효과적인 방법인지는 의문이 들 수 있다. 더구나 2020년 기준 전 세계 온실가스 배출량을 17Gt 감축해야 IPCC가 제시한 450ppm 수준의 대기중 온실가스 농도를 유지할 수 있는데, 이 중 약 12Gt이 개발도상국, 5Gt이 선진국에서 감축되어야 함은 현재 기후변화 협약 체제의 유효성에 의문을 제기할 수 있는 근거가 될 수 있다. 12Gt을 발생시키는 비부속서 I 국가, 즉 개발도상국은 중국, 인도, 멕시코, 브라질, 인도네시아, 남아프리카공화국 그리고 우리나라 등 몇몇 선발개도국이 대부분이라고 생각한다면, 향후 기후변화 협약 체제 내에서 이들 국가들을 중심으로 공동의 그러나 차별적인 책임원칙 적용의 구체적인 결과가 어떻게 될지 재미있게 지켜볼만한 일이다.

(3) 협약상 의무사항

기후변화 협약은 제 4 조 1항에서 일반적인 이행사항을 규정하고 있다. 이러한 일반적인 이행 사항에 대해서 공동의 그러나 차별적인 책임원칙을 규정하고 있으나, 온실가스 감축 의무 사항과 같이 선진국과 개도국 간의 차별화된 이행 사항을 규정하고 있지는 않다. 이러한 일반적인 의무이행 사항으로는 국가보고에 관한 사항, 몬트리올 의정서에서 규제되지 않는 온실가스에 대해서 감축과 기후변화에 대한 적응에 관한 노력, 온실가스 감축 기술 개발 및 확산, 생물자원 · 산림 · 해양 등 온실가스 흡수원과 저탄소의 지속가능한 관리 및 적절한 보존 및 강화에 대한 노력, 기후변화 적응 문제에 관한 협력, 환경 영향평가, 연구 · 개발 증진, 정보의 공유, 교육 · 훈련 · 홍보 등이 있다.

이렇게 모든 당사국에게 적용되는 일반적인 사항 이외에, 기후변화 협약은 부속서 I 국가, 즉 선진국에 대해서 특별한 감축 의무를 부담시키고 있다.[5)]기후변화 협약상 부속서 I 국가는 1992년 당시 OECD 회원국과 구 동구권

---

5) 기후변화 협약 제 3 조 2항.

국가들로 구성되어 있다. 이들 부속서 I 국가는 온실가스의 인위적인 배출을 제한하고, 온실가스 흡수원과 저장소를 보호 및 강화를 위한 국가정책을 채택하고 이에 상응하는 조치를 취해야 한다. 이를 위해서 부속서 I 국가들은 인위적인 온실가스 배출을 개별적 또는 공동으로 1990년대 수준으로 회복시키기 위하여 관련 정보를 통보하여야 한다. 즉 기후변화 협약에서는 선진국들의 구체적인 수량 감축 의무를 부과하고 있지 않지만, 기준년도인 1990년을 설정하여 선진국들의 구체적인 감축량 결정을 위한 추가 조치를 마련하고 있다. 이에 따라서 선진국의 구체적인 의무 감축량 결정이 필요한 경우에는 이에 대한 협약 관련 규정의 개정(즉 제3조 2항 (a) 및 (b))이 가능함을 명시해 두었다.

한편 기후변화 협약은 향후 부속서 I 국가 목록을 변경할 수 있는 여지도 남겨두었다. 우선 기후변화 협약은 부속서 I 국가 목록을 개정하기 위해서 1998년 12월 31일 이전에 이용 가능한 정보를 검토하도록 하고 있다. 물론 그 이후에는 이 규정에 따라서 부속서 I 국가 목록을 수정할 수는 없게 되었다. 그렇지만 비 부속서 I 국가는 1998년 12월 31일 이후에는 언제든지 비준서·수락서·승인서 또는 가입서에 협약 제3조 2항 (a) 및 (b)상 부속서 I 국가의 의무사항을 준수하겠다는 의사를 표명할 수 있다.[6]

부속서 I 국가 중에는 당시 구소련의 붕괴로 인하여 시장경제질서로 전환 중인 국가들도 포함되어 있다. 이들 국가들은 지구사회 온실가스 감축에 있어서 여타 선진국과 같은 그룹에 속하지만, 기후변화 협약이 채택되던 당시 구소련 체제의 붕괴로 인하여 재정적 어려움을 안고 있어서 협약상 선진국의 개도국 지원 문제 적용 대상에서 제외되었다. 즉 기후변화상 구 동구권 국가를 제외한 선진국들로 구성된 소위 부속서 II 국가들은 개발도상국에 대한 재정 지원 및 기술 이전을 부담하고 있다.[7] 개발도상국은 이러한 선진국들의 개발도상국 지원이 형식적으로 머물지 않도록 하기 위해서 개발도상국의 협약상의

6) 기후변화 협약 제3조 2항 (g).

7) 기후변화 협약 제3조, 제4조, 제5조.

의무사항 이행 정도는 선진국이 재정지원 및 기술이전에 관한 협약상의 의무를 얼마나 효과적으로 이행할지에 달려 있음을 명문 규정으로서 강조하고 있다. 그럼에도 불구하고 여전히 규정의 모호함으로 인하여 이들 조항들이 구체적인 문제해결에 명확한 기준을 제시하고 있지 못하다.

또한 기후변화 협약 당사국 전체는 개도국 중 군소도서국가, 저지대 국가, 건조 지역 등 특별한 사정에 처해 있는 국가들과 최빈 개도국에 대해서 특별한 배려를 할 필요가 있음을 규정하고 있다.[8] 이러한 배려는 재정지원, 보험, 기술이전과 관련된 조치를 포함하는데, 이후 이 규정을 근거로 하여 소위 "적응기금(adaption fund)"이 기후변화 협약 내에서 조성이 되었다. 또다른 일반적인 재정원은 1991년에 설립된 지구환경기금(GEF)이 제공하고 있다. 처음에는 임시 기후변화 재정기구 역할을 할 것으로 예상하였으나, 현재까지 개도국의 기후변화 대응에 관한 주요 재정기구로서 여전히 존재하고 있다. 또한 협약 이행 상황을 점검하는 경우에도 기후변화에 대한 대응조치의 이행으로 발생하는 부정적인 효과에 취약한 경제구조를 가진 국가, 특히 개발도상국의 상황을 별도로 고려하도록 하고 있다.[9]

요컨대 기후변화 협약상 온실가스 저감, 재정, 기술이전 등의 문제를 다룸에 있어서 선진국들에 대해서 특별한 부담을 지도록 하고 있으며, 개발도상국에 대해서는 특별한 고려를 하고, 기후변화 대응을 위한 조치 이행이 개도국의 발전에 저해가 되지 않도록 할 것을 매우 강조하고 있다. 한마디로 공동의 그러나 차별적인 책임원칙에 기한 선진국과 개도국의 2분법적 구분을 명확히 하고 있는 것이다. 1992년 기후변화 협약이 채택된 이후 약 20년 동안 국제사회에서 많은 변화가 일어났다. 이러한 변화에 따라서 1992년 기후변화 협약 채택 당시와는 달리 각 국가별 대응 능력에 변화가 일어났음은 당연하다. 협약의 전면 개정 이외에 협약상 이러한 변화를 반영할 수 있는 거의 유일한 방안

8) 기후변화 협약 제8조, 제9조, 제10조.
9) 기후변화 협약 제10조. 이에 대한 구체적 논의는 제5장 참조.

은 부속서 I 국가 목록을 변경하는 것이다.[10] 이것은 협약상 의무수준을 변화시키지 않으면서 의무 부담 국가의 범위를 조정함으로써 기후변화 문제에 대한 대응 효과를 개선하고자 하는 경우에 고려가 가능한 방법일 것이다. 그러나 이제까지 기후변화 협약 당사국 간에 기존의 부속서 I과 비 부속서 I 국가 간에 공동의 그러나 차별적인 책임원칙을 근간으로 전개되는 대립이 첨예하기 때문에 이 방법에 의한 기후변화 협약 체제의 유효성의 획기적 개선이 쉽지는 않다.

우리나라의 맥락에서 보면 우리는 기후변화 협약 채택 당시에는 선진국의 클럽으로 여겨지는 경제협력개발기구(OECD)에 가입하지 않았으나 1996년 가입을 하였고, 최근에는 OECD 산하 개발원조 위원회에서 가입함으로써 국제기구로부터 원조를 받는 지위를 졸업하였다. 이 이외에도 그간의 급격한 경제력 상승으로 인하여 기존 부속서 I 국가들에 비하여 여러 가지 경제 지표에서 높은 성과를 보이고 있다. 이에 따라서 기후변화 협상이 진행되면 항상 부속서 I 국가로의 전환 압력을 거세게 받아온 것이 사실이다. 당장은 추가 부담을 해야 하는 부속서 I 국가로 전환은 국가적으로 부담이 되는 것이 사실이지만, 향후 우리 경제가 계속적으로 발전한다고 가정한다면 부속서 I 국가에 가입 또는 새로운 방법에 의해서 외부 압력으로부터 벗어나도록 해야 할 것이다.

(4) 조직구조

가. 당사국 총회

기후변화 협약 체제의 최고 의사결정기구는 당사국 총회(Conference of Parties 또는 COP)이다. 지구사회 대다수 국가들이 회원국으로 참여하고 있다. 2010년 현재 193개국의 회원국으로 참여하고 있다. 당사국 총회는 일반적으

10) 부속서는 협약의 불가분의 일부를 이루고 있으며, 부속서는 협약 개정절차에 따라서 개정이 가능하다. 제16조 참조.

로 협약의 효과적인 이행을 촉진하기 위하여 필요한 결정을 채택하거나 이행을 검토한다. 아래 사항들이 당사국 총회의 구체적인 권한 범위에 해당한다.

- 당사국의 의무사항과 제도적 메커니즘에 대한 정기적 검토
- 기후변화 대응에 있어서 당사국의 서로 다른 여건, 책임 및 의무사항 고려 및 정보교환의 촉진
- 당사국이 채택한 조치의 조정을 용이하게 함
- 배출원 및 흡수원 목록 작성, 온실가스 배출 감축 및 배출 감축 조치 효과 평가를 위한 방법론 개발 및 정기적 개선 촉진
- 당사국이 취한 조치의 환경적 · 경제적 · 사회적 효과 및 협약 목적 성취도 평가
- 협약 이행에 관한 정기 보고서 심의 · 채택 및 공표
- 협약 이행에 관한 권고
- 재정원 마련을 위한 노력
- 보조기관에 관련된 사항
- 관련 국제기구, 정부 간 기구 등과의 협력

당사국 총회는 제 1 차 당사국 총회 이후에 매년 개최되며, 당사국 총회가 필요하다고 인정하거나 당사국의 서면 요청이 있는 경우에는 특별총회가 개최된다. 당사국의 서면요청에 의한 특별 총회는 사무국이 서면 요청이후 당사국에게 통보한 이후 6월 이내에 최소한 당사국 3분의 1 이상의 찬성이 있을 경우에만 개최된다.

2009년 12월까지 당사국 총회는 모두 15회에 걸쳐서 개최되었다. 제 1 차 당사국 총회는 1995년 베를린에서 개최되었는데, 당사국들은 온실가스 배출을 1990년대 수준으로 돌리기 위해서 2000년 이후에 새로운 의무사항이 필요하다는 데 동의하고 소위 “베를린 위임사항”에 합의하였다. 또한 이후 1997년에 채택된 교토 의정서 채택을 위해서 베를린 위임사항을 이행할 특별기구를 설치하였다. 이후 1997년 개최된 제 3 차 당사국 총회에서는 선진국들이 2008년에서 2012년까지 1990년 대비 평균 5퍼센트 온실가스를 감축하기로 하는 내용을 담고, 청정개발메커니즘, 배출권 거래제도 및 공동이행으로 구성된 소위 교토

메커니즘을 새롭게 담은 교토 의정서를 채택하였다. 1998년 부에노스아이레스에서 개최된 제 4 차 당사국 총회는 교토 의정서상의 주요 쟁점 사항들의 합의를 위한 2년간의 행동계획을 채택하였다. 그 이후 2000년 헤이그에서 개최된 제 6 차 당사국 총회는 미국의 산림 및 농업 부문이 흡수원으로 포함되기를 원하는 미국의 제안에 대해서 격렬한 논의가 벌어졌다(만일 미국의 요청이 받아들여진다면 이를 통해 미국은 교토 의정서상의 의무를 이행할 수 있었다). 또한 온실가스 감축 의무 불이행 국가에 대한 제재에 대해서도 많은 논의가 있었다. 제 6 차 당사국 총회는 유럽 측이 미국의 제안에 대한 타협을 거부하면서 협상은 결렬되고, 2001년 본에서 제6-1차 당사국 총회가 개최되게 되었다. 미국 부시 정부는 교토 의정서를 거부하면서 옵저버로서 회의에 참가하기 시작하였다.

2001년 모로코에서 개최된 제 7 차 당사국 총회는 기술이전, 능력형성, 기금형성 등 개도국이 제안한 내용을 채택하고, 교토 메커니즘, 의무준수 체제, 온실가스 배출통계, 정책 및 조치 그리고 흡수원(LULUCF) 등에 대한 추가 협상을 벌여 미국을 제외한 선진국과 개도국 간의 합의가 이뤄짐에 따라서 교토 의정서상의 협상이 모두 종료되었다. 개별 합의들은 소위 마라케쉬 합의(Marakesh Accord)로 모아졌다. 마라케쉬 합의 중 특히 의무준수 체제는 의무불이행에 대한 대응조치에 법적 구속력을 부여하고, 의무준수 위원회 내에서 협조분과(Facilitative Branch)와 강제분과(Enforcement Branch) 간의 역할 분담을 구체화함으로써 현행 국제환경조약 체제 중에서 가장 구체적이고 강력한 의무준수 체제를 만들어 내었다. 그 후 2004년 부에노스아이레스 제10차 당사국 총회에서 당사국들은 2012년 이후 문제에 대해서 본격적으로 이슈를 제기하기 시작하였다. 그 이후 당사국들은 2007년 인도네시아 발리 제13차 당사국 총회에서 IPCC 제 4 차 보고서를 통해서 지구 온난화의 심각성에 대해서 다시 한번 강하게 인식하면서, 2012년 교토 의정서 제 1 차 공약기간이 만료된 이후 체제에 대해서 논의하기 위한 발리 행동계획(Bali Action Plan)에 합의하면서 소위 발리 로드맵을 만들었다. 2007년부터 2009년까지 뒤에서 자세히 설명된 바와 같이 2년간 치열한 협상을 진행하면서 법적 구속력이 있는 새로운 합의의 도출을 원했으나, 2009년 코펜하겐 제15차 당사국 총회에서는 정치적 합의문 성격의 코펜하겐 합의에 합의하는 데 그치고 말았다. 그 후 처음으로 열린 제16차 캔쿤 당사국 총회에서는 코펜하겐 합의를 좀더 구체화하며 기후변화 협약 체제 내의 공식 합의문으로 만든 캔쿤 합의(Cancun Agreements)를 이끌어 내었다.

〈표 3-1〉 기후변화협상 주요 내용

회 의 명	일 시	장 소	주요합의사항
제 1 차 당사국총회	1995.3.	베를린	200년 이후 온실가스 감축을 위한 협상그룹 설치하고 협상 결과를 제 3 차 당사국 총회에서 보고하도록 하는 베를린 위임(Berlin Mandate) 채택
제 2 차 당사국총회	1996.7.	제네바	IPCC 제 2 차 보고서 중 인간의 활동이 기후변화에 명백한 영향을 주고 있다는 주장을 과학적 사실로 인정
제 3 차 당사국총회	1997.12.	도쿄	교토 의정서 채택
제 4 차 당사국총회	1998.11.	부에노스 아이레스	교토 의정서 세부 이행절차 마련을 위한 행동계획(Buenos Aires Plan of Action) 수립, 비 부속서 I 국가인 아르헨티나 및 카자흐스탄 온실가스 감축 의사 표명
제 5 차 당사국총회	1999.11.	본	아르헨티나 자발적 감축 목표 발표에 따른 개도국 온실가스 감축 의무 부담 문제 제기
제 6 차 당사국총회	2000.11.	헤이그	2002년 교토 의정서 발효위한 노력이 Umbrella 그룹과 EU 간의 입장 차이로 무산
제 6 차 당사국총회 속개회의	2001.7.	본	교토 메커니즘, 흡수원 등에서 EU 및 개도국의 양보로 미국을 배제하고 협상 극적 타결
제 7 차 당사국총회	2001.11.	모로코 마라케쉬	교토의정서를 구체화한 마라케쉬 합의 채택

제 8 차 당사국총회	2002.10.	뉴델리	뉴델리 각료선언 채택
제 9 차 당사국총회	2003.12.	밀라노	교토의정서 발효를 전제로 한 이행체제 보완에 대한 논의 진행. 기후변화 특별기금 및 최빈국 기금 운용 방안 타결
제10차 당사국총회	2004.12.	부에노스 아이레스	제 1 차 공약기간 이후 문제에 대해서 본격 문제 제기 시작
제11차 당사국총회	2005.11.	몬트리올	2005년 2월 발효한 교토의정서 이행 절차 보고 방안 등을 담은 마라케쉬 결정문를 교토의정서 당사국 회의에서 채택, 2012년 이후 기후변화 체제 논의체 구성에 합의
제12차 당사국총회	2006.11.	케냐 나이로비	선진국들의 제 2 차 공약기간에 대한 논의 일정에 합의, 개도국 온실가스 감축 문제는 제13차 당사국 총회에서 논의하기로 합의
제13차 당사국총회	2007.12.	인도네시아 발리	2012년 이후 기후변화 체제에 대한 2009년까지의 논의 일정을 담은 발리 로드맵 채택
제14차 당사국총회	2008.12.	폴란드 포즈난	제15차 당사국 총회까지의 중간 회의 성격. 선진국과 개도국간의 첨예한 입장 차이 확인
제15차 당사국총회	2009.12.	코펜하겐	2012년 이후 기후변화 체제에 대한 구속력이 있는 합의 도출 실패, 정치적 선언 성격의 코펜하겐 합의 도출
제16차 당사국총회	2010.12.	멕시코 캔쿤	코펜하겐 합의 내용의 대부분을 캔쿤 합의를 통하여 기후변화 협약 당사국 총회 공식 문서화

나. 사 무 국

기후변화 협약의 사무국은 독일 본에 위치하고 있다. 사무국은 통상 국제기구 사무국이 수행하는 임무를 수행하고 있다.[11)]

다. 부속기구

기후변화 협약은 2개의 부속기구를 두고 있다. 먼저 과학기술자문부속기

11) 기후변화 협약 제 8 조.

구(Subsidiary Body for Scientific and Technological Advice: SBSTA)의 경우는 기후변화 당사국 총회 및 보조기관에 대해서 과학·기술문제에 관한 시의적절한 정보와 자문을 제공하고 있다.[12] 모든 당사국이 참여하며, 관련 전문분야에서 역량이 있는 정부 대표로 구성된다. 과학기술자문부속기구는 기후변화에 관한 정부 간 패널(IPCC)와 긴밀하게 협력하고 있다.

> 여기에서 기후변화에 관한 정부 간 패널(Intergovernmental Panel on Climate Change: IPCC)과 과학기술자문부속기구를 구분할 필요가 있다. 기후변화에 관한 정부 간 패널은 유엔환경계획과 세계기상기구가 공동으로 설립한 정부 간 기구이다. 회원국은 유엔과 세계기상기구의 회원인 어느 정부라도 가능하다. 이 기구는 과학, 기술 및 사회경제적인 정보를 분석한다. 그 자체의 연구를 수행하지는 않지만 세계의 전문가들이 자발적으로 참여하면서 기후변화 협상에 중요한 영향력을 행사하고 있다. IPCC는 그동안 4번에 걸쳐서 보고서를 발간하였으며, 특히 2007년 발간된 제4차 보고서는 지구 온난화의 영향이 인간활동에 의한 것임을 밝힘으로써 알고어와 함께 노벨 평화상을 수상하기도 하였다. 이러한 기후변화에 관한 정부 간 패널은 기후변화 협약 체제와 매우 밀접한 관련성을 가지지만 기후변화 협약 체제의 기구가 아닌 독립된 기구임을 기억할 필요가 있다.

한편, 이행자문부속기구(Subsidiary Body for Implementation: SBI)는 당사국 총회가 협약의 이행상황을 평가하고 검토하는 것을 지원하기 위한 보조기관이다. 과학기술자문기구와 마찬가지로 모든 당사국이 참가할 수 있되 기후변화 관련 문제의 전문가인 정부대표로 구성된다. 이 기구는 기후변화 협약 제12조상 당사국의 기후변화 협약 이행관련 정보의 통보와 관련 통보된 정보를 심의한다.[13]

---

12) 기후변화 협약 제9조.

13) 기후변화 협약 제10조.

라. 기타 기구

이외에도 기후변화 협약상 명시된 기구는 아니지만 기후변화 협약 체제 내에 설치된 기구들이 있다. 먼저 비 부속서 I 국가의 국가보고서 관련 전문가 자문그룹(Consultative Group of Experts on National Communications on Non Annex I Parties)은 1999년 제5차 당사국 총회 당시 비 부속서 I 국가의 국가보고서 준비 과정을 개선하기 위해서 설치되었다. 각 지역별 안배를 한 5명과 부속서 I 국가에서 6명 그리고 관련 경험을 갖고 있는 국제기구에서 3인의 전문가로 구성되어 있다.

기술이전에 관한 전문가그룹(Expert Group on Technology Transfer: EGTT)은 마라케쉬 합의에 의해서 설치되었는데, 개도국의 환경친화 기술의 개발과 이전을 위하여 과학적 그리고 기술적 조언을 제공하고 있다. 3인은 개도국으로부터, 7인은 부속서 I 국가로부터, 3인은 국제기구로부터 추천된 전문가가 포함되며 모두 20명으로 구성되어 있다.

마지막으로 최빈 개도국 전문가 그룹(Least Developed Countries Expert Group)은 마라케쉬 합의에 의해서 설치되었는데, 최빈 개도국의 적응 문제에 대해서 조언을 제공한다. 아프리카 최빈 개도국 중에서 5인, 아시아 최빈 개도국 중에서 2인, 군소 도서국 최빈 개도국에서 2인, 부속서 II 국가에서 3인이 추천되어 모두 12인의 전문가로 구성되어 있다.

마. 국가 그룹

기후변화 협약에 의해서 설치되지는 않았지만 기후변화 협약 체제에서 매우 중요한 역할을 하는 것이 당사국들의 그룹이다. 이들 그룹은 국가들의 관심사 및 추구 이익에 따라서 자연스럽게 형성된 것들로서 기후변화 협상이 진행될 때 국가 그룹별로 입장을 만드는 것이 보통이다.

먼저 당사국들은 유엔 체제 내의 공통적인 관행에 따라서 5개의 지역 그룹의 하나에 속하게 된다. 현재 5개 그룹은 아프리카 국가 그룹, 아시아 국가 그룹, 동유럽 국가 그룹, 남미 및 카라비안 국가 그룹, 호주, 캐나다, 아이슬란드, 뉴질랜드, 노르웨이, 스위스 및 미국을 포함하는 서유럽 및 기타 국가그룹이 그들이다. 그러나 이들 지역 기구는 기후변화 협약 체제 내에서는 통상 중요한 영향력을 행사하고 있지 않다.

기후변화 협약 체제 내에서 더 중요한 영향력을 행사하고 있는 국가 그룹의 하나는 개도국으로 구성되어 있는 G77/중국 그룹이다. 지난 1964년 무역과 개발회의(UN Conference on Trade and Development: UNCTAD)에 창설되어 현재는 유엔 체제 내에서 기능하고 있다. 130여개국으로 구성되어 있다. 통상적으로 매 2년마다 교체되는 무역과 개발회의 의장국이 동 그룹을 대표한다. 그러나 기후변화 협약 체제에서 G77/중국 그룹은 그 안에서도 아프리카 지역 국가 그룹, 43개국으로 구성된 군소 도서 국가 그룹(Allianace of Small Island States: AOSIS) 및 유엔 체제 내에서 최빈 개도국 국가로 규정된 50개 국가로 구성된 최빈 개도국 그룹 등은 별도의 입장을 밝히기도 하는 등 그들간의 결속력은 다른 그룹에 비하여 강하지는 못하다. 예컨대 지난 2009년 코펜하겐 합의를 도출하기 위한 협상 중 중국의 경우는 비구속적 의무 부담을 그 입장으로 한 반면, 투발루 등 군소 도서 국가 그룹은 강력한 의무 부담을 전제로 하는 조약의 도입을 강력하게 요청하였었다.

우산그룹(Umbrella Group)은 교토 의정서 채택 이후에 비 EU 선진국 간에 결성된 그룹으로서, 교토 의정서 협상 과정에서 강한 결속력을 보였던 일본, 미국, 스위스, 캐나다, 호주, 노르웨이, 뉴질랜드로 구성되었던 주스칸즈 그룹(JUSSCANZ Group)이 확대된 것이라고 볼 수 있다. 현재는 호주, 아이슬란드, 일본, 캐나다, 뉴질랜드, 노르웨이, 러시아, 우크라이나 및 미국이 그 주요 구성국들이다. 이들 간에 강한 결속력을 갖는 것은 아니지만 여전히 중요한 역할을 하고 있다.

환경건정성 그룹(Environmental Integrity Group: EIG)은 2000년에 우리나

라, 멕시코 및 스위스가 결성한 그룹이다. 최근에는 우리나라와 멕시코가 기후변화협상에서 활발히 활동하면서 이전에 비하여 인지도가 높아지고 있으나, 여전히 극소수 국가로 구성된 한계가 있다. 이외에도 석유수출기구 국가(OPEC), 중앙아시아, 코카서스, 알바니아, 몰도바로 구성된 카캄(CACAM) 그룹 등도 그룹의 입장을 정립하여 기후변화 논의에 참여하기도 한다.

2. 교토 의정서

(1) 기후변화 협약과의 관계

교토 의정서는 기후변화 협약의 내용을 좀 더 구체화하기 위하여 기후변화 당사국의 추가적인 합의를 담고 있는 독립된 조약이라고 할 수 있다. 교토 의정서는 채택된 이후 2001년 마라케쉬 협정 등을 통하여 더욱 구체화가 되었다. 교토 의정서는 기후변화 협약과 매우 밀접한 관계가 있지만, 기후변화 협약의 당사국이라고 하여서 자동적으로 교토 의정서의 당사국이 되는 것은 아니다. 별도의 독립된 조약으로서 교토 의정서의 당사국이 되기 위해서는 교토 의정서의 별도의 당사국이 될 필요가 있다. 기후변화 협약의 당사국인 경우에는 교토 의정서의 당사국인 경우가 많이 있지만, 미국과 같이 기후변화 협약의 당사국이나 교토 의정서의 당사국이 아닌 경우도 존재한다. 반대로 이론적으로 교토 의정서의 당사국이나 기후변화 협약의 당사국이 아닌 경우도 가능은 하지만, 교토 의정서가 기후변화 협약을 구체화한 것이라는 점을 감안한다면 실제적으로 이와 같은 경우는 발생하지 않을 것이다.

기후변화 협약과 교토 의정서에 모두 당사국이 되는 경우, 당해 국가는 기후변화 협약 체제 내에서 기후변화에 대응하기 위한 모든 사항에 대한 준수를 할 의무를 지게 된다. 만일 기후변화 협약의 당사국이지만 교토 의정서에 당사국이 아닌 경우, 교토 의정서상의 의무를 이행하지 않는 것에 대해서 도의적인 비난이 가능할 수는 있으나, 국제법적인 책임을 물을 수 있는 방법은 현재 국제법의 원칙상에서는 존재하지 않는다.. 따라서 미국이 교토 의정서의 당사국이 아님에 따라서 동 의정서하에서 선진국이 부담하고 있는 온실가스 저감 의무를 부담하지 않는 것에 대해서 온실가스 최대 배출국의 하나로서 전 세계 기후변화 대응을 위한 공동의 노력에 동참하지 않는 것에 대한 도의적인 비난은 가능할 수 있어도 이로 인해서 미국에 대해서 어떠한 국제법적 조치도 취할 수는 없는 것이다.

교토 의정서는 독립적인 조약이므로 국가들은 교토 의정서의 회원국이 되기 위해서는 조약법에 관한 비엔나 조약에 의한 조약 가입, 수락 등의 절차를 거치면 된다. 또한 동 의정서의 회원국이 탈퇴하기 원하는 경우에는 역시 국제법상 조약의 탈퇴에 관한 일반 원칙에 따라서 탈퇴를 할 수 있으며 교토 의정서의 탈퇴를 막을 수 있는 법적인 방법은 없다. 이는 조약의 가입과 탈퇴는 국가의 자유 의사라는 국제법의 일반원칙의 적용 결과이기 때문이다.

(2) 선진국의 온실가스 저감 의무

기후변화 협약이 선진국, 즉 부속서 I 국가에 대한 구체적인 온실가스 저감의무를 부과하지 못하였다면, 교토 의정서는 이에 관한 구체적인 기준을 부과하고 있다. 기후변화 협약하에서도 선진국의 온실가스 감축 의무가 규정되어 있기는 하지만 이 규정들은 일반적인 사항들에 대해서 규정을 하여 두었기 때문에 이를 근거로 선진국의 구체적인 조치에 관한 의무 준수 여부를 판단하기는 쉽지가 않다. 이와는 달리 교토 의정서 제 3 조는 선진국의 온실가스 감축 의무에 관하여 구체적으로 규정하고 있다.

즉 부속서 I 국가들은 제 1 차 공약기간인 2008년부터 2012년까지 부속서 A에 명시된 온실가스의 이산화탄소로 환산한 총배출량을 1990년 기준으로 5퍼센트 감축할 의무가 있다.[14] 한편 이러한 감축 의무는 개별적으로 이행할 수 있지만, 공동으로 이행할 수도 있다. 이것은 EU 국가들을 위하여 마련한

---

14) 교토 의정서 제 3 조 1항.

것으로서 EU 국가는 그 전체 평균 5퍼센트를 감축하되, 개별 회원국들의 감축량은 각기 다르게 책정되어 있다. 한편 러시아와 같이 구소련이 붕괴된 이후 사회주의 경제체제에서 시장경제 체제로 이행 중에 있는 국가들에 대해서는 의정서상 특칙을 두어서 신축성을 부여하고 있다.15) 한편 교토 의정서 채택과정에서 논란이 되었던 토지사용 및 산림 활동으로 인한 온실가스 배출 및 흡수에 의한 변화에 대해서는 1990년 이후의 조림 · 산림회복 · 산림 개간으로 범위를 제한하도록 하고 있다.

별도의 아래 표는 교토 의정서 부속서 B 국가들의 감축량을 나타내고 있는 것이다. 각국별 온실가스 저감량이 다른 이유는 기준년도인 1990년 이후 1997년 교토 의정서 채택 전까지 각국의 경제 사정에 따라서 온실가스 배출량이 많았던 국가도 있는 반면 그렇지 않는 국가도 있었기 때문이다. 예컨대 미국의 경우 토지사용 및 산림 활동을 적극적으로 온실가스 배출량 계산에 고려하지 않는다면 미국은 1990년 대비 온실가스 배출이 급증하고 있었다. 한편 러시아의 경우에는 구소련 붕괴 시점인 1990년 이후 국가 경제의 침체로 인하여 온실가스 배출량이 자연스럽게 급감하고 있었으며, 유럽 국가들은 1990년 이전 기후변화 협약상 논의와는 별개로 국내 정치 경제적 사정상 에너지 부문 개혁으로 인하여 온실가스 배출이 감소하거나 배출량 증가가 비 유럽 부속서 I 국가들에 비하여 상대적으로 매우 완만한 경우가 많았다.

〈표 3-2〉 교토의정서 부속서 B 국가들의 감축량

당 사 자	수량적 배출량의 제한 · 감축에 관한 공약 (기준연도 또는 기간에 대한 백분율)	당 사 자	수량적 배출량의 제한 · 감축에 관한 공약 (기준연도 또는 기간에 대한 백분율)
호주	108	리히텐슈타인	92
오스트리아	92	리투아니아*	92
벨기에	92	룩셈부르그	92
불가리아*	92	모나코	92

15) 교토 의정서 제 3 조 5항 및 7항 등.

캐나다	94	네덜란드	92
크로아티아*	95	뉴질랜드	100
체크 공화국*	92	노르웨이	101
덴마크	92	폴란드*	94
에스토니아*	92	포르투갈	92
구주공동체	92	루마니아*	92
핀란드	92	러시아*	100
프랑스	92	슬로바키아*	92
독일	92	슬로베니아*	92
그리스	92	스페인	92
헝가리*	94	스웨덴	92
아이슬란드	110	스위스	92
아일랜드	92	우크라이나*	100
이탈리아	92	영국	92
일본	94	미국	93
라트비아*	92		

* 시장경제로의 이행과정에 있는 국가

(3) 교토 메커니즘

선진국, 즉 부속서 I 국가들의 온실가스 감축 의무 달성이 국내적으로 가능하지 않은 경우에는 제3국의 초과 달성분을 구입하거나, 온실가스 감축 사업의 시행을 통하여 발생하는 온실가스 감축분의 일정 부분을 해당 선진국의 감축분으로 인정함으로써 이들의 온실가스 감축 의무 이행에 신축성을 부여하기 위한 것이 교토 메커니즘이다. 교토 의정서상에서는 공동이행(Joint Implementation), 청정메커니즘(Clean Development Mechanism) 및 온실가스배출권 거래(Emission Trading) 등이 교토 메커니즘으로서 규정되어 있다. 청정개발메커니즘은 2000년부터 시행되고 있으며, 공동이행 및 배출권 거래제도는 2008년부터 시행이 가능하게 되었다.

물론 이들 교토 메커니즘은 선진국들의 온실가스 감축 의무 충족을 가능하게 하지만 또 다른 효과를 가져올 수 있다. 즉 사업 중심의 공동이행과 청정

메커니즘을 이용하는 경우에는 온실가스 감축을 위한 청정 기술의 이전이 가능하게 하는 효과가 있다. 또한 청정 메커니즘의 경우에는 개발도상국에서 온실가스 감축을 위한 사업이 시행됨에 따라서 개발도상국의 지속가능한 개발이 가능하도록 할 수 있다.

가. 배출권 거래

교토 의정서 부속서 B 국가들은 온실가스 배출 제한 및 저감에 대한 수용가능한 목표를 달성하여야 한다. 이들 국가들의 목표는 2008년부터 2012년까지 즉 제 1 차 공약기간 중 허용가능한 배출 수준 혹은 "할당량(assigned amounts)"을 의미하며 이산화탄소 환산 톤당 단위로 계산되어 통상 교토 단위(Kyoto Units)라고 불리운다. 이들 허용가능한 배출 혹은 할당량은 각 할당량 단위(assigned amount units: AAUs)로 나뉠 수 있다. 이들 할당량 단위는 2012년 제 1 차 공약기간이 종료되고 제 2 차 공약기간이 설정되면 제 2 차 공약기간으로 이월될 수 있다.[16)]

교토 의정서 제17조는 각 부속서 B 국가에 할당된 온실가스 배출단위 중 사용하지 않은 것을 저장하고, 이 저장된 단위를 자국의 온실가스 저감 목표보다 초과하여 온실가스를 배출한 부속서 B 국가에 대해서 판매할 수 있도록 하고 있다. 배출권 거래제도를 통하여서 탄소는 시장에서 거래가 될 수 있는 상품화가 되었다고 볼 수 있다. 이러한 점에서 배출권 거래제도를 "탄소시장"이라고 부르는 경우도 있다.[17)]

그리고 배출권 거래제도를 통하여서 거래될 수 있는 단위는 할당량 단위(AAU)이외에 제거단위(Removal Unit: RMU), 배출감소단위(Emission Reduction

---

16) 그러나 CERs, ERUs는 각 할당량의 2.5%만 이월이 될 수 있고, RMUs는 제 2 차 공약기간으로 이월이 불가능하다.

17) 이러한 협의의 탄소 시장과 달리 지구상 온실가스를 저감하기 위한 사회적 비용을 조달할 수 있는 공공 및 사적 금융시장 제도를 통틀어서 광의의 탄소시장으로 부르기도 한다.

Unit: ERU) 및 공인배출감축(Certified Emission Reduction: CER) 등도 배출권 거래제도를 통하여 거래될 수 있다. 제거단위는 산림녹화와 같이 토지이용, 토지이용 변화 및 산림(LULUCF) 활동을 통하여 발생되는 거래단위이며, 배출감소단위는 공동 이행 사업을 통하여, 공인배출감축은 청정개발 메커니즘을 통하여 발생된다.

이들 단위의 이전 및 획득은 아래에서 설명될 교토 의정서상의 등록제도(registry system)에 의해서 기록이 된다. 현재 등록제도와 관련하여서는 두 종류의 등록제도가 존재한다. 즉, 38개국의 부속서 B 국가들은 정부 혹은 단위를 보유하거나 거래할 수 있는 정부에 의해서 공인된 단체(entities)가 운영하는 계정이 포함된 국가 등록부를 운용하고 있다. 또한 청정개발메커니즘 이사회 아래에서 유엔기후변화 협약 사무국은 CDM 크레디트를 발행(issue)하고 국가 등록부에 분배하기 위한 CDM 등록부를 운용하고 있다. 각 등록부는 실시간으로 유엔기후변화협약 사무국에 의해서 운용 및 관리되는 국제 거래 로그(international transacton log)를 통하여서 상호 유기적으로 연관된 상태에서 운영된다. 만일 운영 규칙에 위반을 하는 특정 등록부가 있는 경우에는 국제거래로그에 의해서 해당 등록부는 거래가 중지되게 된다. 그리고 제 1 차 공약기간이 종료되게 되면 각 부속서 B 국가가 보유하고 있는 단위량을 산정하여 교토 의정서상의 제 1 차 공약기간상의 온실가스 감축 의무의 이행여부를 결정하게 된다.

또한 배출권 거래 시장을 통하여 지나치게 많은 잉여 단위를 판매함으로써 후에 자국의 온실가스 저감 의무 달성이 어렵게 되는 상황을 방지하고자, 각 국가들은 국내 등록부에 각 단위 보유량을 일정수준 유지하도록 되어 있다. 통상 이러한 의무기간보유량(commitment period reserve: CPR)은 해당 국가 의무 감축량의 90퍼센트 혹은 가장 최근에 검토된 보유량의 5배 중 더 낮은 양을 의미한다. 만일 국가가 의무기간보유량보다 낮은 보유량을 보유하게 되는 경우에는 배출권 거래제도를 통한 판매는 불가능하지만 자국의 의무보유량을 맞추기 위한 구매는 허용된다.

마지막으로 교토 의정서상의 배출권 거래제도와 여타의 국내 혹은 지역 차원의 배출권 거래제도와의 관계에 대해서 주목할 필요가 있다. 국내 차원 혹은 지역 차원에서 배출권 거래제도를 설치하는 것은 자유이며, 이들 배출권 거래제도하에서는 참여 국가 정부는 참여 주체의 온실가스 배출에 관한 구체적인 의무 내용을 설정하게 된다. 따라서 국내적 혹은 지역적 차원의 배출권 거래제도를 통하여 거래되는 거래단위가 자동적으로 교토 의정서상의 배출권 거래제도에서 거래가 허용되는 것은 아니다. 다만, 현재 제 2 단계에 접어든 EU 배출권 거래제도하의 소위 EU 허용량(allowances)은 자동적으로 교토 의정서상의 거래 단위로서 자동적으로 허용되고 있음을 아울러 주목할 필요가 있다.

나. 청정개발 메커니즘

청정개발 메커니즘(Clean Development Mechanism: CDM)은 교토 의정서 제12조에 의거하고 있다. CDM은 비부속서 I 국가, 즉 개발도상국의 개발을 달성하면서 기후변화 문제를 해결하기 위한 기후변화 협약의 목적 달성하기 위해서 부속서 I 국가의 온실가스 배출 제한 및 감축목표의 달성을 돕기 위한 것이다.[18]

CDM 사업은 엄격하고도 공개적인 등록 및 발행(issuance)을 통하여 사업이 없는 경우에 비하여 현실적이면서, 추가적인 확인이 가능한 온실가스 저감이 가능하여야 한다. 2006년부터 시행이 되어서 이미 1,000개 이상의 CDM 사업이 등록되었으며, 제 1 차 공약기간 동안에 이산화탄소 환산 27억톤 이상에 해당하는 공인배출감축(CER)을 만들어 낼 것으로 예상되고 있다.

CDM은 교토 의정서의 당사국회의(Meeting of the Parties: MOP)의 역할을 하는 기후변화 협약 당사국 총회의 권한 및 가이드 아래에서 CDM 집행 이사회가 감독을 하고 있다.[19] CDM 집행 이사회는 모두 10명으로 구성되어 있다.

---

18) 교토 의정서 제12조 2항.

19) Decision 3/CMP.1.

구체적으로는 유엔의 5개 지역그룹의 대표 1인씩 5인, 부속서 I 국가로부터 2인, 비 부속서 I 국가로부터 2인, 소도서 개도국으로부터 1인 등이다. 이들의 임기는 2년이며 1회의 한하여 연임이 가능하다. 이들은 국적국을 대표하는 것이 아니라 개인적인 자격으로 이사회 구성원으로서 활동하게 된다. 이사회의 결정은 규칙 제정 및 기존 규칙의 이행 강제 역할을 모두 수행한다. CDM 집행 이사회는 베이스라인, 모니터링 계획 등과 같은 방법론, CDM 사업을 인증하고 감축분을 확인하는 운영기구의 승인 및 취소, CDM 사업의 지역적 분배 상황의 당사국 총회 보고 등의 임무를 수행한다.

CDM 사업으로 등록을 하기 위해서 CDM 사업은 먼저 교토 의정서 비준국의 CDM 사업 관련 정부 기관이 담당하는 지정 국가기구(Designated National Authorities: DNA)에 의해서 승인되어야 한다. DNA의 승인 대상 사업은 부속서 I 국가의 사업자가 비 부속서 I 국가에서 재정적 이유 등으로 인하여 추진이 어려운 온실가스 감축 사업을 통상 의미하였으나, 제18차 CDM 집행 이사회에서는 부속서 I 국가의 사업자 참여 없이 비부속서 I 국가 사업자가 직접 사업을 추진할 수 있는 소위 일방적 CDM을 허용함에 따라서 이제는 반드시 부속서 I 국가의 사업자가 없는 CDM 사업이 지정 국가기구에 의해서 승인될 수 있게 되었다.

지정 국가기구에 의해서 승인된 대상 사업은 CDM 집행 이사회를 통하여 당사국 총회가 지정한 CDM 운영기구(Designated Operation Entities: DOE)에 의해서 해당 사업의 타당성을 확인하고 대상 CDM 사업에 대한 등록 요청이 이뤄진다. 아울러 해당 사업 수행으로 감축될 온실가스 감축량을 확인하고 이에 기하여 CER을 발행할 것을 집행 이사회에 요청한다. 등록된 CDM 사업은 CDM 사업 계획서에서 제시된 모니터링 계획에 따라서 모니터링 되고, 후에 사업자는 모니터링 보고서를 작성하여 CDM 운영기구에 제출한다. 제출된 모니터링 보고서 등을 토대로 CDM 운영기구는 사업에 대한 검층 및 인증을 실시하고, 이에 따라서 CDM 집행 이사회는 접수된 인증보고서에 따라서 15

일 내에 관련 당사국 또는 CDM 집행이사 3인 이상의 CER 발행 재검토 요청이 있지 않으면 CER을 발행한다.

한편, 교토 의정서 제 1 차 당사국 회의(MOP)에서는 CDM 집행 이사회는 CDM 등록부를 설치하도록 결의하였다.[20] 이에 따라서 CER의 정확한 발행, CER의 보유 및 획득에 관한 표준화된 전자 데이터베이스 형태의 CDM 등록부가 마련되어 운용되고 있다.

〈표 3-3〉 CDM 사업 진행 절차

사업자 CDM 사업 발굴 및 사업 계획서 준비

↓

지정 국가 기구(DNA) 승인

↓

CDM 운영기구(DOE)의 사업 타당성 확인 및 등록 요청

↓

지정 국가 기구의 사업 등록

↓

사업자의 모니터링 계획에 따른 모니터링 및 보고서 DOE에 제출

↓

DOE 사업에 대한 검증 및 인증 후 인증보고서 제출

↓

CDM 집행이사회 접수된 인증보고서 검토 후 CER 발행

다. 공동 이행

교토 의정서 제 6 조에 규정되어 있는 공동 이행(Joint Implementation: JI)은 부속서 B 국가의 온실가스 저감 및 제한에 관한 의무를 이행하기 위해서 다른 부속서 B 국가 내에서 온실가스 저감 혹은 온실가스 제거 사업을 통하여 배출감소단위(ERU)를 획득하는 것을 허용하고 있다. 공동 이행은 선진국 간에 교토 의정서상의 의무 이행을 함에 있어서 호스트 국가가 기술 이전 및 해외투자

20) FCCC/KP/CMP/2005/8/Add.1.

유치 효과를 보도록 하는 유연하면서 비용 효과적인 방법이다.

공동 이행 사업은 온실가스 발생원의 배출 감소 혹은 흡수원에 의한 온실가스 감소분 증가를 통하여 추가적인 온실가스 저감이 가능하도록 한다. 2000년부터 시행이 된 공동 이행은 적절한 요건을 충족하면 공동 이행 사업으로 추진이 가능하지만, ERU는 2008년 이후 시작되는 크레디팅 기간 이후에만 발행이 가능하다.

공동 이행에는 2개의 트랙이 있다. 트랙 1의 경우 호스트 국가가 ERU를 이전하거나 획득하는 데 필요한 모든 요건을 충족하는 경우에 추가적인 사업으로서 공동 이행 사업으로부터 배출 감소 혹은 추가적인 제거를 확인함으로써 적절한 ERU를 발행할 수 있다. 이와 같은 소위 제1 트랙과 달리, 트랙 2의 경우는 호스트 국가가 필요한 일부의 요건만을 충족하는 경우이다. 이 경우 공동 이행 감독 위원회(Joint Implementation Supervisory Committee: JISC)에 의해서 공인된 독립된 기관은 호스트 국가가 ERU를 발행하고 이전하기 이전에 관련 요건을 충족하였는지를 결정하여야만 한다. 이행감독 위원회는 교토 의정서 발효 직후 구성되며 부속서 I 국가가 다수를 차지하되 비부속서 I 국가의 참여도 허용함으로써 적절한 견제가 가능하도록 하고 있다. 구체적으로는 부속서 I 국가 중 시장경제로 이행 국가에서 3명, 이외 부속서 I 국가에서 3명, 비 부속서 I 당사국에서 3명 그리고 소도서 개도국에서 1명으로 구성되어 있다.[21] 이들의 임기는 2년이며 1회에 한하여 연임이 가능하다. 물론 CDM 집행 이사회와 같이 개인적인 자격에서 활동하며 국적국을 대표하지 않는다.

공동 이행 사업을 위한 요건은 공동 이행 가이드라인 제21항에 규정되어 있다;

- 교토 의정서의 당사국일 것
- 제3조 7항과 8항에 따른 할당량이 교토 의정서 제1차 당사국 회의(Meeting of Parties) 결정 13/CMP.1에 따라서 계산되고 기록될 것

21) 공동 이행 감독위원회 절차 규칙 4항.

- 몬트리올 의정서에 의해서 규제되지 않는 온실가스 배출량 및 흡수원에 의한 제거량에 대한 국내 평가 시스템을 구축하고 있을 것
- 제 7 조에 따른 국가 등록부를 구축하고 있을 것
- 최근 인벤토리를 매년 제출하였을 것
- 제 7 조상의 할당량에 관한 보충적 정보를 제출하고, 제 3 조 7항 및 8항에 따른 할당량에 대한 추가 혹은 감소분을 반영하였을 것

수행된 공동 이행 사업에 대한 확인절차는 공동 이행 가이드라인에 규정되어 있다.[22] 제 6 조상 공동 이행 위원회의 확인절차는 가이드라인에 의한 요건을 충족하는 공인 독립된 기관(Independent Entity: IE)에 의해서 이뤄진다. 즉 공동 이행 사업 참여자가 당사국에 의한 승인 여부, 온실가스 배출원에 의한 배출 감소 혹은 흡수원에 의한 온실가스 제거의 증가가 추가적으로 이뤄졌는지 여부 및 공동 이행 가이드라인에 의해서 적절한 베이스라인 및 모니터링 계획이 포함되었는지 여부가 담긴 사업 디자인 서류를 IE에 제출하면, IE는 이에 대하여 확인한다. 후에 모니터링 계획에 의한 모니터링 결과는 후에 IE에 별도의 보고서가 제출되는데 이에 대해서 IE는 검토를 하고, 온실가스 배출이 저감되었거나 흡수원에 의해 온실가스 제거가 모두 추가적으로 이뤄졌는가에 대한 검토도 역시 IE가 하게 된다.

(4) 의무준수 체제

교토 의정서는 지구 환경 조약 체제의 의무준수 체제(Compliance Mechanism) 중에서 가장 광범위하고 강력한 이행준수 체제를 도입하였다. 동 의무준수 체제는 교토 의정서의 목적 달성을 가능하도록 함으로써 환경적 안정성을 강화하고, 교토 메커니즘의 신뢰성을 제고할 뿐만이 아니라 다른 의무준수 체제에서 찾아보기 어려운 의무 준수의 강제까지 도모하고 있다.

교토 의정서의 의무준수 체제는 의무준수 위원회(Compliance Committee)

---

22) 공동 이행 가이드라인 제30항-제45항. FCCC/KP/CMP/2005/8/Add.2.

를 통하여 운영되고 있다. 동 위원회는 여타 환경조약의 의무준수 체제가 흔히 채택하고 있는 촉진 분과(Facilitative Branch)는 물론 강제 분과(Enforcement Branch)까지 갖고 있다.[23] 촉진 분과가 당사국의 의무 준수를 향상시키기 위하여 지원을 하는 성격이라면, 강제 분과는 당사국이 의무를 이행하고 있지 않는 당사국에 대해 그에 상응한 결과를 결정(determine the consequences)하고 있다. 2개의 분과를 통하여 의무준수 위원회는 교토 의정서 제8조상의 전문가 검토팀의 보고서에서 적시된 이행 문제 혹은 당사국 자신 혹은 타 당사국에 의해서 제출된 이행 문제를 다룬다.[24] 의무준수위원회 의장단은 해당 이행 문제를 2개의 분과 중 해당 분과에 배당을 한다. 또한 이행 문제를 다루는 중 언제라도 강제 분과는 해당 건을 촉진 분과로 이송할 수 있다.

의무준수 위원회의 강제 분과는 부속서 I 국가의 온실가스 저감 목표의 준수, 온실가스 인벤토리에 관한 방법론 및 보고 요건 및 교토 메커니즘 이용을 위한 요건에 대해서 다룬다. 만일 해당 당사국과 전문가 검토 팀 간에 합의가 이뤄지지 않으면 온실가스 인벤토리에 대한 조정 혹은 할당량 계산을 위한 편집 및 계산(compilation and accounting)을 수정할 수 있다. 한편 촉진 분과의 경우는 당사국의 교토 의정서의 이행 및 의무 준수를 향상 시키기 위하여 조언 및 촉진책을 제공한다. 당해 분과는 개도국에 대한 부정적인 영향을 최소화하기 위하여 기후변화 문제를 완화하고 부속서 I 국가들의 교토 메커니즘의 사용이 보조적으로 이뤄지도록 하고 있다. 또한 온실가스 감축, 온실가스 인벤토리에 대한 방법론 및 보고 의무 및 당사국의 연간 인벤토리에 대한 보충적인 정보의 보고에 관한 잠재적인 비준수 가능성에 대해서 사전 경고를 하기도 한다.

만일 당사국이 의무 준수를 하지 않는 경우 강제 분과는 이행강제 수단을 행사할 수 있다. 만일 교토 의정서 상 온실가스 감축 의무가 있는 국가가 할당량을 초과하여 온실가스 배출을 하는 경우, 해당 국가는 비준수 상태임이 선언

---

23) Procedures and mechanisms relating to compliance under the Kyoto Protocol, FCCC/CP/2001/13/Add.3.

24) *Ibid.*, 4절.

이행, 준수 및 강제의 개념

교토 의정서상의 의무준수 메커니즘과 관련하여 법률상 이행, 준수 및 강제의 개념을 구분할 필요가 있다. 조약의 경우 법적 구속력을 갖는 다양한 의무가 조약 당사국에 부과가 된다. 따라서 국가는 이러한 조약이 요구하는 적극적인 혹은 소극적인 행위를 취해야 한다. 이러한 행위들은 국제적인 차원에서 이뤄질 수도 있지만 국내적인 차원에서 이뤄지는 경우가 더 많다. 이러한 조약상 부과된 의무에 따라서 회원국가가 취하는 국제적 · 국내적 차원의 적극적 혹은 소극적인 행위를 이행(implementation)이라고 할 수 있다. 그러나 이러한 이행이 반드시 조약 회원국이 조약상 의무를 자동적으로 준수(compliance)하도록 하는 것은 아니다. 예컨대 기후변화 협약 체제에서 부과되는 의무에 따라서 부속서 I 국가인 A국가가 1990년 대비 3퍼센트의 온실가스 감축 행위, 즉 이행 행위를 하더라도 이 국가가 감축해야 하는 온실가스는 1990년 대비 4퍼센트라면 A 국가는 이행은 하였으되 준수는 하지 못한 결과에 직면하게 된다. 좀더 쉽게 말한다면 의무준수라 함은 조약상 문구에 부합하는 결과를 이끌어 내는 것을 의미한다고 할 수 있다. 이에 대해서 강제(enforcement)라 함은 조약상의 의무를 이행하고 준수하도록 하기 위하여 조약 당사국에 대해서 당사국 이외 제 3 자가 적극적인 개입을 하는 경우를 의미한다. 이 경우 강제에도 불구하고 조약 당사국이 의무 이행 및 준수를 하지 않는 경우에는 이에 대한 책임 추궁이 가능한 방안을 갖고 있는 것을 전제로 한다. 교토 의정서의 의무 준수 체제의 경우에는 이행 강제 분과가 조약 당사국에 대해서 일정한 경우에 적극적인 개입이 가능한 경우가 있어서 통상 국제환경조약상의 준수 메커니즘과는 다소 상이하며, 오히려 이 경우에는 이행준수보다는 이행강제 기능을 하는 것이라고 볼 수 있다.

되고 해당 초과분은 제 2 차 공약기간 중에 감축됨은 물론 추가로 30%를 더 감축해야 한다. 또한 해당 국가는 준수행위 계획을 제출해야 하고, 배출권 거래제 참여가 정지된다. 강제 분과에 부여되는 이행문제는 교토 메커니즘 참여 여부와 같이 신속 절차가 적용되는 경우가 아니라면 접수 후 약 35주 이내에 결정이 된다. 강제 분과의 결정은 예외적인 경우를 제외하고 원칙적으로는 항소가 불가능하다. 이러한 강제 분과의 절차들과는 달리 촉진 분과의 경우에는

〈그림 3-1〉 의무이행준수체제

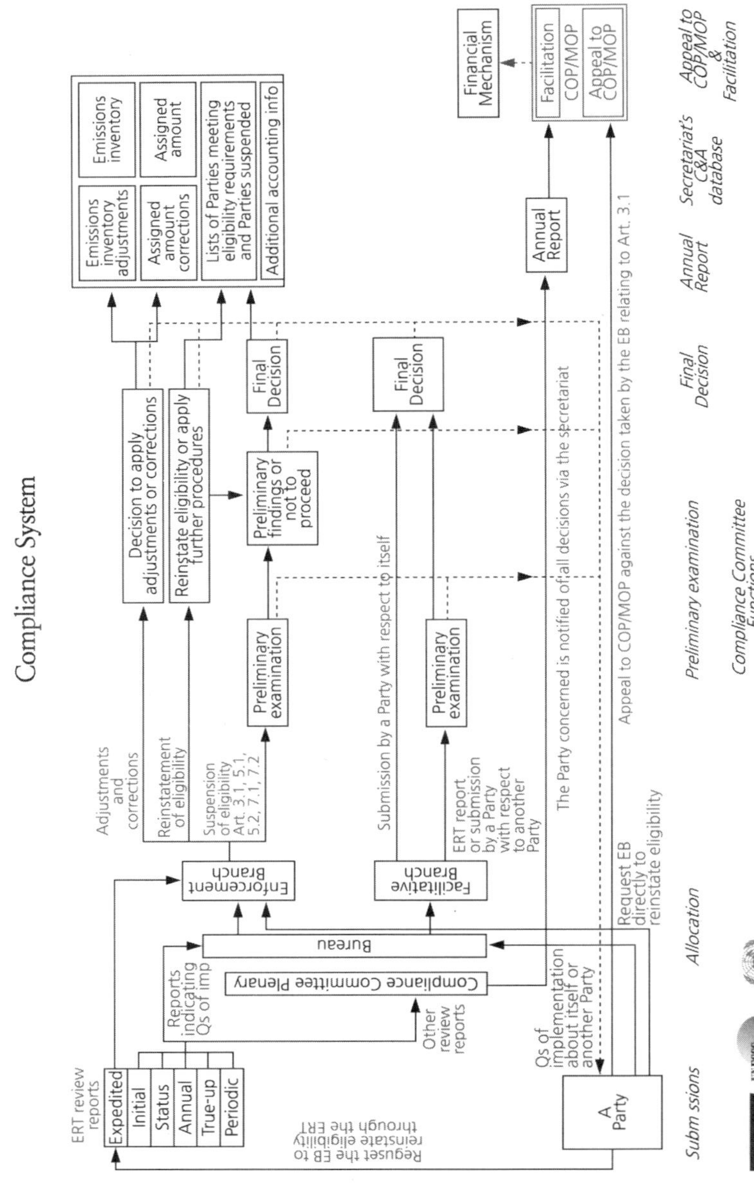

[출처]: UNFCCC

선결적 조사를 3주 이내에 수행해야 하는 것 이외에는 별도의 시간 제한이 없으며, 비 준수 및 항소에 관한 절차 역시 존재하지 않는다.

3. 코펜하겐 합의

(1) 포스트 교토 체제의 필요성

현재 교토 의정서는 2008년부터 2012년까지 부속서 I 국가의 1990년대 대비 평균 5퍼센트 온실가스 감축 의무와 교토 메커니즘에 따른 추가 온실가스 감축에 의존하고 있다. 따라서 2012년 이후에는 부속서 I 국가들의 온실가스 감축 의무에 관한 아무런 대책이 마련되어 있지 않은 상황이다. 더구나 개도국 중에서 중국, 인도, 멕시코, 브라질, 인도네시아, 남아공 그리고 우리나라와 같이 부속서 I 국가 이상으로 지구사회의 온실가스 배출에 큰 영향을 주는 선발 개도국들이 등장함에 따라서 이들의 보다 적극적인 온실가스 배출 저감 노력이 없이는 효과적으로 기후변화에 대응하기가 어려워지고 있다. 이에 따라서 국제사회에서는 현재의 기후변화 협약과 교토 의정서로 대변되는 기후변화 협약 체제를 대체할 수 있는 새로운 법적 구속력이 있는 합의의 채택을 포함한 새로운 대응책에 대한 요구가 강하게 제기되고 있다. 이러한 요구에 부응하고자 기후변화 협약 당사국들은 2007년 12월 발리 당사국 총회에서 발리 로드맵을 마련하여 2009년 12월까지 2년여에 걸쳐서 2012년 이후 새로운 대응 체제에 대한 치열한 협상을 진행하였다. 그러나 2009년 코펜하겐 기후변화 회의가 가까워짐에도 불구하고 협상에 별 진전을 보지 못하자 당사국 사이에서는 법적 구속력이 있는 새로운 협약 체제의 구성은 불가능에 가깝다는 인식이 빠르고 광범위하게 확산되었고 이러한 상황인식은 법적 구속력이 없는 정치적 합의 성격의 코펜하겐 합의문의 채택으로 이어지면서 현실화 되었다.

(2) 발리에서 코펜하겐까지

기후변화에 대한 위험 및 이에 대한 현재의 낮은 대응 수준 문제를 극복하기 위해서 2007년 제13차 기후변화 당사국 총회는 선진국과 개도국 간의 치열한 공방 속에서 회의 폐막 직전에 극적으로 발리 행동계획(Bali Action Plan)에 합의를 하면서 소위 발리 로드맵(Bali Road Map)을 마련하였다.[25] 이렇게 마련된 발리 로드맵에 따라서 기후변화 협약 당사국은 2009년 12월 코펜하겐 합의에 합의할 때까지 2012년 이후 새로운 레짐에 대한 협상을 계속하였다. 그러나 당초 기대와는 달리 당사국들은 구속력이 있는 조약 마련에 실패하고 정치적 합의 성격을 갖고 있는 코펜하겐 합의에 어렵게 합의하였다. 그렇다면 왜 코펜하겐 합의가 법적 구속력이 있는 합의에 이르지 못하였는지가 궁금해진다. 분권화된 국제사회에서 국내사회에서의 입법 과정과 다른 성격을 가질 수밖에 없는 국제법 입법 과정은 반드시 구속력이 있는 조약에 의하지 않고도 다양한 방법에 의한 입법 과정이 진행되고 있다는 것을 염두에 두고 살펴볼 필요가 있다.

가. 발리 행동계획

발리 행동계획은 2007년 12월 이후 제15차 코펜하겐 당사국 총회까지 장기 협력 행동(long-term cooperative action)을 통하여 기후변화 협약의 완전하고, 효과적이면서도 지속적 이행의 담보가 가능하도록 할 수 있는 포괄적인 절차를 마련하였다.[26] 구체적으로는 발리 행동계획하의 협상 절차를 진행하기 위해서 기후변화 협약하에 장기협력행동에 관한 특별 작업반(Ad hoc Working Group on Long-term Cooperative Action under the Convention: AWG-LCA)을 구성하였

25) 우리가 흔히 말하는 발리 로드맵은 발리 행동계획은 물론 제13차 발리 당사국 총회 이전에 이미 설치가 된 교토 의정서상의 제1차 공약기간 이후의 부속서 I 국가의 수량적 감축 문제에 대한 논의를 위한 협상 트랙, 즉 AWG-KP도 아울러 포함한다.

26) 발리 행동계획 제1항.

다. 원래 이 특별 작업반은 발리 행동계획에 포함된 이슈들에 관한 논의를 2009년까지 종료하도록 권한 위임을 받았으나, 코펜하겐 기후변화 당사국 총회 결과가 기대수준에 미치지 못하자 권한 위임이 연장되어 2010년 캔쿤 당사국 총회 이후에도 계속해서 활동하고 있다.[27)]

발리 행동계획은 4개의 주요 부문, 즉 온실가스 저감, 적응, 기술, 재정 부문으로 구성되어 있다. 가장 중요한 온실가스 저감에 대해서는 선진국과 개도국에 대해서 서로 다른 논의의 틀을 마련하고 있는 것이 특징이다.[28)] 즉 선진국의 경우에는 수량화된 온실가스 배출 제한 및 감축 목표 마련을 포함하여 국내적으로 적절한 감축 "약정 또는 행동(commitments or actions)"에 대해서 논의하도록 하고 있다. 이것은 기후변화 협약 자체는 물론 교토 의정서에서 선진국 혹은 협약상 부속서 I 국가에 대해서 수량적 감축 의무를 부과하고 있는 현실을 감안하여 선진국들의 온실가스 저감 문제에 대한 향후 논의 방향을 정한 것이다.[29)] 한편, 개도국 혹은 협약상 비부속서 I 국가의 경우에는 기후변화 협약과 교토 의정서상 온실가스 수량적 감축 의무를 부담하고 있지 않고 있는 상황을 감안하여 향후 협상에 있어 좀 더 유연한 방안을 마련해 두고 있다. 즉 발리 행동계획에 따르면 선진국과 달리 개발도상국의 경우에는 온실가스 감축을 위해서 국내적으로 적절한 온실가스 감축 "행동"(Nationally Appropriate Mitigation Actions: NAMAs)에 대해서 논의하도록

27) *Report on AWG-KP 10*, FCCC/KP/AWG/2009/17; *Report on AWG-LCA 8*, FCCC/AWGLCA/2009/17.

28) 발리 행동계획 1(b)(i) 및 (ii).

29) 선진국에 대한 이러한 협상 아젠다 설정은 협상 내내 문제점을 자아내었다. 이미 교토 의정서상에서 제 1 차 공약기간이 종료되는 2012년 이후 부속서 I 국가들의 온실가스 수량적 감축방안에 대해서 논의를 하기 위한 특별 작업반(Ad Hoc Working Group on Further Commitments for Annex I Parties under the Kyoto Protocol: AWG-KP)이 이미 결성되어 활동하고 있는 상황에서 다시 발리 행동계획에 따른 특별 작업반(AWG-LCA)이 선진국의 온실가스 감축에 대해서 논의를 함에 따라서 협상 내내 양 특별 작업반 간의 중복 문제가 제기되었던 것이다. 선진국의 수량적 감축 의무 일반에 대해서는 다음을 볼 것. Brown Weiss et als., *International Environmental Law and Policy* (2007), p. 639-641.

하고 있다.[30] 즉 개도국의 경우 법적으로 구속력이 있는 수량적 감축 의무를 부담하는 것이 아니라, 자발적 이행을 전제로 각국의 사정을 적절히 고려하여 이행 가능한 감축행동에 관한 논의를 하도록 하고 있다.

온실가스 저감과 관련하여 중요한 또 다른 이슈는 선진국 및 개도국의 온실가스 저감 약정/행위가 "측정 가능하고, 보고 가능하며 확인 가능한(Measurable, Reportable and Verifiable: MRV) 방법"으로 이뤄져야 한다는 점이다. 구체적으로 소위 측정·보고·확인이 어떻게 이뤄지냐에 따라서는 해당 국가에게 온실가스 감축을 위한 법적 의무를 부과하는 것보다 더 강한 부담을 줄 수 있다. 예컨대 선진국이 개도국의 온실가스 저감을 위한 재정적 지원을 하는 대신 개도국의 온실가스 저감행동에 대해서 강한 국제적 기준에 의해서 제 3 자가 측정·보고·확인을 하는 경우에는 사실상 개도국에게 온실가스 감축을 위한 법적 의무를 부과하는 것 이상의 효과가 발생할 수 있다.[31]

다음으로 발리 행동계획은 기후변화 적응 문제도 중요하게 다루고 있다.[32] 발리 행동계획에 따르면 기후변화로 인한 위험에 노출되어 있는 국가들의 적응에 관한 조치의 신속한 이행을 위해서는 국제협력이 중요하므로 이를 위한 다양한 방안에 대해서 협의를 진행하도록 요청하고 있다. 온실가스 배출 감축 및 적응에 관한 조치를 취하기 위해서는 기술 개발 및 이전이 증진되어야 하기 때문에 관련 문제들에 대해서도 역시 발리 행동계획은 당사국들에게 논의를 요구하고 있다.[33] 궁극적으로 온실가스 감축 및 적응 그리고 기술 개발을 위해서는 적절한 재원 마련이 필수적이다. 이러한 맥락에서 발리 행동계획은 개도국의 재원 문제에 초점을 두고 기후변화 협약 당사국으로 하여금 논의

---

30) 발리 행동계획 1(b)(ii).

31) 이러한 이유로 협상 내내 개도국은 강력한 제 3 자에 의한 측정·보고·확인을 강하게 거부하였다.

32) 발리 행동계획 1(c).

33) 발리 행동계획 1(c).

를 진행할 것을 요구하고 있다.[34)]

이 이외에 기후변화 협약 당사국들은 온실가스 감축에 관한 장기 협력 행동을 위한 공유비전 문제를 다루기 위한 장기적 합의에 관한 협상에 대해서도 발리 행동계획에서 합의를 했다.[35)] 장기 협력 행동을 위한 공유 비전 문제를 논의하는 데 있어서 기후변화 협약상 중요한 원칙인 공동의 그러나 차별적 책임원칙을 고려할 것을 특히 강조함으로써 선진국과 개도국 간의 이분적 접근 방법이 장기적으로도 계속 남을 가능성이 여전히 발리 행동계획을 통해서도 찾아볼 수 있다.

나. 2개 트랙 접근방법(Two Track Approach)

코펜하겐 합의 도출을 위한 협상을 위해서 유엔기후변화 협약하의 발리 행동계획과 더불어 교토 의정서 하에서 선진국의 온실가스 수량적 감축 문제를 다루기 위한 협상 트랙도 아울러 존재하였다는 점을 주의할 필요가 있다. 예컨대 온실가스 저감 문제의 경우 교토 의정서 당사국들은 발리 당사국 총회 이전에 이미 2012년 제 1 차 공약기간 이후에 대해서 협상을 진행하고 있었고, 선진국들이 온실가스 저감 목표를 달성하고 시장 메커니즘과 같은 다른 방법들의 효과를 제고하는 방안들에 대해서도 논의를 계속하고 있었다. 발리 행동계획하에서 다뤄진 재정문제와 별개로 교토 의정서에 설치되어 있는 적응기금의 경우에도 교토 의정서 당사국들은 발리 행동계획이 마련되기 이전에 이미 교토 의정서상의 협상 트랙하에서 계속적인 논의를 진행하고 있었다.

2007년 제13차 당사국 총회 이후 기후변화 협상은 발리 행동계획에 따라서 협상을 하기 위한 장기협력행동을 위한 특별작업반(AWG-LCA)과 교토 의정서상의 제 1 차 공약 기간 이후의 새로운 감축 메커니즘을 다루기 위한 교토 의정서상 부속서 I 국가의 추가 감축양적에 관한 특별작업반(Ad Hoc Working

34) 발리 행동계획 1(d).
35) 발리 행동계획 1(a).

Group on further Commitments for Annex I Parties under the Kyoto Protocol: AWG-KP) 회의는 항상 동시에 개최되었다. 서로 다른 2개의 협상 트랙이 존재하지만 다루는 이슈들의 연관성으로 인하여서 협상 내내 양자 간의 관계에 관한 논의도 계속되었던 것이다. 이렇게 중복의 위험을 안고 2개의 협상 트랙이 형성된 것은 하나의 협상 프로세스를 진행하는 경우 선진국과 개도국을 아우르는 통일적인 레짐이 만들어질 가능성이 크기 때문에 이를 선호하지 않는 개도국들의 정치적 고려 때문이었다.[36)]

다. 발리 로드맵에 따른 협상의 한계

발리 로드맵에 따라서 기후변화 협약 당사국들은 2년간 15번에 걸친 회의를 개최하면서 2009년 12월 코펜하겐 당사국 총회에서 발리 로드맵의 목적을 달성하고자 노력하였다. 그러나 협약상의 AWG-LCA 및 의정서상의 AWG-KP로 나누어 진행한 2개 트랙 접근 방법은 논의의 중복이라는 처음 우려가 현실화 되면서 많은 협상 아젠다를 효과적으로 다루는 데 있어서 결정적인 장애로 작용하였다. 협상 진행 어려움의 또 다른 이유의 하나는 발리 로드맵에 의한 2개 트랙에 의한 협상 진행 방식과 더불어서 기후변화 협약 체제의 태생적 특징에도 기인한다. 기후변화 협약 체제는 당사국들의 온실가스 감축 노력에 대해서 선진국과 개도국으로 이분하여 부속서 I 상의 선진국에 대해서만 구체적인 수량적 감축 의무를 부과하고 개발도상국에 대해서는 구체적인 감축 의무를 부과하지 않았음은 주지의 사실이다. 이것은 1992년 기후변화 협약을 채택할 당시 국제사회에서 다양한 국제환경조약 채택에 대한 열망에 힘입어서 선진국과 개도국 간의 대결을 극복할 수 있는 타협 방안을 모색하는 과정에서 빚어진 결과였다. 또한 개발도상국에 대한 배려와 선진국의 적극적인 의무부담을 특징으로 하는 이분적 구조는 공동의 그러나 차별적인 책임원칙,[37)]

36) IISD, *Earth Negotiations Bulletin,* Vol. 12 No. 362 (2008), p. 12.

37) D. French, "Developing States and International Environmental Law: The Importance of Differentiated Responsibilities," *International and Comparative Law*

역사적 책임원칙 등에 의하여 기후변화 협약 체제 내에서 법적으로 합법화는 물론 정당화가 이뤄졌다는 점을 주목할 필요가 있다.

그 이후 지구사회에 정치적, 경제적, 사회적으로 많은 변화가 일어나면서 선발 개도국들의 영향력이 급속히 증가하였다. 이들 앞에서 지적한 바와 같이 IPCC에서 제시한 대기 중 온실가스 농도 450ppm을 유지하기 위해서는 2020년까지 17Gt의 온실가스 배출을 감축하여야 하는데, 이 중 고작 5Gt만이 선진국에 의해서 감축되고, 나머지는 개도국에 의해서 감축되어야 한다.[38] 이미 중국은 미국을 제치고 지구사회 온실가스 배출량 기준 1위를 차지하고 있고, 인도, 브라질, 멕시코, 인도네시아, 남아공 그리고 우리나라와 같은 선발 개도국들 역시 소규모 선진국보다 더 많은 온실가스를 배출하고 있거나 배출하게 될 것이다. 이러한 점을 고려한다면 온실가스 다배출국들 중심으로 공동의 온실가스 저감 기준을 마련하여 적용하는 것이 아마도 가장 합리적인 방법일 것이다.

그러나 다른 국제환경조약에서도 찾아볼 수 있는 흔한 현상이지만, 기후변화 협약 내의 협상 다이내믹은 G77/중국으로 불리는 개도국 그룹이 공동의 그러나 차별적 책임원칙을 지속적으로 강조하면서 선진국만 법적 온실가스 감축 의무를 부담할 것을 지속적으로 요구하였다. 사실 개도국 그룹 내부 사정을 자세히 살펴보면 모든 개도국이 같은 상황에 처해 있는 것은 아니다. 중국과 기후변화로 영토가 소멸 위기에 처해 있는 남태평양의 투발루를 같은 수준의 개도국으로 취급하기에는 양국 간의 현실적인 차이가 너무 크다. 세계 경제 성장의 엔진으로서 전 세계 온실가스 배출량 1위국인 중국을 해수면 상승으로 국토가 사라질 위기에 처해있는 남태평의 조그마한 섬나라 투발루를 온실가스 감축을 위한 국제사회의 노력에서 같은 지위에 놓기는 어려운 것이다. 실제 협상 과정에서도 중국은 선진국의 역사적 책임을 내세우면서 법적 구속력을

Quarterly Vol. 49, (2000), p. 49; Philippe Sands, *Principles of International Environmental Law* (2003), pp. 285-290; Alexandre Kiss and Dinah Shelton, *International Environmental Law* (2007), p. 107.

38) McKinsey & Company, *Global GHG Abatement Cost Curve v2.0.* (2009).

갖는 통일적 조약의 체결을 강력하게 거부한 반면, 투발루 및 최빈 개도국들은 강력한 법적 구속력을 갖는 조약의 체결을 희망하였다.[39]

발리 로드맵에 의한 협상이 법적 구속력이 있는 조약을 만들어 내지 못한 또 다른 중요한 이유는 기후변화 협상 내내 미국과 중국의 첨예한 대립을 들 수 있다.[40] 교토 의정서 채택 직후 개도국들의 보다 적극적인 참여가 없음에 대한 불만으로 교토 의정서를 탈퇴한 미국을 다시 교토 의정서 제1차 공약기간이 종료하는 2012년 이후에 기후변화 협약 체제 내로 복귀시키는 것은 필수적이다. 그러나 미국의 의회는 미국과 중국이 동일한 입장에서 기후변화 문제를 다루지 않으면(그것이 동일한 법적 구속력 의무 부담이든 아니든 관계 없다) 어떠한 형태의 최종 합의를 받아들이지 않을 것임을 명확히 하였다. 이것은 미국 행정부가 국제사회에서 협상력을 제고하기 위해서 국내적으로 채택을 시도하였던 Waxman-Markey 법안이 코펜하겐 기후변화 회의까지 통과되지 못한 것에서 극명하게 나타난다.[41]

마지막으로 EU의 기후변화 협상에서의 역할에 대해서 짚고 넘어갈 필요가 있다. EU는 미국이 탈퇴한 교토 의정서하에서 선진국을 대변하는 역할을 자처하면서 코펜하겐에 이르기까지 기후변화 협상의 중요한 축으로서 역할을 해 왔다. 그렇지만 코펜하겐 회의는 기후변화 협상 타결을 위해 가장 중요한 미국과 중국 어느 국가에 대해서도 실질적인 영향력을 행사하지 못함에 따라서 코펜하겐 당사국 총회에서 실질적인 성과를 올리는 데 결정적인 역할을 하지 못하고 말았다.

39) 각국별 상이한 입장과 관련하여서는 다음 예를 참고할 것. FCCC/AWGLCA/2010/6; FCCC/AWGLCA/2010/MISC.2; FCCC/AWGLCA/2010/MISC.2/Add.1; FCCC/AWGLCA/2010/MISC.2/Add.2.

40) CNN, Europe: U.S., China must match climate change goals(2009.12.7), available at http://edition.cnn.com/2009/WORLD/europe/12/07/copenhagen.climate.talks/index.html(2010.11.11. 방문)

41) Pew Center, *Summary of H.R. 2454: American Clean Energy and Security Act of 2009*, available at http://www.pewclimate.org/docUploads/Waxman-Markey%20summary_FINAL_7.31.pdf (2010.11.11 방문).

이러한 복잡한 사정으로 2년간 발리 로드맵에 따라서 진행된 기후변화 협상은 코펜하겐에서 법적 구속력을 갖는 새로운 코펜하겐 의정서 채택의 실패는 물론이고 그 대안으로 제시된 코펜하겐 합의마저도 실질적인 성과를 거두는 데는 미흡하다는 평가를 받기에 이르렀다.[42]

〈표 3-4〉 발리 로드맵에 따른 기후변화 협상 내용

회 의 명	일 시	장 소	주요합의사항
AWG-LCA 1 AWG-KP5(I)	2008년 3월 31일- 4월 4일	방콕	·LCA: 발리 행동계획의 모든 사항에 대해 논의하기로 합의 ·KP: 회기 중 워크숍을 통해 부속서 I 국가 감축목표 달성 방안 논의
AWG-LCA 2 AWG-KP5(II)	2008년 6월 2일-12일	본	·LCA: 발리 행동계획상의 주요 요소에 대해서 각국 프로포절 제시 ·KP: 국가 감축 목표 달성 방안 및 관련 방법론에 대한 논의
AWG-LCA 3 AWG-KP 6(I)	2008년 8월 21일-27일	가나, 아크라	·LCA: 의장에게 각국의 프로포절 및 의견을 종합 의장 문안을 만들 것 요청 ·KP: 기존 이슈 논의 계속. 부속서상 제시된 옵션들에 대한 논의
AWG-LCA 4 AWG-KP 6(II)	2008년 12월 1일-10일	폴란드, 포즈난	·LCA: 의장 문안 보완 ·KP: 작업 계획에 대한 광범위한 논의
AWG-LCA 5 AWG-KP 7	2009년 3월 29일- 4월 8일	본	·LCA: 발리 행동계획 및 합의 결과물에 대한 협상 절차에 대한 논의, 6차 회의에서 논의할 문안 보완 의장에게 요청 ·KP: 의정서상 부속서 I 국가 총 온실가스 감축량 및 의정서 개정 등에 대해 논의
AWG-LCA 6 AWG-KP 8	2009년 6월 1일-12일	본	·LCA: 5차 회의에서 논의된 것과 6차 회의 이전 제출된 의견을 모은 보완된 문안 논의 ·KP: 부속서 I 국가 온실가스 저감, 교토 메커니즘, LULUCF 등에 대해 논의
회기 간 비공식 협의	2009년 8월 10일-14일	본	·LCA: 협상 문안의 내용 및 구조에 대해 제시된 회원국들의 견해에 바탕을 두고 후에 수정 협상 문안 마련 ·KP: 제8차 회의 논의 사항 계속 논의

42) "Low targets, goals dropped: Copenhagen ends in failure," Guardian (2009.12.19) at http://www.guardian.co.uk/environment/2009/dec/18/copenhagen-deal.(2010.11.11 방문).

AWG-LCA7(I) AWG-KP9(I)	2009년 9월 28일- 10월 9일	방콕	·LCA: 협상 문안에 대한 논의 계속. 그 결과 일련의 non-paper를 마련하여 코펜하겐 회의에서 논의 기반 마련 ·KP: 기존 논의 계속. LULUCF에 대한 진전
AWG-LCA7(II) AWG-KP9(II)	2009년 11월 2일-6일	바르 셀로나	·LCA: 협상 문서에 대한 논의 계속. 그 결과 일련의 non-paper를 마련하여 코펜하겐 회의에서 논의 기반 마련 ·KP: 협상 계속했으니 별 진전 없음
AWG-LCA 8 AWG-KP 10	2009년 12월 7일-18일	코펜 하겐	관련 이슈들에 대해서 합의 도출 시도했으나 성공하지 못하고, 당사국 총회 결정으로 코펜하겐 회의 이후 2개 특별 작업반 지속 결정

(3) 코펜하겐 합의의 법적 성격 및 내용

가. 법적 지위

a. "주목한다"의 법적 의미

2009년 12월 19일 유엔 기후변화 협약 당사국 총회에서 코펜하겐 합의와 관련된 결정은 "2009년 12월 18일의 코펜하겐 합의를 주목한다(take note of)"라는 표현을 사용하고 있다. 그동안 유엔의 관행에 비추어 볼 때 "주목한다"는 의미는 당사국 총회가 코펜하겐 합의를 승인하는 것도 반대하는 것도 아닌 중립적인 입장을 견지한다는 의미를 갖고 있다.[43] 이러한 유엔의 관행은 2001년 9월 7일자 유엔 총회 결의[44]에서 "주목한다(take note of and note)는 승인도 비승인도 아닌 중립적인 것이다"라고 확인이 된 이후 유엔 총회의 많은 결의에서 사용되면서 확립된 것이다. 이러한 맥락에서 보면 코펜하겐 합의는 "공식적으로는" 코펜하겐 당사국 총회의 공식적인 산물이 아니게 된다. 엄밀히 말하면 코펜하겐 당사국 총회에서 논의되고 채택된 합의가 아니라 법적으로는 이와는 별개로 채택되어 독립적으로 존재하고 있는 코펜하겐 합의에 대해

43) Jacob Werksman, "Taking Note of the Copenhagen Accord: What It Means," available at http://www.wri.org/stories/2009/12/taking-note-copenhagen-accord-what-it-means (2010.11.11 방문).

44) GA Decision 55/488(2001).

서 당사국 총회가 주목을 한 것에 불과하다.

이렇게 당사국 총회가 코펜하겐 합의를 "주목"하게 된 데에는 제15차 유엔 기후변화 당사국 총회가 폐막 총회장에서 회원국의 컨센서스에 의해서 코펜하겐 합의를 채택하고자 했으나, 수단, 볼리비아, 니카라과 등 5개국이 논의 과정에서 절차적 투명성을 이유로 강력한 반대를 표명하면서 코펜하겐에서 협상 최종 결과물 채택이 무산될 위기를 극복하기 위한 타협책의 모색할 필요가 있었다는 점을 주목할 필요가 있다. 컨센서스에 의한 의사 결정 관행을 이뤄온 유엔 기후변화 협약 당사국 총회는 비록 소수 국가의 반대라고 하더라도 이를 무시할 수 없었고, 이와 동시에 2007년 12월 마련된 발리 로드맵에 따라서 진행되어 온 기후변화 협상을 마무리 지어야 할 필요성도 매우 컸던 것이다. 이러한 급박한 상황을 타개하고자 하는 타협의 결과 코펜하겐 합의는 공식적으로는 코펜하겐 당사국 총회의 공식 문서가 아니며 당사국 총회의 절차 밖에서 만들어진 합의로서의 취급되기에 이르렀다.[45] 당사국 총회는 오로지 주목을 했을 뿐이고 당사국 총회 결정들에 포함시키고자 하는 어떠한 조치도 취하지 않았기 때문이다.

b. 코펜하겐 합의에의 결부

코펜하겐 합의의 법적 지위와 관련하여 또 다른 중요한 점은 코펜하겐 합의에 담겨져 있는 유엔 기후변화 협약 회원국들의 추가 조치와 관련된 것이다. 코펜하겐 합의 제 4 항의 관련된 부분은 다음과 같다;

> "4. 부속서 I 국가들은...2010년 1월 31일까지 사무국에 부속서 I 국가를 위한 [코펜하겐 합의상] 부록 I [의 사항을] 제출하여야 한다."

45) 이러한 맥락에서 보면 통상 공식 유엔 기후변화 협약 문서들에는 기후변화 협약 로고가 같이 인쇄되어 있으나 코펜하겐 합의에는 그러한 로고가 인쇄되어 있지 않은 이유를 알 수 있다.

또한 동 합의 제 5 항은 개발도상국과 관련하여 다음과 같이 규정하고 있다;

> "5. 협약상 비 부속서 I 국가들은 2010년 1월 31일까지 부록 II에 포함된 형식으로 사무국에 제출한 것을 포함하여 저감 행동을 이행할 것이다..."

코펜하겐 합의가 유엔 기후변화 협약 제15차 당사국 총회 결정문의 일부가 아니기 때문에 코펜하겐 합의를 국가들이 별도로 수락하는 의사를 밝히지 않는 한 코펜하겐 합의의 큰 존재의미를 찾아볼 수 없다. 이러한 문제점을 극복하기 위해서 코펜하겐 합의는 12월 19일 당사국 총회 회의 당시 코펜하겐 합의를 수락한 국가들의 명단을 적시하지 않고 2010년 1월 31일까지 부록상 내용을 기재하여 사무국에 제출하게 함으로써 간접적으로 수락 표명을 한 국가들을 파악하고자 하였다.

한편 코펜하겐 합의 이후 의장국 덴마크는 기후변화 협약 당사국의 코펜하겐 합의 수락을 독려하기 위하여 2009년 12월 30일 뉴욕에 위치한 각국의 유엔 대표부에 독려를 내용으로 하는 문서를 보냈다. 여기에는 "제15차 당사국 총회 보고서 작업을 완료하기 위해서 유엔 기후변화 협약 사무국은 본 [코펜하겐] 합의에 결부될(associated) 의사를 표명하는 국가 명부를 만들 것"임을 밝히고 있다. 이와 관련하여 일각에서는 과연 의장국인 덴마크가 이러한 조치를 취할 수 있는 법적 근거가 있는가에 대해서 의문을 제기하고 있다.[46] 이러한 견해는 총회 의장의 권한과 역할에 관한 1996년 유엔 기후변화 협약 절차 규칙에 바탕을 두고 있다. 동 규칙에는 총회 의장의 권한과 역할에 대해서 다음을 규정하고 있다;

- 당사국 총회에 옵저버의 초청(규칙 6.2 및 7.2)
- 각 회기 잠정 의제에 관하여 사무국과 합의(규칙 9)

46) South Center Informal Note 52, "Comments on the Copenhagen Accord" (2010), p. 4.

- 후임자 선출 때까지 의장으로서 역할 수행(규칙 22)
- 당사국 총회의 권한에 따른 당사국 총회 절차에 관한 통제(규칙 23)
- 임시 의장 임명 권한(규칙 24)
- 후임자가 차기 회기에서 선출될 때까지 일반 회기의 첫 회의 주재(규칙 26)

이와 함께 총회 의장은 당사국에 의해서 특정 조치를 취할 것을 요청받은 경우에는 그에 따라서 조치를 취할 수 있다. 코펜하겐 합의의 경우 덴마크가 총회 의장국으로서 당사국에 취한 조치가 기후변화 당사국 총회 회의에서 명시적인 권한 위임을 받은 사실은 없지만, 총회 의장으로서 유엔 기후변화 협약상 회의가 원활히 진행되도록 할 일반적인 의무에서 코펜하겐 합의에 대해서 당사국이 2010년 1월 31일까지 취해야 할 사항을 이행하도록 촉구한 것이라고 볼 수 있다. 그렇다 해도 총회 의장국의 이러한 조치가 당사국들이 코펜하겐 합의를 수락하고 2010년 1월 31일까지 사무국에 동 합의상 해당 부록상 기재 내용을 제출한 것에 대한 법적 지위에 영향을 미친다고 보기는 어렵다.[47] 이것은 또한 당사국의 코펜하겐 합의의 수락이 당사국의 일방적인 행위의 결과라는 점에서도 그렇다.

그렇다면 코펜하겐 합의 수락에 대한 당사국의 일방적 수락행위, 즉 코펜하겐 합의에 결부(associated)되고자 하는 의사표시는 어떠한 법적 효력을 갖는 것일까? 2006년 유엔 국제법위원회에서 채택한 "법적 의무를 발생시킬 수 있는 국가의 일방적 선언에 관한 가이드라인적 원칙(Guiding Principles applicable to unilateral declarations of States capable of creating legal obligations)"은 선언이 법적 효과를 갖기 위한 몇 가지 요건을 요구하고 있다;

- 선언이 공개적으로 그리고 이에 구속될 의사가 확실하게 표명될 것
- 일방적 선언에 의한 법적 의무를 이행할 능력을 갖고 있을 것
- 일방적 선언이 동 선언을 할 수 있는 권위 있는 기관에 의해 이뤄졌을 것

---

47) Jacob Werksman, "Associating with the Copenhagen Accord: What Does It Mean?" available at http://www.wri.org/stories/2010/03/associating-copenhagen-accord-what-does-it-mean(2010.11.10 방문).

- 일방적 선언이 국제 공동체 전체에 대해서 이뤄졌을 것
- 특정 범위에 대해서 선언이 이뤄졌을 것
- 강행 규범에 위반되지 않을 것[48)]

일단 일방 선언에 관한 위의 요건을 충족한 선언은 선언국에 대해서 선의 차원에서 이행할 법적 의무를 발생시키고, 법적 효과가 발생하면 자의적으로 선언의 효과를 바꿀 수 없다. 그렇지만 가이드라인적 원칙 자체가 각 명칭 자체에서도 볼 수 있듯이 법적 구속력을 결여한 가이드라인적 성격을 갖고 있으며, 설사 일방적 수락 선언에 법적 효과를 부여한다고 하더라도 그것은 선의에 기초한 효과밖에 없다는 점에서 구체적으로 어떠한 법적 효과를 가질 수 있을지에 대해서는 의문이다.

c. 코펜하겐 합의의 법적 지위

제15차 당사국 총회 결의의 일부를 구성하지 않는 코펜하겐 합의 자체의 법적 지위는 무엇인가에 대해서 살펴볼 필요가 있다. 당초 코펜하겐 기후변화 협상 과정에서 법적 구속력이 있는 코펜하겐 의정서 채택이 고려되기도 하였으나 코펜하겐 기후변화 회의에서는 어떠한 조약 체결 절차도 진행되지 않았다. 2007년 이후 협상의 주요 내용을 담은 문서에 대한 논의가 회의 마지막까지 진행되었고 마침내 마지막 순간 지구 정상 20여 명이 참여하여 만들어 낸 코펜하겐 합의 초안이 총회 결정으로 채택될 것으로 예상되었으나 이러한 시도도 무산이 되었다. 다만 관련 총회 결의가 2009년 12월 18일자 코펜하겐 합의를 주목한다는 표현을 사용하고 있고, 독립적인 정치적 선언이나 다른 법적 문서가 기후변화 당사국 총회 기간 중 참석 당사국에 의하여 채택되어서는 안 된다는 원칙도 존재하지 않는 상황에서, 별도의 법적 구속력이 없는 정치적 선언이 기후변화 당사국 총회 기간 중에 채택된 것이라고 보아야 할 것이다.

---

48) 동 가이드라인적 원칙은 58차 ILC 회기에서 채택되어서 동 위원회 보고서와 함께 총회(A/61/10)에 제출되었음. http://untreaty.un.org/ilc/texts/instruments/english/draft%20articles/9_9_2006.pdf (2010.5.10 방문).

이 경우 법적 구속력이 없는 연성문서로서 코펜하겐 합의는 채택한 국가가 어느 국가인가가 문제될 수 있는데,[49] 코펜하겐 합의에 최종적으로 적시된 국가[50]가 코펜하겐 합의 채택국이라고 볼 수 있겠다.[51]

다음으로 코펜하겐 합의의 법적 지위와 관련하여 기후변화 협약 체제를 구성하는 일련의 법적 문서들의 법적 지위와의 상이점에 대해서 살펴볼 필요가 있다. 코펜하겐 합의가 채택되기 이전 기후변화 협약 체제를 구성하는 일련의 법적 문서들은 기후변화 협약, 교토 의정서를 비롯하여 본 합의(Bonn Agreement)[52] 및 마라케쉬 협정(Marrakesh Accords)[53]을 들 수 있다. 코펜하겐 합의의 법적 지위와 관련하여서는 특히 본 합의와 마라케쉬 협정에 대해서 살펴볼 필요가 있다.

교토 의정서의 성립을 주도하였던 미국이 2001년 교토 의정서에서 탈퇴함에 따라서 동 의정서의 효과적인 이행이 불투명하여진 상태에서, 동년 7월 제6차 당사국 총회에서 교토 의정서의 나머지 회원국들은 다소 추상적인 조항으로 구성된 교토 의정서의 이행 메커니즘에 대해서 쟁점별로 정치적인 합의를 하면서 본 합의를 이끌어 내었다.[54] 그리고 이어서 마라케쉬에서 개최

---

49) 비 전통적 국제법 법원으로서 연성법에 대한 논의의 예로는 다음을 볼 것. Patricia Birnie and Alan Boyle, *International Law and the Environment* (2002), p. 24; Brown Weiss et als, *International Environmental Law and Policy* (2007), pp. 153-155.

50) 채택국의 구체적인 내용은 코펜하겐 합의 서문을 참고할 것.

51) 이 경우 2009년 12월 코펜하겐 당사국 총회에서 논의되었던 코펜하겐 합의의 경우 원 채택국이 명시되지 않았으나 그 이후에 채택 국가들이 추가된 것인데, 이것은 이에 대한 절차적 합법성에 대한 문제가 제기될 수 있는데 앞에서 언급한 덴마크가 의장국으로서 기후변화 협약 당사국에 대해서 코펜하겐 합의에 관련한 조치를 취할 것을 촉구한 행위가 주요 쟁점이 될 수 있다.

52) The Bonn Agreements on the Implementation of the Parties on the Second Part of its Sixth Session, Bonn, 16-24 July 2001, FCCC/CP/2001/5, pp. 36-49.

53) *Report of the Conference of the Parties on its Seventh Session,* Marrakesh, 29 October-10 November 2001, FCCC/CP/2001/13/Add.1-Add.4.

54) Stephen Peake, "Kyoto Lite: COP 6, part 2: The Bonn agreement" in Philippe Sands, *Principles of International Environmental Law* (2003), p. 370.

된 제 7 차 당사국 총회에서는 본 합의를 통하여 마련된 정치적 합의를 법적 문서인 마라케쉬 협정으로 발전되었다. 마라케쉬 협정은 교토 의정서의 이행에 관하여 일련의 결정들로 구성된 것으로서 조약이 아니라 총회 결정의 집합체로서의 성격을 갖는다.[55] 굳이 코펜하겐 합의의 법적 지위와 관련하여 본다면 2007년 발리 당사국 총회 이후 당사국들이 진행해 온 협상의 중요 쟁점에 대해서 합의를 담고 있을 뿐 구체적인 법적 기준을 제시하는 것은 아니라는 점에서 정치적 합의 성격의 코펜하겐 합의는 본 합의와 유사하다고 볼 수 있다. 그러나 본 합의나 마라케쉬 협정과 비교하여 코펜하겐 합의가 근본적으로 다른 점은 비록 법형식면에서는 유사성이 있을지 모르지만, 단순히 교토 의정서의 구체적인 이행 메커니즘에 대해서 다루고 있는 본 합의와 마라케쉬 협정과는 달리 코펜하겐 합의는 교토 의정서상 제 1 차 공약 기간이 종료되는 2012년 이후 기후변화 협약과 교토 의정서로 구성된 현재의 기후변화 협약 체제를 대체하기 위한 방안에 대한 논의 결과를 반영하고 있다는 점이다.

나. 내 용

법적 구속력이 없는 연성법적 문서로서 코펜하겐 합의는 기후변화 문제의 심각성, 온실가스 감축, 적응, 재원 및 새로운 기구의 창설에 관한 내용으로 구성되어 있다.

a. 기후변화 문제의 심각성

코펜하겐 합의는 기후변화 문제의 심각성에 대해서 강조하고 있다.[56] 대기 중 온실가스 농도로 인하여 지구사회 기후체계가 부정적인 영향을 받지 않도록 대기 중 온실가스 농도를 안정화함으로써 IPCC에서 권고하고 있는 지구사회 온도가 2도 이상 상승하지 않도록 해야 함을 강조하고 있다.[57] 기후

55) *Ibid.*

56) 코펜하겐 합의 제 1 항.

57) 코펜하겐 합의 제 1 항, 제 2 항, 제 3 항.

변화의 심각성을 인식하고 이에 대한 대응 노력의 필요성을 강조하면서 코펜하겐 합의는 여전히 기후변화 협약 체제가 갖고 있는 선진국과 개도국 간의 이분법적 접근 방식을 강하게 반영하고 있다. 즉 기후변화 문제에 대한 대응을 함에 있어서도 공동의 그러나 차별적인 책임원칙하에 형평하게 이뤄져야 하고,[58] 기후변화 문제에 광범위하게 노출되어 있는 국가들에 대한 국제적 지원을 포함한 적응 대책이 중요함을 강조하고 있다.

b. 온실가스 감축

IPCC 제 4 차 보고서에 제시한 지구사회 온도 2도 이하 상승을 달성하기 위해서는 지구사회에서 온실가스를 충분히 감축(deep cut)해야 함을 강조하고 있다. 온실가스 감축에 관해서도 코펜하겐 합의는 선진국과 개도국의 차이를 인정하는 이분법적 접근 방식에 의존하고 있다.

선진국, 즉 부속서 I 국가에 대해서는 2010년 1월 31일까지 부속서 I 국가가 자발적으로 제출하는 코펜하겐 합의의 부록에 기재된 내용에 따라서 개별적 혹은 공동으로 수량적 감축 목표를 달성하도록 하고 있다.[59] 부속서 I 국가가 사무국에 제출할 내용은 2020년 기준 온실가스 감축량과 해당 국가가 사용할 기준년도이다. 이것은 기존의 기후변화 협약과 교토 의정서가 부속서 I 국가에 대해서 1990년 기준 평균 5퍼센트 감축하도록 하고 있는 현재 상황에 비추어 보면 선진국에 대해서 많은 유연성을 부여하고 있으며, 수량적 감축 계획에 있어서 최저 기준을 설정하고 있지 않다. 다만 이들의 감축으로 인하여 교토 의정서를 더욱 강화할 수 있다는 표현이 있고, 선진국에 대해서 강력한 측정·보고·확인을 예정하고 있다는 점에서 간접적으로 교토 의정서 수준 이상의 온실가스 감축이 부속서 I 국가에 의해 이뤄져야 한다고 볼 수는 있겠다. 그러나 발리 행동계획에서 규정하고 있는 선진국의 온실가스 저감 행위에 대

58) *Ibid.*

59) 코펜하겐 합의 제 4 항.

해서는 여전히 구체적인 합의를 찾아볼 수 없는 등 여전히 코펜하겐 합의가 현재 기후변화 협약과 교토 의정서보다 선진국에 대해서 더 강력한 온실가스 저감책을 마련하고 있다고 단정하기는 어렵다.

한편 개발도상국, 즉 비부속서 I 국가의 경우에는 좀 더 자세한 규정을 두고 있다. 개발도상국의 감축 문제는 발리 행동계획에서 언급된 국내적으로 적절한 감축 행동(NAMAs)의 구체화에 대한 협상 결과를 반영한 것이다. 코펜하겐 합의는 2010년 1월 31일까지 사무국에 제출하도록 되어 있는 동 합의 부록 II[60]에 제시되어 있는 개도국의 감축 행동(actions)을 포함한 감축 행동을 이행할 것을 규정하고 있다. 이러한 감축 행동은 지속가능한 개발 및 기후변화 협약 제 4 조 1항 및 7항에 부합해야 한다.[61] 특히 최빈 개도국의 경우에는 이들에 대한 지원 및 온실가스 감축의 자발성을 강조함으로써 개도국 그룹 내에서도 온실가스 감축으로 인한 부담을 경감하려고 노력한 흔적을 찾아볼 수 있다.

개도국은 선진국과 달리 수량적 감축이 아닌 감축 행동을 취하게끔 되어 있기 때문에 이들 감축행동이 진정 지구사회 기후변화 문제 해결에 도움이 될 수 있을지를 알기 위해서는 이들 행동에 대한 정보를 확보하고 모니터링을 하는 것이 필수적이다. 2007년 발리 당사국 총회 이후 2009년 코펜하겐 당사국 총회에 이르기까지 이 문제는 선진국과 개도국 그룹 간에 매우 첨예한 대립을 가져왔던 문제임은 이미 앞에서 지적하였다. 결과적으로 코펜하겐 당사국 총회에서는 다음과 같은 몇 가지 방안을 마련하는 데 그쳤다.

먼저 앞으로 국가 인벤토리 보고서를 포함하여 비 부속서 I 국가에 의한 감축 행동은 당사국 총회에서 채택된 가이드라인에 기초하여 매 2년마다 국가

---

60) 부록 II에 제시된 것은 제출 개도국의 온실가스 감축 행동 목록뿐이다.

61) 기후변화 협약 제 4 조 1항은 공동의 그러나 차별적 책임원칙 및 특정 국내 및 지역적 개발 우선순위, 목적 및 상황을 고려하여 다양한 기후변화에 대한 대응 방안을 마련할 것을 규정하고 있으며, 7항의 경우는 개도국의 온실가스 감축은 선진국의 수량적 감축 및 개도국에 대한 재정지원 및 기술이전과 긴밀한 관계가 있음을 밝히고 있다.

보고서에 관한 유엔 기후변화 협약 제12조 1항 (b)에 따라서 이들 조치에 관한 일반적인 설명의 형태로 사무국에 제출을 해야 한다. 매 2년마다 국가 보고서를 통하여 보고되는 비 부속서 I 국가가 취한 이들 온실가스 감축 행동은 제출되기 전 동 국가의 국내적 측정, 보고 및 확인을 아울러 거쳐야 한다.

그러나 궁극적으로 개도국 스스로 감축 행동에 대한 측정 · 보고 · 확인을 거치는 것은 감축 행동의 온실가스 배출 저감 효과를 담보하는 데 한계가 있다. 국제적인 모니터링 과정이 담보되어야만 개발도상국의 온실가스 감축에 있어서 도덕적 해이 문제를 피할 수 있을 것이다. 그러나 개도국 입장에서는 개도국의 감축 행동에 대한 국제적 기준에 의한 측정 · 보고 및 확인은 개도국에 대한 사실상의 수량적 감축 의무의 부과와 같은 효과를 가져 올 수 있고, 이것은 개도국 감축 행동의 "자발성"을 저해할 수 있다는 점에서 받아들일 수가 없다. 이에 따라서 코펜하겐 합의는 국가 보고서를 통해서 보고되는 개도국의 온실가스 감축 행동 결과는 국제적 협의(consultation) 및 분석 대상이 될 수 있음을 밝히면서도 그 과정에서 개도국의 주권을 존중해야 함을 강조하고 있다. 그렇다면 실제로는 개도국의 온실가스 감축 행위에 대해서는 실질적인 효과를 가져올 수 있는 국제적 모니터링이 쉽지 않게 될 것이다.[62)]

한편 개도국의 온실가스 저감행동이 국제적 지원을 받게 되면 다른 요건이 적용되게 된다. 이 경우에는 당사국 총회에서 마련하게 될 국제적 기준에 의하여 측정 · 보고 · 확인 절차를 거쳐야 한다. 이 경우에는 개도국의 자발적 온실가스 저감행위의 경우와는 달리 이들의 저감 행동은 소위 "등록부(registry)"에 등록이 된 후 이에 의거하여 국제적 기준에 의한 측정 · 보고 · 확인을 받게 된다.[63)]

---

62) 코펜하겐 합의 제 4 항.

63) 등록부(registry)는 우리 정부가 제안을 하여 코펜하겐 합의에 포함된 것이다. 원래 의도는 우리나라에 대한 온실가스 감축 의무 수락 압력을 피하기 위한 방안으로 제시되었다. 즉 우리가 국제적 의무가 아닌 자발적으로 온실가스 감축 행위를 하되 이를 국제사회가 인지할 수 있도록 등록부에 등록을 하자는 것이었다. 비록 코펜하겐 합의에서 우리가 제안하였던 등록부 제도가 받아들여지기는 하였지만 이는 국제사회로부터 지원을 받는 온실가스 저감행위에 국한됨으로써, 우리와 같이 자발적으로 온실가스 저감 행위를

이것은 향후 이러한 형태의 온실가스 감축행동이 어느 정도 활용되느냐에 따라서 자발적 성격의 개도국 온실가스 감축행동이 사실상 강한 법적 의무 이행의 결과와 유사한 결과를 가져올 수도 있다는 매우 중요한 시사점을 던져준다.

c. 적 응

발리 행동계획에서 기후변화 적응은 중요한 협상 의제로 설정이 되었다. 그럼에도 불구하고 발리 당사국 총회 이후 약 2년간의 협상 중에 적응 문제는 온실가스 감축 문제에 비하여 상대적으로 적은 주목을 받았다. 그 결과 코펜하겐 합의에서도 적응에 관하여는 자세한 규정이 포함되지는 못하였다.[64] 동 합의는 개도국이 겪고 있는 기후변화에 대한 위험 및 기후변화의 피해로부터의 회복을 위해서는 적응 행동 및 이를 위한 국제사회 협력의 중요성을 강조하고 있다. 특히 최빈 개도국, 군소 개도국 및 아프리카 지역에서 적응 문제의 중요성에 대해서 강조하고 있는데, 이들 개도국의 적응 문제를 위해서 적절하며, 예측가능하며, 지속가능한 재정원, 기술 및 능력 형성 문제가 다뤄져야 한다고 규정하고 있다. 그리고 적응 문제와 관련하여 특히 주목해야 할 것은 코펜하겐 합의는 재원 문제에 관련하여 적응과 관련된 조항과 별도로 자세한 규정을 두고 있는 데, 마련되는 재원을 활용하여 개도국을 지원하는 경우 상당 부분의 경우에는 적응 문제와 직·간접적으로 관련을 갖게 된다는 것이다.

d. 재 원

아마도 코펜하겐 당사국 총회의 가장 큰 성과라면 코펜하겐 합의에 재원 문제에 관한 합의사항을 담은 것일 것이다. 코펜하겐 합의에 따르면 선진국은

하는 경우에는 등록부에 등록 대상이 아니라는 점에서 원래의 우리의 의도가 모두 반영된 것은 아니라고 할 수 있다. 그럼에도 불구하고 우리 정부의 등록부안 제시가 협상에서 기여한 바가 있음은 틀림없다. A Proposal for AWG-LCA by Republic of Korea, available at http://unfccc.int/files/kyoto_protocol/application/pdf/republicofkorea060209a.pdf (2010.6.25 방문).

64) 코펜하겐 합의 제3항.

개도국의 온실가스 감축은 물론 적용, 기술 개발 및 이전 및 능력 형성을 통한 기후변화 협약 이행 성과 향상을 위하여 증가된 규모로 새롭고도 추가적이면서 예측 가능하고 적절한 재원 마련 및 이에 대한 접근이 가능하도록 해야 한다.[65]

코펜하겐 합의는 재원 문제에 대해서 단기와 중장기로 나누어서 접근하고 있다. 단기적으로는 선진국은 2010년부터 2012년 사이에 300억 불을 제공하여야 한다. 이렇게 제공된 재원은 온실가스 감축은 물론 적응 문제에도 공히 사용될 것이다. 특히 최빈 개도국, 군소 도서 국가, 아프리카 국가 등 기후변화 문제에 가장 심각하게 노출된 국가들에 대해서는 적응 관련 기금이 가장 먼저 사용될 것이다. 이와는 별도로 2020년까지 매년 1천억 불이 조성되는데 이렇게 조성된 기금은 개도국의 의미 있는 온실가스 감축 행위 및 이의 투명한 이행을 위해서 사용될 것이다. 단기 재원이 온실가스 감축은 물론 적응에도 사용됨과 달리 연간 1천억 불의 재원은 오로지 개발도상국의 온실가스 감축과 관련하여서만 사용된다는 점이 차이가 있다. 재원 마련은 정부뿐만이 아니라 사적 부문, 양자 및 다자 차원에서 다양하게 조성되어야 한다고 규정되어 있다. 그러나 개도국의 적응 관련 기금의 경우에는 추가적인 재원 마련이 필요함을 코펜하겐 합의는 밝히고 있을 뿐이다.

재원 문제와 관련하여 주의해야 할 또다른 한 가지는 IPCC에서 권고한 대기 중 온실가스 농도가 450ppm을 유지하거나 대기 온도 상승을 2도 이하에서 억제하기 위하여 필요한 재원의 총액을 고려할 때 코펜하겐 합의에서 적시한 액수가 여전히 충분한 것은 아니라는 것이다.[66] 즉 코펜하겐 합의에서 합의된 재원 문제가 잘 이행된다고 하더라도 전 지구 차원에서는 여전히 추가적인 재원 마련이 필요하다는 것을 기억할 필요가 있다.[67]

65) 코펜하겐 합의 제8항.

66) 경우에 따라서는 2020년까지 매년 5천억 유로가 필요하다는 견해도 있다.

67) *Report of the Secretary-General's High-level Advisory Group on Climate Change Financing* (2010).

e. 새로운 기구의 창설

코펜하겐 합의는 코펜하겐 합의에 포함된 합의 내용을 잘 이행하기 위하여 몇 개의 새로운 기구를 창설하였다. 먼저 "코펜하겐 녹색 기후 기금(Copenhagen Green Climate Fund)"은 개도국의 온실가스 감축, 적응, 능력형성, 기술 개발 및 이전과 관련된 개도국 내 프로젝트, 프로그램, 정책 및 다른 행동들을 지원하기 위한 기후변화 협약의 재정 메커니즘의 운영체로서 역할을 담당한다.[68] 또한 기존과 다른 재원에 대한 모색 등에 대해서 연구하기 위해서 당사국 총회하에 "고위급 패널(High Level Panel)"의 설치와 기술 개발 및 이전과 관련된 조치를 촉진하기 위하여서 회원국 중심과 국가별 상황과 우선순위를 고려한 "기술 메커니즘(Technology Mechanism)"의 설치를 규정하고 있다. 이러한 새로운 기구, 특히 코펜하겐 녹색기후 기금의 창설과 관련하여 주목할 점은 통상적으로 큰 규모의 국제환경문제 관련 재원 운용은 독립적인 국제기구인 지구환경기금(GEF)등이 담당하였는데, 코펜하겐 합의는 대규모 기후변화 대응 기금을 유엔 기후변화 체제 안에 설치하였다는 것이다. 이와 관련하여 제16차 당사국 총회에서는 선진국과 개도국 동수로 총 24인으로 구성되는 이사회를 창설하기로 결정하는 등 진전을 이루었다. 당분간은 세계은행이 임시 신탁관리자(interim trustee)의 역할을 수행할 것이다.[69] 이를 통하여 직접 수혜 당사자인 개발도상국들은 선진국에 의해 주도되는 지구환경기금 운용과 달리 직접 구체적인 운용 사항에 대해서 영향력을 행사할 가능성이 매우 커 보인다.

f. 이행 검토

코펜하겐 합의는 향후 동 합의의 적절한 이행 여부를 2015년까지 평가할

68) 코펜하겐 합의 제10항.

69) Draft decision-/CP.16, Outcome of the World of the Ad Hoc Working Group on Long-term Cooperative Action under the Convention (2010).

것을 요청하고 있다.[70] 이 평가에는 1.5도 이하 온도 상승 등 다양한 과학적으로 제시된 문제들을 고려하면서 기후변화 협약의 목표 달성을 가능하게 하는 것을 포함하고 있다.[71]

70) 코펜하겐 합의 제12항.

71) IPCC의 권고 수준을 넘는 1.5도 이하 온도 상승을 장기 목표로 언급하는 데에는 협상 과정에서 투발루와 같은 기후변화 문제에 심각하게 노출되어 있는 국가들의 강력한 의지가 반영된 결과이다.

CHAPTER 4
글로벌 기후변화 대응 체제의 다원화

1. 기후변화 협약 체제의 한계와 새로운 협력체의 모색
2. G20
3. 아시아태평양 파트너십

1. 기후변화 협약 체제의 한계와 새로운 협력체의 모색

1992년 채택된 유엔 기후변화 협약과 1997년 채택된 교토 의정서(Kyoto Protocol)를 근간으로 하는 기후변화 협약 체제는 법적 구속력이 있는 "경성법"에 기초한 제도적 틀에 기반하고 있다. 기후변화 협약은 기후변화에 대응하기 위한 기본 원칙에 대한 합의문이며, 교토 의정서는 협약의 기본 원칙에 기반하여 보다 구체적인 대응방안을 마련하고 있다. 교토 의정서에 따라 37개의 선진국들은 2008년부터 2012년까지 1990년을 기준으로 온실가스 배출을 평균 5 퍼센트 감축하여야 한다. 더 나아가 소위 교토 메커니즘으로 총칭되는 배출권 거래제도, 청정개발 메커니즘(Clean Development Mechanism: CDM) 및 공동이행(Joint Implementation: JI)은 기후변화 협약 당사국들이 시장 원리에 바탕을 두고 비용 효과적으로 온실가스 배출을 감축할 수 있도록 하고 있다. 하지만 현 기후변화 협약 체제가 지구사회의 온난화 문제를 해결할 것으로 신뢰할 수 있고 효과적인 제도인가에 대해서는 많은 유보들을 쉽게 찾아볼 수 있다.[1)]

경성법적 접근방법의 기후변화 협약체제의 한계는 크게 다음 세 가지로

1) 교토 메커니즘에 대한 긍정적인 시각과 부정적인 시각을 균형있게 소개하는 글로는 다음을 볼 것. Christoph Böhringer and Michael Finus, "The Kyoto Protocol: Success or Failure?" in *Climate Change Policy* (ed., Dieter Helm, 2005).

요약될 수 있다. 첫째, 공동의 그러나 차별적인 원칙에 의한 소위 부속서 I 국가로 불리는 선진국만이 온실가스 감축 의무를 부담함으로써 개도국은 자발적인 감축노력만을 경주하도록 되어 있다. 그동안 세계 2위 온실가스 배출국이었던 중국은 드디어 미국을 제치고 세계 1위 온실가스 배출국이 되었다. 인도의 경우에도 인구 규모 및 경제 성장 가능성을 감안할 때 현 기후변화 협약 체제하에서 온실가스 배출을 위한 아무런 법적 의무를 부담하고 있지 않은 것이 큰 문제로 지적된다. 우리나라는 이산화탄소 배출량 기준으로 세계 10위를 차지하고, OECD 회원국임에도 불구하고 기후변화 협약 체제하에서는 개도국 지위를 인정받고 있기 때문에 온실가스 감축에 대한 법적 구속력이 있는 의무 부담을 하고 있지 않다.[2) 즉 지구사회의 모든 국가가 동참하지 않고서는 문제의 효과적인 해결이 어렵다는 사실에도 불구하고, 다수의 주요 온실가스 배출국이 개도국이라는 이유로 참여 의무를 지지 않고 있는 사실은 기후변화 협약 체제의 전반적인 유용성에 문제점을 가져다주기에 충분하다.

둘째, 현재의 경성법적 접근 방법은 기후변화 협약 체제에 참여하지 않는 국가에 대해서는 아무런 효과를 발휘하지 못한다. 국제법의 일반 원칙으로서 조약의 효력은 조약 당사국에게만 미치기 때문에 기후변화 협약 체제 비 당사국에 대해서는 이들이 자발적으로 감축을 하지 않는 한 온실가스 저감 및 시장 질서에 기반한 교토 메커니즘에 관한 규정이 구속력을 가질 수 없다. 예컨대 세계 제 1 위 온실가스 배출국으로서 교토 의정서의 당사국이 아닌 미국에 대해서는 교토 의정서상 여러 감축 수단을 적용할 수 없고 이것은 바로 기후변화 협약 체제의 유용성을 반감시키고 있다.

현재 기후변화 협약 체제의 효율성에 대한 대표적인 문제점으로 미국이 기후변화 협약 체제에 불참하고 있다는 사실이 지적되고 있다. 미국의 교토 의정서 비준 거부는 흔히 미국의 이기주의적 동기에 대한 비난으로 직결되는

---

2) 우리나라 온실가스 배출구조를 보면 에너지원이 84.3%, 산업공정이 11%, 농업부문이 2.5%를 차지하고 있다는 점에서 우리 경제 성장에 따라서 온실가스 배출 증가 가능성은 매우 크다.

데, 미국이 지구사회의 공동 노력에 적극 동참하기를 꺼리는 근원적인 이유를 살펴볼 필요도 있다.[3] 미국이 첫째로 내세우는 불참 이유는 개도국의 참여 없이 소수의 선진국에만 과중한 감축 의무를 부과하는 현재의 접근방법으로는 기후변화 문제의 효과적인 해결이 불가능하다는 것이다. 특히 미국은 중국, 인도, 브라질과 같은 엄청난 경제규모의 국가들과 기후변화에 미미한 영향만을 미치는 극빈국들이 아무 구별 없이 개도국 그룹에 분류되어 발생하는 무임승차 문제를 크게 우려하고 있다.

마지막으로 현재의 교토 메커니즘의 불완전성도 다른 이유로 꼽힌다. 배출권 거래제도, 청정개발 메커니즘 및 공동이행 모두 아직은 기후변화 협약 체제에서 의도하는 의미 있는 역할을 하지 못하고, 단지 시험적인 수준에서 이용되고 있는 것이 현실이다. 예컨대 기후변화 협약 체제상 배출권 거래는 아직 본격적인 실용화 이전 단계에 머물고 있는 것으로 평가할 수 있으며, 단지 EU가 2005년부터 자체 배출권 거래제를 시행하고 있으며 이외에 시카고 기후거래소 등이 시범적 수준에서 운영되고 있다.

이렇게 기후변화 협약 체제가 지구사회 기후변화에 대한 대응에 한계를 보이고 있는 시점에서 시급한 기후변화 문제를 다루기 위해서는 기후변화 협약 체제 이외에 국가 간 다른 협력체의 모색이 필요하게 되었다. 기후변화 협약 체제가 가장 광범위한 국가들의 참여 속에서 지구사회의 기후변화 문제 대응에 가장 중요한 역할을 수행하고 있음은 의심의 여지가 없지만, 기후변화 협약 자체로는 지구사회의 기후변화 문제를 효과적으로 해결할 수 없게 된 것도 또한 사실이다.

기후변화 협약 체제 이외의 협력체는 매우 다양한데, 여기에서는 정부 중심으로 기후변화 문제, 특히 온실가스 저감 문제에 있어서 중요한 역할을 하고 있는 G20 및 아시아태평양 파트너십을 살펴보기로 한다.

---

3) 다음을 참고할 것. David G. Victor, *The Collapse of the Kyoto Protocol and the Struggle to Slow Global Warming* (2001).

2. G20

G20에서 기후변화에 대한 논의는 G20이 정상차원의 협의체로 발전되기 전, 재무장관 차원의 협의체에 머물러 있을 때부터 이미 시작되었다. 기후변화 문제의 해결을 위해서는 궁극적으로는 이에 필요한 재원의 조달이 필요하고, 이러한 재원 조달은 매우 광범위하고 복잡한 문제를 포함하기 때문에 재무장관 차원의 G20은 기후변화 문제를 다루기에 적절한 협의체였던 것이다. 특히 G20이 정상차원의 협의체로 발전함에 따라서 향후 G20은 기존 의제를 다룸을 넘어서 지구사회의 중요한 의제를 다루게 될 가능성이 더 커질 것이고, 이러한 차원에서 기후변화 문제도 단순히 기후변화 재정 문제 차원을 넘어서 다양한 차원에서 다뤄질 가능성이 크다.[4] 특히 이러한 예상은 2009년 코펜하겐 기후변화 회의가 주요 온실가스 배출국의 첨예한 이해관계 대립으로 인하여 제한된 성과를 거두고 폐막됨에 따라서 주요국 간의 기후변화 관련 논의를 중점적으로 다룰 수 있는 장으로서 G20의 중요성이 더 커졌다는 또 다른 이유에도 기인한다.

(1) 코펜하겐 기후변화 회의의 제한적 성공

발리 행동계획을 기초로 2년 간 논의 되었던 포스트 교토 체제는 코펜하겐 합의(Copenhagen Accord)라는 결과물을 낳았다. 코펜하겐 합의에 따르면 부속서 I 국가는 어떠한 법적 구속력이 없이 자발적으로 2020년까지 수량적 감축 목표(quantified economy-wide emissions target)를 공동 또는 개별적으로 이행할 의무를 갖고 있다.[5] 이에 반하여 개발도상국, 즉 비 부속서 I 국가의 경우 감축 행동을 자발적으로 이행하면 된다. 개도국의 이러한 감축 행동은 국내적 측정·보고·검증(MRV)의 대상일 뿐이며, 그 결과물은 2년마다 기후변화 협

4) The Harvard Project on Climate Agreements "Institutions for International Climate Governance" Policy Brief 2010-1 (2010), pp.6-8.

5) 코펜하겐 합의 제4항.

약하에서 작성이 요구되는 국가보고서를 통해 제출해야 한다.[6)]

코펜하겐 합의에 따른 온실가스 배출량 감축에 대한 합의는 IPCC가 권고한 450ppm 수준을 유지하기엔 정도보다 훨씬 낮은 수준으로 여겨지고 있다. 부속서 I 국가에게만 법적 구속력이 있는 온실가스 감축 의무를 부과하는 현재의 2분적 협상 틀(two track approach)은 기후변화를 다루기 위한 효과적인 체계를 이루는 데 오히려 장애요인으로 작용하고 있다. 주요 개도국인 중국, 인도, 브라질, 멕시코 및 남아프리카공화국의 경우 '공동의 그러나 차별적 책임(common but differentiated responsibility)' 원칙을 국익에 유리하게 원용함으로써 선진국 수준의 온실가스 배출 저감을 어렵도록 하고 있다. 협상에서 더 높은 수준의 합의에 도달하려는 리더십이 부족했던 점 역시 코펜하겐 협상의 낮은 성과에 기여했다.

그러나 코펜하겐 총회의 제한적인 성공에도 불구하고 UN 프로세스는 기후변화에 대응하는 데 있어 중요한 장으로 남을 것으로 예상된다. 현 시점에서 UN 기후변화 협약만큼 많은 당사국을 확보한 포럼은 없기 때문에 정당성 확보 차원에서는 유엔을 대체할 수 있는 협의체가 없기 때문이다. 그러나 이러한 유엔의 중요성에도 불구하고, 기후변화 문제에 대한 대응의 "효과성"을 고려한다면 유엔 체제는 그 역할에 있어서 한계점이 있는 것 또한 사실이다.

(2) 코펜하겐 합의에서 기후변화 재정 문제

앞에서 이미 언급하였지만 코펜하겐 기후변화 회의의 주요 성과 중 하나로는 코펜하겐 합의에 포함된 기후변화 재정문제를 꼽을 수 있다. 합의문에서 선진국들은 국제기관을 통해 새로운 또는 추가적인 자금을 조달하기 위해 긴급 기금을 조성하기로 합의했으며, 그 규모는 2010년-2012년 동안 약 300억 달러에 이른다. 이 기금은 적응과 감축 간에 적절히 배분될 것이다. 장기적으로는 선진국이 2020년까지 공동으로 연간 약 1천억 달러를 제공한다는 목표

6) 코펜하겐 합의 제5항.

를 정했다.[7)]

1천억 달러는 개도국의 감축 지원 및 감축 이행의 투명성을 위해 사용될 것이다. 이 재정의 출처는 공·사, 양자와 다자 및 대체 원천의 재정까지 포함되어 다양할 것이다. 그러므로 선진국들의 다양한 재정 원천을 동원하기 위한 노력이 계속되어야 할 것이다. 이러한 목적하에 코펜하겐 합의문은 고위급 패널을 설립하여 대체 원천의 재정을 포함한 가능성을 가진 소득원을 연구하려는 내용을 포함하고 있다. 이와 더불어 '코펜하겐 녹색 기후 기금'을 설립하여 개도국의 감축 활동을 지원하는 UN 협약 재정 메커니즘의 운영주체로 활용할 계획이다.

코펜하겐 합의문이 기후변화 재정에 관한 몇몇 요소를 포함하고 있지만, 전면적으로 재정의 모든 부분을 다루기에는 역부족일 수 있다. 현재로서 코펜하겐 합의문하의 기후변화 재정 계획은 개도국 지원을 위한 자원 분배에 대한 어떠한 분명한 가이드라인도 제시되어 있지 않다. 합의문의 기후변화 재정 지원의 목표는 개도국이 기후변화와 관련된 행동을 이행할 수 있도록 지원하는 것이다. 그러나 선진국 역시 감축 활동을 위해 적절한 수준의 기후변화 재정지원이 필요한 점을 감안한다면 선진국의 활동 이행을 위한 재정 계획 역시 보장하는 것이 필수적이다. 현 코펜하겐 합의문에 따른 기후변화 재정 메커니즘은 기후변화의 다양한 이슈에 대응하기 위한 유일한 재정 방안으로 남지 않을 것이다.

(3) G20 내에서 기후변화 논의 경과

이와 같은 상황에서, G20 내에서 기후변화 재정에 관한 논의가 이미 시작됐다는 것을 주목할 필요가 있다. 재무 장관급 회의로서 G20은 2008년 세계 경제 위기를 계기로 정상급 회의로 격상되었다. 2009년 런던 정상 회담에서 G20국가들은 다음과 같은 내용에 합의했다.[8)]

---

7) 코펜하겐 합의 제8항.

8) Leaders Statement -The Global Plan for Recovery and Reform- London, 2 April 2009, 제27문단.

우리는 경기 부양책이 지원하는 투자를 회복력이 강한, 지속가능한 녹색 회복을 달성하는 목표를 위해 최대한 활용하기로 합의하였다. 청정하고 혁신적이며 자원 효율적인 저탄소 기술과 인프라로의 이행이 실현될 것이다.

G20국가들의 지도자들은 더 나아가 "돌이킬 수 없는 기후변화의 위협에 공동의 차별화된 책임의 원칙에 따라 대응하며, 2009년 코펜하겐 UN 기후변화 회의에서 합의에 도달하겠다는 약속을 재확인"함에도 합의했다.[9]

런던 정상회담 이후 2009년 9월 피츠버그 회담에서 G20 정상들은 추가적인 노력에 합의했다.[10] 이 회담은 전년도 7월 이탈리아 라퀼라에서 열린 주요경제국포럼(Major Economies Forum, MEF)에서 추천되었던 원칙들을 언급했다. 이탈리아에서 정상들은 "저탄소 기후 친화적인 기술로의 전환을 위한 글로벌 파트너십"을 설립하고 "이러한 기술에 관한 연구, 개발, 구현을 위해 공공 부문 투자를 급격하게 증가 및 편성하고 2015년까지 이와 같은 투자를 두 배로 늘릴 계획이며, 동시에 민간 투자, 공공-사부문 간 파트너십과 지역 혁신 센터를 포함한 국제 협력의 중요성을 인식"한다는 데 합의했다. 정상들은 또한 감축 및 적응을 위한 재정 지원의 규모 확대가 시급함을 확인했으며 "기후변화에 대응하기 위한 재정 지원은 공·사적인 기금 및 탄소 시장을 포함한 복합적인 원천으로부터 확보"되어야 함을 언급했다. 이러한 원칙을 염두에 두며 G20 정상들은 또한 UN 협상 과정을 지지하는 노력을 강화하기로 약속했다. 이러한 노력의 일환으로 정상들은 재무 장관들에게 기후변화 재정에 대한 가능한 계획을 코펜하겐 협상 이전에 마련할 것을 요청했다.

이에 응해 재무 장관들은 2009년 11월 영국 세인트 앤드류스에 모여 여러 국제 재무 이슈와 함께 기후변화 재정에 관한 선택 사항들을 논의했다.[11] 이

9) *Ibid.*, 제28문단.

10) Leaders' Statement -the Pittsburgh Summit- September 24-25 2009, 특히 강하고, 지속가능하고, 균형잡힌 성장 제28-33문단.

11) Progress report on the economic and finanial action of the London, Washington and Pittsburgh G20 Summits propared by the UK chair of the G20 - St. Andrews, 7 November 2009.

회의에서는 기후변화의 위협들을 다뤘으며 다음과 같은 사항들을 확인했다:

- 야심 찬 국제적 합의를 이행하기 위해 필요한 재정 지원의 규모 및 예측가능성을 긴급히 그리고 대대적으로 확대해야 할 필요성
- 민간 투자 조달 효과를 가져올 수 있는 국가 재정정책의 중요성
- 국가 정책의 중요성 및 탄소 시장의 확대를 통한 온실가스 배출의 감축
- 논의된 재정 옵션 이행을 위한 조직화된, 평등한, 투명한 그리고 효율적인 기관 간의 조직의 필요성
- 국가 주도 계획에 대한 지원의 조직화 및 이 지원에 관한 모든 재정 경로 - 다자간, 지역적, 양자 간 - 에서의 보고에 대한 보증

더 나아가 재무 장관들은 기후변화 재정에 대한 더 많은 업무를 수행하고 재정 옵션 및 기관 조직화를 정의하기로 약속했다.

2010년 토론토와 서울 정상회의에서는 기후변화 문제는 이전 회의에 비하여 심도있게 다뤄지지는 않았다. 하지만 서울 정상회담에서 2010년 기후변화 당사국 총회 개최국인 멕시코의 기후변화 문제에 대한 G20 차원에서의 대응의 중요성이 강조되는 등 향후 G20 차원에서 기후변화 문제는 계속해서 중요하게 다뤄질 것으로 보인다.

(4) 기후변화 관련 에너지 문제에 대한 대응

G20 정상들은 기후변화 대응 차원에서 에너지 안보 문제의 중요성을 인식하고 2008년 워싱턴 정상회담에서 다루었다.[12] 이후 에너지 안보에 관한 논의는 2009년 피츠버그 정상회담에서 더 폭넓게 이어졌다. 피츠버그 정상회담 성명서에는 2006년 7월에 발표된 글로벌 에너지 안보에 관한 세이트 피터스버그 원칙이 언급되었다.[13] 이 원칙들은 에너지 생산, 소비, 글로벌 에너지 안보를 촉진하도록 국가들을 이행하는 것에 관한 공통의 관심을 확인하고, 이

---

12) Declaration: Summit on Financial Markets and the World Economy, November 15, 2008.

13) G8 St. Petersburg Plan of Action: Global Energy Security, 2006.

에 따라 G8 정상들은 다음과 같은 주요 분야에서 행동을 통해 글로벌 에너지 안보를 증진하기로 약속하고 있다.

- 글로벌 에너지 시장의 투명성 · 예측성 · 안정성 증진
- 에너지 부문 투자 환경 개선
- 에너지 효율성 향상 및 에너지 절약 확대
- 다양한 에너지원의 구현
- 주요 에너지 인프라의 물리적 안전 보장
- 에너지 빈곤 축소
- 기후변화 대응 및 지속 가능한 개발

피츠버그에서는 에너지 안보에 관한 이전 논의와 이어지는 맥락에서 정상들은 에너지 시장의 투명성 및 시장 안정성을 향상시키고 더불어 에너지 시장에 관한 규제 감독에 대한 약속을 했다.

또한 피츠버그 정상회담에서 G20 정상들은 에너지 안보에 대한 의식을 고취시키고 기후변화에 대응하는 데 있어 에너지 효율성의 중요성을 확인했다. 특히 비효율적인 화석연료 보조금 문제는 경제협력개발기구(OECD)와 국제에너지국(IEA)의 공동 연구 결과를 인용하여 강조했다.[14] 화석연료 보조금을 없앴을 때의 이익을 측정하려는 OECD-IEA의 추정은 현존하는 환경에 유해한 에너지 보조금이 탄소 가격에 부정적인 영향을 미친다는 인식에서 출발했다. 보조금 폐지는 평등한 탄소 가격을 형성할 수 있는 첫 걸음이며 이는 또한 온실가스 배출량 감축 목표를 달성하는 데 전반적으로 드는 경제적 비용을 낮출 것이다. 보고서에 따르면 2020년까지 화석연료 보조금을 폐지하면 세계 온실가스 배출량을 2050년까지 10퍼센트 감소할 것이다.

현재로서는 충분한 정보가 확보되지 못하고, 조직화된 관련 보고 시스템이 없기 때문에 화석연료 보조금의 전 세계적인 규모는 정확히 가늠할 수 없다. 그러나 IEA가 연구를 주도하여 20개의 비 OECD 국가의 보조금을 분석한

14) Leaders' Statement – the Pittsburgh Summit – September 24-25 2009.

결과 2005년에 화석연료 보조금은 약 2,220억 달러에 달하였고, 2007년 연간 3,100억 달러로 증가했다. 화석연료 중에서도 석유 제품이 가장 많은 보조금을 받았으며 2007년 한 해에 1,520억 달러에 달했다. 1인당 국민소득이 더 낮은 개발도상국의 경우 소비와 관련된 화석연료 보조금이 GDP의 2퍼센트 이상을 차지했다.

다수의 전문가들은 화석연료 보조금이 개인적 그리고 세계적 차원에서도 순 부정적 효과를 가져온다는 의견이다. 보조금은 화석연료 가격에 변동을 일으켜 시장 왜곡으로 이어진다. 국제지속개발연구소(IISD)는 2010년에 발간한 연구에서 화석연료 보조금의 경제적, 환경적, 그리고 사회적 영향을 조사하여 다음과 같은 결과를 밝혔다.[15]

- 화석연료 보조금의 경제적 영향: 화석연료 보조금은 에너지 소비를 증가시키고, 에너지 효율성을 달성하려는 인센티브를 줄이며, 정부 예산으로부터 직접적인 재정을 이전시킴으로써 정부 재정을 소모시킨다. 보조금은 또한 수입 의존도를 높이며 동시에 대체 에너지 자원이나 기술에 대한 투자를 약화시킨다.
- 화석연료 보조금의 환경적 영향: 화석연료 사용은 온실가스 배출과 직접적으로 연결되어 있다. 그러므로 화석연료 보조금은 이러한 가스의 지속적인 배출을 허용하는 셈이다. 다양한 온실가스 배출은 필연적으로 지역 대기 오염, 수질 오염 그리고 조경 파괴로 이어진다. 더 나아가 재생 가능하지 않은 화석 연료 재고는 고갈될 것이다.
- 화석연료 보조금의 사회적 영향: 부자들은 에너지 소비에 사용할 수 있는 돈이 더 많고 에너지 접근이 보다 용이하므로 화석연료 보조금은 빈민보다 부자들에게 더 많은 이익을 가져다 줄 수 있다. 이는 빈곤층의 에너지 접근성을 쉽게 낮출 것이다. 또한 보조금들이 사회적 약자에게 더 유익할 수 있는 에너지 종류를 대상으로 삼지 않을 가능성이 있다. 또한 보다 효율적으로 직접 사회 보장 프로그램으로 사용될 수 있는 정부 자금이 화석연료 보조금으로 전용될 수 있다.

국제지속개발연구소의 연구는 경제적인 관점에서 보았을 때 화석연료 보

15) Jennifer Ellis, *The Effects of Fossil-Fuel Subsidy Reform: A Review of Modeling and Empirical Studies* (2010).

조금 개선은 OECD가입 국가와 비-OECD 국가 모두에서 총체적인 GDP상승 결과를 가져올 것이라고 결론지었다. GDP의 상승 정도는 2010년까지 총 0.1 퍼센트에서부터 2050년까지 연간 0.7퍼센트로 상승으로 예상된다.

보조금의 환경적인 면에 관해서는 화석연료 보조금 개선은 이산화탄소 배출량을 감소시킬 것이며 이는 2010년까지 1.1퍼센트에서부터 최대 2050년까지 18퍼센트 감소로 추산된다. 2009년 Burniaux등의 연구는 세계 이산화탄소 배출량은 13퍼센트 감소할 것이며 온실가스 배출량은 2050년까지 10퍼센트까지 감소할 것이라고 결론짓기도 하였다.[16)]이는 소비자를 대상으로 하는 화석연료와 전기 보조금이 비-OECD 국가에서 전면 폐지될 때 가능하다. 화석연료 보조금의 사회적 영향의 경우 최빈층에 미치는 영향은 중립적이거나 긍정적일 가능성이 있다고 전반적으로 평가됐다. 비효율적인 화석연료 보조금이 폐지되면서 절약되는 비용은 빈민을 대상으로 하고 복지를 향상시킬 사회보장 프로그램에 사용할 수 있다.

이러한 맥락에서 피츠버그 정상회담이 비효율적인 화석연료 에너지 보조금에 대한 합리적인 생각 및 중장기적으로 폐지하겠다는 합의를 이끈 것이라고 확인할 수 있다. 이는 에너지 안보 개선, 청정 에너지원 투자 장려, 녹색성장 추진 및 이전에 묶여 있던 자원들을 보건, 식량 안보 및 환경보호 등 더 긴박한 사회적 필요에 사용하는 목표를 지니고 있다. 하지만 화석연료 보조금 폐지를 위한 개선 방안의 일부에 온실가스 배출을 급격히 감소시킬 수 있는 청정 에너지, 재생 에너지 및 기술에 관한 지원은 그 대상이 되지 않음 역시 확인됐다.

피츠버그에서 G20 정상들은 IEA, 석유수출국기구(OPEC), OECD, 세계은행 등 관련 기관들에게 에너지 보조금의 규모에 대한 분석을 마련하고 이러한 이니셔티브 이행을 위한 의견을 내놓을 것을 아울러 요청하였다. 이에 대해

16) J.-M. Burniaux et als., *The economics of climate change mitigation: How to build the necessary global action in a cost-effective manner. OECD Economics Department Working Paper No. 701* (2009).

IEA는 G20와 공동 보고서를 마련하기 위해 본부에서 관련 이해 당사자들과 전문가들을 모아 워크샵을 개최했다. 이어서 2010년 서울 정상회의 이전에 IEA, 세계은행 및 OECD의 공동 보고서가 발간되었다.[17] 동 보고서에서는 계속해서 에너지 보조금을 없애도록 노력하는 것이 중요함을 다시 한번 강조하였다.

G20 정상들은 에너지 접근성의 향상 역시 중요함을 인정했으며, 특히 개도국에서 기아, 빈곤, 에너지와 자금 접근이 떨어지는 가장 취약한 상태에 놓여있는 이들의 접근성을 주목했다. 적절한 에너지 접근을 보장하기 위해서 G20 정상들은 적절한 프로그램 기금을 마련할 것을 약속했으며, 예로는 '재생에너지 확대 방안(Scaling Up Renewable Energy)' 프로그램과 '빈곤층을 위한 에너지' 이니셔티브를 들 수 있다.

(5) 기후변화 대응을 위한 중요 포럼으로서 G20의 발전가능성

G20는 국제적인 맥락에서 기후변화 재정 메커니즘을 개발시킬 수 있는 능력이 있다는 점에서 UN 기후변화 협약의 기후변화 재정 계획의 이행을 지원할 수 있다. 또한 대부분의 주요 경제국들이 G20의 일원이기 때문에 실현가능한 기후변화 재정 계획을 개발하고 이행하는 데 있어 이점을 가지고 있는 포럼이기도 하다. 이것은 UN기후변화 협약 사무국에 제출된 G20 국가들의 배출량 감축 목표 및 행동 계획을 살피면, G20 국가들의 총 배출량의 비율은 전세계 배출량의 약 80 퍼센트를 차지한다는 사실에서도 찾아볼 수 있다.

그러나 동시에 G20가 기후변화 협상을 위한 주요 포럼으로서 UN 과정을 대체할 수 없을 것이라는 의견 역시 사실이다. G20가 기후변화 재정 이슈에 관한 논의를 주요 경제국 내에서 분명히 촉진시킬 수 있을지라도 최종적인 결정들은 기후변화의 모든 당사자들이 참여자인 UN 기후변화 협약과 같은

17) IEA, OECD and The World Bank, *The Scope of Fossil-Fuel Subsidies in 2009 and a Roadmap for Phasing out Fossil-Fuel Subsidies: An IEA, OECD and World Bank Joint Report* (2010).

포럼에서 내려져야 할 것이다. 이는 기후변화에 관한 계획의 적법성, 투명성 및 효율성을 보장할 것이다.

3. 아시아태평양 파트너십

(1) 아시아태평양 파트너십의 성립

기후변화 협약 체제의 한계가 인식됨에 따라 아시아태평양 파트너십(Asia-Pacific Partnership on Clean Development and Climate: APP)이 그 한계를 극복할 수 있는 새로운 방법론을 제시하여 줄 가능성이 있는 것으로 보는 견해들이 있다.[18] 미국, 호주, 캐나다, 중국, 인도, 일본 및 우리나라가 참여하고 있는 이 협력체는 청정 에너지 기술의 개발과 확산을 주요 목적으로 하고 있다. 아·태 파트너십은 2005년 7월 라오스 비엔티안 제38차 아세안 각료회의에서 처음으로 주창되어, 2006년 1월 호주 시드니 각료회의에서 공식 발족하였다. 시드니 각료회의는 먼저 헌장과 공식 선언문을 채택하고 향후 추진할 사업계획을 마련하였다. 아·태 파트너십은 최고 의사기구 성격의 정책위원회(Project Implementation Committee: PIC)와 아·태 파트너십 내의 상호 의견교환과 활동을 조정하는 행정지원그룹(Administrative Support Group) 그리고 8개의 개별 태스크포스로 구성되어 있다.

18) APP Brochure, Department of State Publication #11468 (2008). 아시아태평양 파트너십 홈페이지는 www.asiapacificpartnership.org를 볼 것.

〈그림 4-1〉 아시아태평양 파트너십 조직 구조

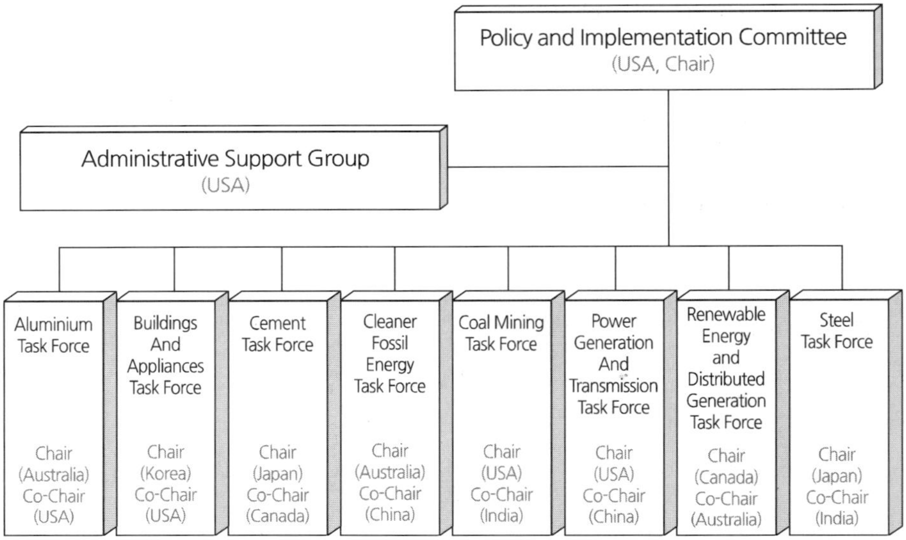

[출처 : 아시아태평양 파트너십 홈페이지]

가. 비전 스테이트먼트(Vision Statement)

2005년 7월 제38차 아세안 각료회의에서 채택된 비전 스테이트먼트는 아·태 파트너십 최초의 법적 문서이다.[19] 그러나 이것은 조약으로서의 형식과 협상 과정을 거치지 않았기 때문에 법적 구속력은 없는 소위 "연성법" 문서이다.

기본적으로 비전 스테이트먼트는 향후 아·태 파트너십의 비전과 목적에 대해서 밝히고 있다. 제한된 에너지원과 지속가능한 발전의 필요성이라는 현실적인 제약은 양자 및 다자 차원의 이니셔티브를 통한 에너지원 확보는 물론 이와 관련된 대기오염, 에너지 안보 및 온실가스 문제를 해결에 대한 협력 필

19) 캐나다는 비전 스테이트먼트 채택 이후에 아·태 파트너십에 가입한 관계로 비전 스테이트먼트 원문에는 언급되어 있지 않다. Vision Statement of Australia, China, India, Japan, the Republic of Korea and the United States of America for a New Asia-Pacific Partnership on Clean Development and Climate. available at http://asiapacificpartnership.org(2010.11.30 방문).

요성을 날로 증가시키고 있다. 참여 국가들은 이러한 공통 인식하에서 청정하고 보다 효율적인 기술을 개발, 분산(deploy) 및 이전하고 국가들의 대기 오염 저감, 에너지 안보 및 기후변화 문제에 대한 협력 의사를 밝히고 있다. 구체적인 협력 분야도 밝히고 있는데, 에너지 효율성, 천연가스, 이산화탄소 포집 및 저장, 건설 등이 비전 스테이트먼트에서 언급되고 있는 대표적인 예이다. 수소 기술, 나노 기술, 차세대 원자력과 같은 기술 분야 협력이 장기적으로도 지속되어야 할 필요성과 이 과정에서 참여국들 간 정보공유를 위한 협력도 중요한 요소로 제시되어 있다.

비전 스테이트먼트는 보다 구체적인 비 구속적 법적 문서(pact), 그리고 제도적, 재정적 문제와 같은 제도적 기반 마련 및 다른 이해 관계국들의 참여를 독려하기 위한 프레임워크를 향후 마련할 계획도 아울러 표명하고 있다. 물론 사적 부문도 중요한 이해관계자로서 향후 참여를 권장할 계획임을 강조하고 있다. 무엇보다도 비전 스테이트먼트는 아·태 파트너십이 UN 기후변화 협약과 교토 의정서를 대체하는 것이 아니라는 점을 강조하고 있다.

요컨대 비전 스테이트먼트는 아·태 파트너십의 기본 목적, 협력 분야, 제도적 기반, 참여 이해관계자 등에 대한 기본 구상과 함께, 규제 위주가 아닌 기술 중심의 협력을 중점으로 할 것임을 밝히고 있다. 더욱이 기후변화 협약과 교토 의정서를 대체하는 것이 아님을 강조함으로써 유럽 등 아·태 파트너십에 참여하지 않는 국가들에 대해서 아·태 파트너십이 현재의 기후변화 협약 체제의 대체를 위한 메커니즘이 아님을 강조하고 있는 점은 주목을 끌만한 대목이다.

나. 헌장(Charter)

비전 스테이트먼트 채택 직후인 2006년 1월, 아·태 파트너십 참여 국가들은 시드니 각료회의에서 헌장을 채택하였다.[20] 동 헌장은 예컨대 유엔 헌장

20) 헌장 채택 이후 캐나다가 추가로 아·태 파트너십에 가입하였기 때문에 2007년 10월

등과는 달리 참여국들이 이미 비전 스테이트먼트에서 법적 구속력을 부여하지 않기로 합의하였기 때문에 연성법적 문서로서의 성격을 갖는다.[21] 기본적으로 헌장은 비전 스테이트먼트에서 다뤄진 내용을 보다 구체화한 것이다. 특히 비전 스테이트먼트에서 밝힌 조직 구조를 갖추어 정책위원회, 행정지원그룹 등을 설치하고 이에 대한 구체적인 운영원칙을 밝히고 있다. 또한 자발적 재정원도 마련되었고, 기술 위주의 협력체라는 특징을 고려, 향후 중시될 지적 재산권 문제에 대한 원칙도 마련되어 있다.

다. 사업계획(Work Plan)

아·태 파트너십의 목적을 달성하기 위해서 정부는 물론 사적 부문 관계자, 연구기관 관계자들이 참여하는 태스크포스를 구성하는 혁신적인 접근법이 도입되었다.[22] 8개 태스크포스는 각 태스크포스별 구체적인 목표 달성을 위해 정부, 사적 부문 관계자 및 연구기관 관계자들 사이의 협력을 촉진하기 위해서 의장국과 공동의장국을 참여국 간에 협의에 의해 설치하고 향후 추진할 사업의 효과적인 목표를 체계적으로 달성하기 위해서 사업계획을 아울러 마련하였다.

사업계획은 태스크포스별로 구체적인 행동 계획의 구성을 예정하고 있는데, 이를 통해서 새로운 사업의 개발은 물론 기존의 각 참여국에 분산되어 있는 개별 프로젝트에 대한 정보를 공유하고 이들이 다른 참여국에서도 활용될 수 있도록 제도적 기반을 마련하고 이행할 수 있을 것이다. 또한 사업계획은

제2차 각료회의에서 개정되었다.

21) Jeffrey McGee and Ross Taplin, "The Asia-Pacific Partnership on Clean Development and Climate: A Complement or Competitor to the Kyoto Protocol?" *Global Change, Peace and Security* 18:3 (2006), pp. 174-175.

22) 알루미늄 T/F, 건물 및 가전기기 T/F, 시멘트 T/F, 청정화석 에너지 T/F, 석탄·탄광 T/F, 발전 및 송전 T/F, 재생 에너지 및 배전 T/F 그리고 철강 T/F가 아·태 파트너십의 8개의 태스크포스들이다. available at http://asiapacificpartnership.org/APPOrganization.htm (2010.11.30 방문).

아·태 파트너십이 강조하는 아래로부터의 협력 방식(bottom up approach)이 근간이 되는 것으로 태스크포스를 중심으로 하는 사업계획의 성취 여부에 따라서 아·태 파트너십의 성패 여부가 결정될 것이다.

(2) 기후변화 협약 체제와의 관계

아·태 파트너십 비전 스테이트먼트와 헌장은 일관되게 동 파트너십이 유엔 기후변화 협약과 교토 의정서를 대체하거나 이들과 경쟁관계에 있는 것이 아니라, 보완적 성격을 갖고 있음을 강조하고 있다.[23] 이는 의무 부담의 보편성과 체제 유용성의 측면에서 현 기후변화 협약 체제에 대한 많은 의문이 제기되고 있는 상황에서, 그리고 2012년 교토 의정서상 제 1 차 공약기간 종료에 따라 2012년 이후의 체제에 대한 협상 필요성이 제기되고 있는 시점에서 아·태 파트너십이 논의되었다는 점과 무관하지 않다. 아·태 파트너십은 비록 참여 국가의 숫자가 7개에 불과하지만 경제규모, 인구 및 온실가스 배출 규모의 세 측면 모두에서 지구 전체의 절반 이상을 차지할 정도로 영향력이 막강하다. 따라서 아·태 파트너십에 지구사회 기후변화 문제에 실질적인 영향을 주는 몇몇 주요국이 추가로 참여할 경우, 전통 외교협상 방식에 의존함에 따라서 효과적인 협상결과를 단시간에 이끌어 내는 데 한계가 있는 유엔 기후변화 협약 체제가 유명무실화 될 가능성도 충분히 생각해 볼 수 있다. 그렇게 때문에 아·태 파트너십 출범 초기부터 유엔 기후변화 협약 체제를 주도하고 있는 EU 국가들을 중심으로 파트너십의 교토 의정서 대체 가능성에 대한 의구심이 강력하게 제기되었던 것이다.[24]

파트너십 참여 국가들은 이러한 우려에 대해 다양한 반응을 보이고 있다. 미국의 경우 아·태 파트너십의 기후변화 협약 체제 대체 가능성을 일관되게

---

23) 헌장 서문. McGee and Taplin, *supra* note 21, pp. 174-177.

24) Richard Black, Climate change summit postponed, BBC News, (2005년 10월 5일) available at http://news.bbc.co.uk/go/pr/fr/-/1/hi/sci/tech/4311310.stm (2010.11.30 방문).

부인하면서 순수 기술 위주의 협력체로서 파트너십의 성격을 강조하고 있다.[25] 아·태 파트너십과 기후변화 협약 체제 모두에 참여하고 있는 호주, 일본, 중국, 인도 및 우리나라는 양 체제 참여를 통한 시너지 효과 발생 가능성을 부각시키기 위해 노력하고 있다. 이렇게 아·태 파트너십 비 참여국가들에 대한 의구심을 불식시키기 위해서 비전 스테이트먼트와 헌장에 공히 아·태 파트너십이 기후변화 협약 체제를 대체하는 것이 아님을 계속해서 강조하기에 이른 것으로 보인다.

그런데 여기에서 재미있는 점은 이러한 아·태 파트너십 국가들의 비 구속적인 비전 스테이트먼트와 헌장을 통한 의지표명이 현재 진행 중인 2012년 이후 문제를 논의하는 협상에 어떠한 영향을 주겠느냐는 점이다. 다시 말하자면 비록 연성적인 문서들을 통해서 참여 국가들의 강한 정치적 의지를 보였다고 할 수는 있지만 법적 구속력이 없는 관계로 실제 아·태 파트너십의 운영에 따라서는 아·태 파트너십이 단순히 기후변화 협약 체제의 보완 수준을 넘어설 수도 있고, 이 경우에 최소한 전통 국제법적 접근 방식에 따르면 "법적"인 대응을 하는 데는 한계가 있다는 점이다. 물론 이러한 상황이 전개된다면 법적인 논의 이전에 아·태 파트너십 참여 국가와 기후변화 협약 체제 주도국 사이의 정치적인 대립과 긴장이 더 중요한 논의 내지는 협상의 초점이 될 것이다.

(3) 특 징

가. 미국 주도 협력

미국은 자국 전통적인 외교의 기본 원칙인 고립주의에 의거하여 국제환경 분야뿐만이 아니라 인권, 안보 등 여러 분야의 다자조약 체제에 불참하는 경우가 많다. 다른 한편으로는 대량확산무기 방지구상(PSI) 등 조약체제에 구애 받

25) 미국 국무성 관계자의 경우 아·태 파트너십이 교토 의정서를 대체하려 하려는 의도가 없다는 점을 계속해서 강조하였다. 2007년 1월 23일 미국 국무부 인터뷰(인터뷰 자료는 저자가 보관 중).

지 않는 파트너십, 이니셔티브 등의 형태로 소규모이지만 해당 분야의 중요한 국가들 간에 협력체를 구성하여 다자 체제에 못지않은 위력을 보이는 경우도 많다.[26] 기후변화 문제에 대한 미국의 대응 역시 이러한 틀을 벗어나지 않는 것으로 해석할 수 있다. 미국은 1992년 기후변화 협약이 채택되고 이어서 1997년 교토 의정서가 채택된 이후 부시 정부에 들어와서 교토 의정서를 탈퇴하였다. 미국의 교토 의정서에 대한 반대에는 몇 가지 이유가 있다.[27] 첫째는 중국, 인도, 브라질 등이 온실가스 대량 배출국임에도 불구하고 개도국이라는 이유로 온실가스 감축을 위한 아무런 법적 의무를 부과하지 않고 있다는 것이다. 교토 의정서가 이행될 경우 2010년까지 미국 GDP가 1 내지 2퍼센트 감소할 위험도 하나의 중요한 이유로 작용하였다. 또한 미국은 배출권 거래를 선호하였으나 개도국 그룹이 이를 선진국에만 혜택이 돌아가는 제도로 비난하고 나선 사실도 언급하여야 할 것이다.

이에 더하여 교토 의정서의 감축 기준이 기후변화 문제에 관한 국제질서 형성에서 경쟁자적 위치에 있는 EU에 유리하게 마련된 점도 우리가 간과해서는 안 될 또 다른 중요한 이유인 것으로 보인다.[28] EU 전체에 대한 온실가스 감축기준이 마련됨에 따라서 개별 국가에 대한 배출권 거래 등의 추가 조치 없이 교토 의정서상 의무를 충족할 수 있는 유연성이 훨씬 더 많이 부여되고 있다는 것이다. 즉 교토 의정서 제4조에 의하면 부속서 I 국가들은 감축목표 달성을 공동으로 할 수 있는데,[29] 이에 따라서 EU의 경우는 8퍼센트 감축 목표를 설정한 후, 1998년 6월 자체적으로 각 개별 회원국들에 대한 감축 목표

26) 정서용, "국제법질서의 한계와 대량살상무기확산방지구상(PSI)의 출현," 서울국제법연구 제14권 1호 (2007), pp. 8-10.

27) John F. Murphy, *The United States and the Rule of Law in International Affairs* (2004), pp. 338-340; Kai S. Anderson, "The Climate Policy Debate in the US Congress," in *Climate Change Policy* (Stephen H. Schneider, Armin Rosencranz & John O. Niles eds., 2002), pp. 235-250.

28) Bruch Yandle & Stuart Buck, "Bootleggers, Baptists, and the Global Warming Battle," *Harvard Environmental Law Review*, Vol. 26 (2002), pp. 109-229.

29) 교토 의정서 제 4 조.

를 결정하였다. 또한 1990년 기준년도 설정과 최종적으로 합의된 5퍼센트 감축도 EU 내 중요국가에게 유리한 방식으로 결정된 면도 미국의 반발을 샀다. 예컨대 영국의 경우에는 대처 정부시절 정부의 강력한 광산업 정책 시행 결과 1990년 이후 이산화탄소량 감축을 하는 것이 상대적으로 쉬운 상태였다.

따라서 미국으로서는 구속력이 있는 감축 목표 설정의 부담, 배출권 거래제도 등 시장질서에 바탕을 둔 교토 메커니즘 활성화에 대한 불확신 그리고 개도국 불참이라는 이유로 교토 의정서에서 탈퇴하였기 때문에 향후 2012년 이후 체제에 대한 협상에서 이들 문제가 해결되지 않는 한 현재의 기후변화협약 체제에 다시 적극적으로 참여할 이유와 명분이 없어 보인다. 이러한 점을 이해한다면 아·태 파트너십이 미국에 의해서 주도되고 있기 때문에 기후변화 협상에서 미국이 추구하는 목적달성을 위해서 운영이 될 가능성이 많다고 할 수 있다. 이것은 그간 아·태 파트너십의 운영 과정은 물론 아·태 파트너십의 제도적 기반에서도 찾아볼 수 있다. 최고의사결정기구인 정책위원회의 의장국 역할을 미국이 수행하고 있고, 행정지원그룹의 경우 매 2년 단위로 정책위원회 결정에 의해서 바뀔 수 있지만 미국이 담당하기로 헌장에도 명시가 되어 있다.

나. 기술 위주 협력

아·태 파트너십의 가장 큰 특징은 기술 위주의 협력체라는 점이다.30) 아·태 파트너십의 비전 스테이트먼트와 헌장 그리고 사업계획에서는 모두 아·태 파트너십이 기술 위주의 협력체임을 강조하고 있다. 기술 위주의 협력에는 앞에서 언급한 태스크포스의 역할이 중요하다. 2006년 시드니 제1차 각료회의 직후 같은 해 4월 미국 버클리에서 개최된 정책위원회에서는 8개

30) Peter Lawrence, "The Asia Pacific Partnership on Clean Development and Climate (AP6): A Distraction to the Kyoto Process or a Viable Alternative?" *Asia Pacific Journal of Environmental Law* Vol. 10 (2007). 원문은 University of New South Wales Faculty of Law Research Series Paper 72 Working Paper로 보관 중.

태스크포스 회의가 동시에 개최되었다. 여기에서는 앞에서 언급한 사업계획과 함께 각 태스크포스의 프로젝트 개발을 위한 가이드라인이 각각 마련되었다. 이어 각 태스크포스별로 집행위원회의 심의를 받아 확정될 태스크포스의 사업계획과 활동 내용을 마련하여 10월에 제주도에서 개최된 제 2 차 집행위원회에서는 100여 개의 태스크포스 사업들이 확정되었다.[31] 2007년 7월 동경에서 개최된 제 3 차 집행위원회를 거쳐서 같은 해 10월에 뉴델리에서 개최된 제 4 차 집행위원회에서는 100개가 넘는 사업을 인준하였다. 2008년 5월 시애틀에서 개최된 제 5 차 집행위원회에서는 각각의 태스크포스의 추진 상황을 점검하고, 향후 아 · 태 파트너십의 방향에 대해서도 논의하였다. 2008년 10월에는 벤쿠버에서 제 6 차 집행위원회를 개최하여 각 태스크포스별 진행 상황을 다시 점검하였다. 2009년 5월 및 2010년 10월에는 각각 호주 골드코스트와 상하이에서 제 7 차 및 제 8 차 집행위원회가 개최되었다. 특히 상하이에서는 제 3 차 각료회의도 함께 개최되었는데, 여기에서 기술 위주 협력의 중요성을 강조하고, 이러한 아 · 태 파트너십이 기후변화 협약의 원칙과 합치하고 있음을 다시 한번 확인하였다.

기술 위주 협력체로서 아 · 태 파트너십의 특징을 보여주는 또 다른 요소는 아 · 태 에너지 기술협력 센터(Asia-Pacific Energy Technology Cooperation Center)이다. 2006년 시드니 제 1 차 각료회의 당시 우리 정부가 제안한 동 센터는 산업 에너지 효율성에 관한 정보, 에너지 관리 관행 등을 공유할 수 있는 정보공유 센터로서 8개의 태스크포스의 활동을 보완하게 될 것이다.

현재까지의 추진 상황을 놓고 볼 때 기술협력을 표방하는 아 · 태 파트너십이 좀 더 성과를 내기 위해서는 해결해야 할 과제가 있다. 아 · 태 파트너십이 정부만이 아닌 민간 산업계 및 연구기관과의 실질적인 기술 중심의 협력을 목적으로 하고 있지만, 참여 국가 간 기술 협력을 뒷받침하기 위해 제도적 기

31) Asia-Pacific partnership on Clean Development and Climate, Executive Summary of Task Force Action Plans, available at http://asiapacificpartnership.org/APP%20Action%20Plans/ExecutiveSummary%20_31%20Oct%2006_%20_2_.pdf (2010.11.30 방문).

반이 마련되어야 함에도 불구하고 이 문제에 대한 논의를 거의 발견할 수 없다.[32] 이것은 당사국이 구속력 있는 온실가스 감축 의무를 이행함으로써 기후변화 문제를 해결하려는 기후변화 협약 체제의 경성법적 접근 방법과는 다른 것이다. 즉 시장원리에 바탕을 둔 효과적인 기술협력을 위해서는 서로 다른 각국의 제도적 기반을 일치(harmonization)시켜서 기술협력이 가능한 하나의 공통 시장을 창출하는 것이 필요하나 아·태 파트너십은 어디에서도 이 문제에 대해서 심도 있는 논의를 하고 있지 못하다.

다. 자발적 접근 방식

아·태 파트너십은 자발적 협력을 표명하고 있다. 비전 스테이트먼트, 헌장, 사업 계획 등 모든 문서가 비 구속적 성격을 강조하면서 자발적인 참여와 기술협력에 중점을 두고 있음은 앞서서도 지적하였다. 이러한 자발적인 접근 방식은 국제법 분야에서는 종종 사용되는 접근 방식이다. 국제통상 분야에서도 자발적 수출 통제 수단이 사용되기도 하고, 국제환경 분야에서는 자발적 오염 감축이 국가 차원은 물론 기업 차원에서도 사용되고 있다. 규제적 접근 방식을 사용할 경우 낮은 규제 수준에서 합의에 이르는 경우가 존재함을 고려하면, 참여국가나 비국가 주체의 자발적인 조치가 규제 이상의 효과를 가져올 수 있다는 전제하에서 이러한 자발적 접근 방식이 사회적인 규제 비용을 절감하는 결과를 가져올 수 있다. 아·태 파트너십에서도 기술협력이 자발적으로 이루어지기 위해서는 참여 국가들의 의지 및 자발적 협력이 가능한 제도적인 기반이 마련되어 있고 시장질서가 뒷받침될 때만이 가능할 것이다. 현재 미국에 의해 주도되고 있는 상황에서 향후 아·태 파트너십의 자발적 접근 방식의 성공 여부는 미국의 주도에 의한 가장된 자발적 접근 방식이 아닌 시장질서에의 참여를 통한 진정한 인센티브가 보장될 것인지의 여부에 달려 있다.

---

32) 이 문제점에 대해서는 기술개발자 및 법제도 전문가 모두 지적을 하였다. 2007년 1월 15일 스탠포드 대학 Thomas Heller 교수, 2007년 1월 17일 버클리 대학 로렌스 연구소 Jayant A. Sathaye 박사 인터뷰(인터뷰 자료는 저자가 보관 중).

라. 사적 부문의 참여

사적 부문의 참여 문제는 아·태 파트너십의 성패를 가를 수 있는 중요한 요소이다. 기술을 가진 산업체 및 연구소가 태스크포스에 직접 참여함으로써 기술 관련 정보가 공유되고 기술이 시장에 의해 이전될 수 있는 여건이 자연스럽게 조성될 수 있는데, 실제 2006년 미국 버클리에서 개최된 집행위원회 회의에는 대규모의 산업체 및 연구소 관계자들이 참여하기도 하였다.

하지만 아직은 아·태 파트너십 전체 차원에서나 개별 태스크포스 차원에서나 이들의 지속적인 참여를 통한 효과적인 결과 도출을 유도하는 단계에까지는 이르지 못하고 있는 것으로 보인다. 발전·송전 태스크포스의 경우를 보면 4가지 관심 분야로 최상의 발전 방식, 최상의 송배전 방식, 최상의 수요관리 방식 및 정보 공유 등을 정하였을 뿐, 이를 위해 필요한 발전·송전 관련 산업계 대표의 적극적인 참여, 공동 연구 추진, 기존 정보의 공유 그리고 필요한 제도의 공동 정비 문제에 있어 아직 사기업체나 연구소의 참여 정도, 필요한 재원 마련, 관련 정부 부처의 협력 어느 면에서도 만족스러운 진전을 보이고 있지 못하다.[33] 특히 미국을 비롯하여 아직 어느 참여국으로부터도 충분한 자발적인 재원 기여가 없는 상태로, 각국의 수출입 은행 등의 실질적인 참여도 미진하다. 더욱이 최근 전 세계적으로 진행되고 있는 금융위기를 감안하면 향후 사적 부문의 실질적인 참여를 통한 아래로부터의 협력이라는 아·태 파트너십의 목적이 달성되기는 쉽지 않을 수도 있다.

마. 개도국의 참여

아·태 파트너십에는 기후변화와 관련된 대표적인 개도국인 인도와 중국이 참여하고 있는데, 이들이 파트너십 기술협력을 통하여 자국의 지속가능한

33) 이러한 문제점의 일부는 버클리 대학 로렌스연구소와의 인터뷰에서도 확인되었다. 2007년 1월 17일 버클리 대학 로렌스 연구소 Jayant A. Sathaye 박사 인터뷰(인터뷰 자료는 저자가 보관 중).

발전을 달성하면서도 온실가스 배출을 적극적으로 저감할 수 있다면 기후변화 협약 체제보다도 아·태 파트너십의 유용성이 훨씬 더 커질 수 있다. 특히 중국의 경우에는 청정 석탄 발전소에 관하여서는 기술 수준이 다른 선진국들 못지 않게 급속히 발전하는 등 기술 수입국이 아닌 기술 수출국으로서의 가능성도 갖고 있다는 점에서 기후변화 협약 체제에서의 개도국 그룹 대표로서의 정치적인 행보와는 달리 아·태 파트너십에서는 시장질서에 입각한 기술협력에 더욱 적극적으로 나설 가능성도 있다. 그러나 아직은 중국이나 인도가 아·태 파트너십을 통한 실질적인 기술 협력에 적극적인 모습을 보인다는 증거는 없다. 이들의 적극적인 참여를 유도하기 위해서는 앞에서 지적한 바와 같은 재원 마련, 각국의 상이한 제도 정비 가능성, 정보의 효과적인 공유와 같은 문제에서 실질적인 진전이 있어야 할 것이다.

(4) 향후 전망

기후변화 문제 해결에 대한 아·태 파트너십의 유용성에 대해서는 단정적으로 결론을 내리기가 아직은 쉽지 않은 상황이다. 경성법적 접근 방식에 의존하고 있는 기후변화 협약 체제와는 다르게 소수 국가들 간의 아래로부터의 자발적인 기술 위주의 협력 체제 구성이라는 연성법적 접근 방법을 통하여 보다 실질적인 온실가스 저감을 달성하려는 아·태 파트너십의 미래를 예측하기 위해서는 다음 몇 가지 측면을 종합적으로 고려할 필요가 있다.

먼저 규범적 원칙에 기초하여 대다수 국가가 참여하여 구체적인 규제 수준에 대해 논의를 하나 구체적인 사안 해결에는 단기적인 성과를 거두지 못하고 있는 기후변화 협약의 경성법적 접근 방식에 비하여 아·태 파트너십은 분명 참여 국가들이 보다 유연한 입장을 견지할 수 있는 장점이 있다. 그렇지만 지속가능한 발전과 온실가스 저감 효과를 실질적으로 가져오기 위해서는 아·태 파트너십이 연성법적 접근을 취하면서 얼마나 기술 협력이 시장질서 속에서 효과적으로 이루어질 수 있도록 보장할 수 있는가가 관건이다. 이 글의 분석에 따르면 아직은 아·태 파트너십이 이 점에서 획기적인 진전을 보이고 있지는 못한 것 같다. 반복하지만 이를 위해서는 적극적인 정부 간 협력 및 조정, 사적 부문 참여를 유도하기 위한 여건 마련 그리고 충분한 재원 확보가 필수적일 것으로 보인다. 이러한 문제들이 해결되지 않는 상황에서 연성법적인 접근방법을 취한다는 사실만으로 기후변화 협약 체제보다도 아·태 파트너십이 기후변화 문제 대응에 보다 유용하다고 보장할 수는 없다.

또한 아·태 파트너십의 성패에는 미국의 역할과 태도가 중요한 변수로 작용할 것이다. 파트너십이 소수이지만 기후변화 문제에서 중요한 위치를 차지하는 국가들로 이루어져 있다는 사실에도 불구하고, 그간의 운영을 보면 아·태 파트너십의 운영에는 미국의 영향력이 절대적이었다. 미국이 전통적으로 기후변화 문제 해결에 있어서 시장질서 메커니즘과 기술 중심의 해결을 선호하여 온 것은 틀림이 없는 사실이다. 그러나 2012년 이후 체제에 대한 미국의 협상 태도 결정에는 미국 국내 요인, 기후변화 협약 체제 내 협상 동향 및 현재 진행 중인 전 세계 금융위기 등이 변수로 작용할 것이다. 파트너십 참여 국가 중 미국을 제외하면 아·태 파트너십을 기후변화 협상을 위한 기본 협력체로 삼고자 할 가능성을 보이는 국가들이 없음을 감안하면, 아·태 파트너십은 2012년 이후의 기후변화 문제를 다루기 위한 국제협력 체제의 재편이라는 큰 틀에서 보면 현재의 기후변화 협약 체제와 보완적 혹은 보충적인 협력체로서 역할을 할 가능성이 크다.

요컨대 다수 국가들의 첨예한 이해관계 대립으로 효과적인 구속력이 있는 규제 기준 마련이 어려운 기후변화 협약 체제에 비하여 아·태 파트너십은 참여 국가들에게 보다 유연한 대처를 허용하고 시장질서와 기술 중심의 협력이 가능하다는 장점이 있다. 그러나 아·태 파트너십이 연성법적 접근방식을 취한다는 사실만으로 기후변화 협약 체제를 대체하기는 어려울 것이고, 향후 현재 기후변화 협약 체제 내에서 교토 의정서 제1차 공약기간 종료 이후의 새로운 기후변화 문제 대응 체제를 보완 혹은 보충하는 역할을 하게 될 가능성이 크다.

CHAPTER 5
기후변화 적응을 위한 국제협력

제 5 장 기후변화 적응을 위한 국제협력

기후변화 적응과 관련하여 비단 유엔 기후변화 협약뿐만이 아니라 다양한 국제기구들이 사업을 추진하고 있다. 이들 사업은 개도국에 대한 재정지원, 적응 대책 마련 지원, 국가별 대응 전략 마련 등 다양한 형태로 진행되고 있다. 대표적인 기후변화 적응 관련 국제협력 사업을 추진하고 있는 국제기구들로는 유엔 기후변화 협약, 지구환경기금, 세계은행, 유엔개발계획, 경제협력기구 등 글로벌 차원의 기구들을 들 수 있다. 또한 아시아 지역의 유엔 아시아 태평양 경제사회 위원회(UN ESCAP), 아시아 개발 은행 등 세계 각 지역에는 지역 차원의 국제기구도 있다.

1. 글로벌 차원의 협력

(1) 기후변화 협약

기후변화 협약 체제 내에서 기후변화 적응 문제(adaptation)는 감축 문제(mitigation)와 같이 중요하게 다뤄지고 있다. 아래의 프로그램들은 기후변화 협약 체제의 기후변화 적응 문제를 추하기 위한 정책들이다.

가. 나이로비 작업 프로그램(Nairobi Work Program)

나이로비 작업프로그램은 2005년부터 2010년까지 5년 기간 동안의 기후변화 적응문제를 다루기 위해서 마련되었다.[1] 나이로비 작업 프로그램의 목표는 개도국을 포함한 모든 당사국의 기후변화의 영향, 위험 및 적응에 대한 이해와 평가를 제고하고, 과학·기술·사회 경제적 관점에서 기후변화에 대응하기 위한 적응 행동과 조치에 대해서 적절한 결정을 내리기 위한 것이다. 이러한 목적 달성을 하기 위해서 나이로비 작업 프로그램은 다음 분야에 집중하고 있다.[2]

- 기후변화의 영향과 위험도에 대한 평가, 적응에 대한 계획, 조치 및 행동 개발 및 확산
- 기후변화의 다양성에 대한 데이터 및 정보 수집, 관리, 교환, 접근 및 사용
- 기후변화 모델링, 시나리오 개발 등
- 기후 관련 위험 및 재해에 관한 이해 제고
- 기후변화 적응에 대한 계획 및 관행에 대한 정보 수집, 분석 및 확산
- 기후변화 적응 관련 연구 확대
- 적응 관련 기술의 개발 및 확산
- 적응 관련 사회·경제적 정보 공유
- 경제적 다각화 추진

나이로비 작업 프로그램은 기후변화협의 과학기술자문기구(Subsidiary Body for Scientific and Technological Advice: SBSTA) 아래에서 진행되고 있으며 기후변화 적응에 대한 정보와 자료를 널리 알리고 있다. 2010년 현재 제 2 단

---

1) UNFCCC, *Report of the Conference of the Parties on its eleventh session, held at Montreal from 28 November to 10 December 2005*, FCCC/CP/2005/5/Add.1 (2006).

2) UNFCCC, *Adaptation Assessment, Planning and Practice: An Overview from the Nairobi Work Programme on Impacts, Vulnerability and Adaptation to Climate Change* (2010), p. 18.

계(2008. 06-2010. 12)의 과정에 있으며, 적응 계획 및 실행(adaptation planning and practices), 기술·경제적 분산(economic diversification) 등에 관한 정기적 워크샵을 주최하고 보고서를 발표해 오고 있다.[3)]

나. 적응기금(Adaptation Fund)

교토 의정서 당사국인 개발도상국 내에서의 적응 관련 프로젝트 및 프로그램에 대한 재원을 마련하기 위한 기금을 마련하기 위하여 적응기금이 조성되어 있다.[4)] 기금의 조성은 CDM(Clean Development Mechanism) 과제 수행에서 발생하는 CER(Certified Emission Reductions)의 2% 및 다른 재원을 통하여 이뤄지고 있다. 당사국의 요청에 따라 일시적으로 지구환경기금이 적응기금 이사회의 사무국의 역할을, 세계은행이 신탁 이사의 역할을 하고 있다.[5)]

이 적응 기금의 대상 국가는 개도국 중 특히 기후변화의 영향에 취약한 저지대 혹은 군소 도서 국가, 저수면, 건조 혹은 반건조 지역이나 홍수, 가뭄, 사막화의 영향을 받는 지역, 또는 산악 환경을 가진 지역에 위치한 국가들이다.

기금 지급과 관련된 결정은 아래와 같은 적용 기금의 전략적 우선순위, 정책 및 가이드라인에 따라 결정된다.[6)]

- 위험 노출 정도
- 관리 지연으로 인해 발생하는 위험의 위급함 정도
- 기금에 대한 안정되고 공정한 기회 보장
- 프로젝트 및 프로그램 계획과 실행을 통한 시사점 파악

---

3) UNFCCC, *The Nairobi Work Programme: The Second Phase* (2008).

4) *Report of the CMP on its Fourth Session*, 1/CMP.4 (2008); *Adaptation Fund*, 1/CMP. 3 (2007); *Report of the CMP on its Second Session*, 5/CMP.2 (2006); *Report of the CMP on its First Session*, 28/CMP.1 (2005); *Funding under the Kyoto Protocol*, 5/CMP.2 (2001); *Implementation of Article 4, paragraphs 8 and 9, of the Convention*, 5/CP.7 (2001).

5) Adaptation Fund, *Accessing Resources from the Adaptation Fund: The Handbook*, p. 11.

6) *Ibid.*, p. 24.

- 지역의 공동 이익 보장
- 다양한 분야의 이익 최대화
- 기후변화의 악영향에 대한 적응 능력

다. 발리 행동계획 그리고 코펜하겐 합의

코펜하겐까지 기후변화 협상의 기본 골격 역할을 했던 발리 행동계획에는 다음과 같은 네 가지의 적응 정책 관련 사안이 포함되어 논의가 진행되었다.[7]

- 적응을 위한 국가별 계획
- 재정적, 기술적 지원 수정 및 확대
- 정보 공유 확대
- 적응을 위한 제도적 체제 마련

기후변화에 대한 부가적인 책임에 기초하여, 발리 로드맵에서는 국가별 적응 정책, 적응과 개발의 연관성, 재정적 지원의 필요성, 기술적 지원 및 적응력 강화, 지역별 센터와 위험 관리제도 등이 추가되었다.

이러한 내용에 대해서 그동안 다음과 같은 유엔 기후변화 협약의 다양한 場에서 논의가 되었다.

- 장기협력 행동에 관한 특별 작업반(Ad-hoc Working Group on Long-Term Cooperative Action under the Convention: AWG-LCA)

  장기적 협력 방안을 통하여 현재와 더불어 2012년 이후까지 특히 적응 관련 행동을 향상하여 완전하고, 효과적이며 지속적인 협정의 이행에 대한 논의

- 과학기술보조자문기관(Subsidiary Body for Scientific and Technological Advice: SBSTA)

  기후변화의 영향, 취약성, 적응에 관련한 나이로비 작업 프로그램, 기술 전달, 연구 및 시스템적 관찰에 대한 논의

---

7) 부록참조.

- 이행보조기관(Subsidiary Body for Implementation: SBI)

  협정 제 4 조 8항, 최빈 개도국 및 국가 적응 행동 프로그램(LDCs and National Adaptation Programme of Action)에 관한 협정 제 4 조 9항, 비 부속서 I 국가의 국가 보고서, 부속서 I 국가의 보고서, 적응 지원 관련 기금, 수용력 강화, 교육, 트레이닝 및 대중의식에 관한 협정 제 6 조 및 기술 전달에 관한 논의

특히 발리 로드맵에 따른 2년여의 협상의 결과물로 만들어진 코펜하겐 합의는[8] 향후 기후변화 협약의 적응 관련 문제를 다룰 새로운 틀을 제시하고 있는데 특히 코펜하겐 녹색 기후 기금(Copenhagen Green Climate Fund)이 중요하다. 동 기금은 최빈국, 소규모 섬나라 및 아프리카와 같은 위험 노출성이 가장 큰 개도국의 지원을 위하여 사용될 예정이다. 효과적인 감축 정책과 실행의 투명성을 위해 2020년까지 선진국들은 협동하여 연간 미화 천억 달러를 모금하여 개도국의 어려움을 해결하는 데 일조하기로 했다. 이 기금은 다양한 재원을 통하여 조성될 것인데, 공적 및 사적 분야와 양자 및 다자의 형태를 띨 것이며, 다른 재정적 요소도 포함할 것이다. 새로운 다자적 적응 기금은 효과적이고 효율적인 기금 자체의 메커니즘을 통해서 전달 될 것이며 이는 개도국과 선진국을 균형적으로 대변하는 거버넌스 구조를 포함한다. 이에 대한 시작으로 2010년부터 2012년까지 300억 달러의 단기적 기금이 조성될 예정이다.

한편 제16차 캔쿤 당사국 총회에서 당사국들은 적응 행동을 제고하기 위한 캔쿤 적응 프레임워크(Cancun Adaptation Framework)를 채택하였다.[9] 캔쿤 적응 프레임워크의 중요한 내용은 다음과 같다.

- 최빈 개도국의 국가 적응계획 수립 및 이행이 가능하도록 하는 프로세스의 설립
- 다른 개도국으로 하여금 상기 적응 계획에 대한 양식(modality)을 수용하도록 권고

---

8) 부록참조.

9) Cancun Adaptation Framework, available at http://unfccc.int/adaptation/items/4159.php (2010.12.15 방문).

- 기술지원 및 가이드 제공, 관련 정부, 지식, 경험 및 실행경험의 공유 촉진
- 기존 관련 국제기구, 센터 등 간의 시너지 효과 창출 및 참여 촉진
- 재정, 기술 및 능력형성을 포함한 적응 행동 이행 인센티브 수단에 대한 정보 및 권고의 제공
- 적응 행동에 관한 모니터링 및 검토에 대한 당사국 간의 정보의 고려를 통한 기후변화 협약하에서 향상된 적응행위의 이행촉진을 위한 적응 위원회 (Adaptation Committee)의 설치
- 개발도상국 기후변화 적응에 관한 작업 프로그램의 마련
- 지역 센터 및 네트워크 그리고 국가 차원의 제도 마련 또는 촉진 권고
- 다자, 국제, 지역 및 국가 기관, 공공부문 및 사부문, 시민사회 및 다른 이해관계자들에 대해서 캔쿤 적응 프레임워크를 포함하여 모든 차원에서 적응 행동의 강화 권고

라. 국가 적응 행동 프로그램(National Adaptation Program of Action)

최빈 개도국은 기후변화의 위험에 가장 많이 노출되어 있음에도 불구하고 이에 대한 대응능력이 현저히 부족하다. 이 문제점에 대응하고자 국가 적응 행동 프로그램이 마련되었다.[10] 즉 국가 적응 행동 프로그램은 최빈 개도국들은 행동의 우선순위를 확정하고 기후변화 적응을 위한 시급한 필요 사항에 대응을 위하기 위한 것이다. 국가 적응 행동 프로그램을 추진을 위해서는 일정 단계를 거치게 되는데, 현재의 기후변화에 대한 위험성에 대한 평가, 주요 적응 정책의 확정 및 활용의 우선 목록의 마련 등이 그것이다. 국가 적응 행동 프로그램이 최빈 개도국에 의해서 마련되어 기후변화 협약 사무국에 제출이 되면 이들은 지구환경기금에 의해서 관리되는 최빈 개도국 기금(Least Developed Countries Fund)에 대한 접근이 가능하게 된다. 지구환경기금 측은 개도국이 이런 프로그램 제안서가 온전한 프로젝트로 완성될 수 있게 지원하며, 프로젝트가 시행될 때까지 모든 과정에서 협력한다. 본 프로그램을 통하여 지원되는 분야는 다음과 같다.

10) 기후변화 협약 제 4 조 9항; Decision 5/CP.7; Decision 28/CP.7; Decision 29/CP.7.

- 식량 안보
- 해안지역 및 해양 생태계
- 조기 경고 및 재해 복구
- 교육 및 수용력 증진
- 에너지
- 보건
- 기반시설
- 보험
- 지형적 생태계
- 관광산
- 물자원

현재 많은 나라들이 국가 적응 행동 프로그램의 실행 단계에 있는 것이 사실이지만 현재 기후변화 협약하에서는 적응 기금 재원 출연과 관련하여 별도의 국가별 의무가 없기 때문에 현저히 적은 적응 기금액은 이러한 적응 행동 프로그램의 성공적인 실행을 어렵게 하고 있는 것이 현실이다.

마. 지역 차원 대응 전략(Local Coping Strategy) 데이터베이스 구축

유엔 기후변화 협약은 기후변화에 대응하는 방법과 메커니즘을 전수하고 특정 기후변화 관련 위험 요소에 적응해야 했던 지역사회별 지식과 경험을 유사한 기후 요소를 경험하는 다른 지역들과 공유하기 위하여 지역 대응 전략 데이터베이스를 제공하고 있다. 아래의 두 사례는 지역 대응 전략 데이터 베이스가 제공하는 사례 연구 중에서 발췌, 요약되었다.[11]

---

11) Database on local coping strategies, available at http://maindb.unfccc.int/public/adaptation(2010.12.15. 방문)

사례 1 나이지리아 소규모 계곡 하단 관개(Small-scale valley bottom irrigation in Nigeria)

-위험요소: 가뭄/건조
-영향: 작물량 감소, 물부족
-방법: 튜브 우물과 wash boring 설치로 지속적인 물 공급

이 관개 프로젝트는 도시 개발의 접근과 함께 작물 수확률을 높이기 위한 목적으로, 주요 요소로는 기술 향상, 비료 등과 같은 농작 원료 제공, 외곽지역 도로 및 수도 공급과 같은 제반 시설 확충을 하기 위한 것이다. Kano와 Sokoto 주에서 실행되는 프로젝트는 관개 가능한 토지인 fadama의 개발을 도모하기 위해 구상되었으며, 이 프로젝트의 구체적인 내용은 가솔린으로 연동되는 펌프와 함께 얕은 튜브 우물을 설치하는 것이다. 이 우물은 개인과 wash boring에 의해 작동될 수 있으며, 이에 대한 결과는 다음과 같다.

- 10년 전에는 5%의 농부들만 관개 펌프를 사용하고 나머지는 노동이 많이 드는 shadouf를 사용한다고 응답했지만 현재는 관개 펌프를 사용하는 농부들이 70%에 육박한다.
- 농부의 1/3이 건조기 작물(토마토, 양파, 마늘 등)이 이제는 가장 큰 수입원이며, 반 이상의 농부들이 두 번째로 가장 큰 수입원이라고 밝혔다.
- 농부의 60%가 십년 전에는 가장 중요한 작물이 주요 작물이였지만 이제는 35%의 농부들만이 그렇게 생각한다는 사실로부터 작물이 다양화되었음을 알 수 있다.
- 펌프와 washbore을 유지하기 위한 왕성한 서비스업이 발달하였다.

이 사례에서 노동력, 재료, 기술을 통해 필요에 따른 기술 제공이 잘 이뤄졌고 농부들에게 이윤을 제공하는 기술적 혁신이 제공되었으며, 작물 생산량이 증가하였으며 작물의 다양화가 이루어졌음을 알 수 있다.

사례 2 인도 Gujarat의 원주민 예측 시스템(Indigenous forecasting in Gujarat, India)

-위험요소: 가뭄/건조
-영향: 작물량 감소
-방법: 재해 위험 관리 시스템(기압 지표, 식물 상태, 동물 행동을 통해 강수량 및 가뭄 예측)

인도의 Gujarat지역은 1970년대부터 심한 가뭄을 겪어 왔던 지역으로서 또한 몬순 계절이 6월부터 9월까지 지속되어 심한 강수로 심한 농작물 피해를 입어 왔다. 이에 따라 이 지역에서는 기후에 대한 정확한 예측이 아주 중요한데, 기상청에서 몬순 기후 예측을 하더라도 작물 패턴을 정할 만큼 효율적이지 못하였다. 따라서, 농부들은 원시적인 기후 요소를 통해 기후 예측을 하였는데 이는 이전 세대에서 고안되어 현 세대까지 지속되어온 방법을 일컫는다. 이러한 방법에는 가뭄과 장마 전에 나타나는 기상 징후(하늘 색깔, 구름 모양 등), 식물의 형태(개화 방법, 열매가 맺히는 정도 등) 및 동물의 행동 관찰(개구리 울음소리, 새소리 등)을 통해 다가올 기후를 예측하는 것이다. Gujarat 농업 대학의 연구결과에 따르면 이러한 전통적 기후 징조들이 몬순의 동향을 예측하기에 믿을만한 요소라고 밝혔다.

이 사례를 통해 전통적 지식과 소통 수단이 기후 예측에 효과적인 것을 알 수 있다. 다만, 기후가 변화하면서 이러한 전통적 예측 요소들 역시 변화할 가능성이 크기에 지역 주민들의 지속적인 관찰과 요소의 변화가 필요하다.

바. 나이로비 프레임워크

2006년 당시 유엔 사무총장 코피아난에 의해 시작된 나이로비 프레임워크는 아프리카 국가를 비롯한 개발도상국의 청정개발 메커니즘(CDM) 참여를 돕는 것을 목적으로 하고 있다. 이를 통하여 소극적인 적응이 아닌 개도국의 지속가능한 개발을 촉진할 수 있다고 여겼던 것이다. 유엔개발계획, 유엔환경계획, 세계은행 및 아프리카 개발은행 및 유엔 기후변화 협약 사무국이 나이로비 프로그램에 참여하고 있다.

그러나 원래의 의도와 달리 그동안 나이로비 프레임워크 이행 결과는 다소 실망스러운 상태이다. 즉, 2009년 UNFCCC가 발표한 지역별 나이로비 프레임워크 현황에 따르면 총 1,940개의 프로젝트 중 74.43%는 아시아-태평양 지역에 있고, 23.14%가 라틴 아메리카 지역에서 실행 중이었으며, 불과 2%의 프로젝트만이 아프리카 지역을 포함한 다른 지역에서 실행 중이다.[12] 보다 자세한 아프리카 지역의 CDM 실행 프로젝트 국가명과 개수는 아래의 표와 같다.

〈표 5-1〉 아프리카 국가들의 프로젝트 갯수

국 가	프로젝트 갯수	국 가	프로젝트 갯수
카메룬	1	모로코	6
카보베르데	1	나이지리아	3
코트디부아르	3	르완다	3
콩고공화국	5	세네갈	3
이집트	8	남아프리카공화국	14
가나	1	스와질란드	1
케냐	14	투니지아	1
라이베리아	1	우간다	9
마다가스카르	1	탄자니아	5
말리	1		

[출처 : UNFCCC]

만일 나이로비 프레임워크에 추가 재원이 마련된다면 아프리카 지역에서 아래와 같은 활동이 추진될 수 있을 것으로 예상된다.

- Nairobi Framework 활동 기금 조성
- DNAs를 위한 수용력 확대 지원
- CDM 프로젝트를 위한 기금 조성

12) John Kilani, *Nairobi, Framework: Achievements and Challenges* (2009).

- 프로젝트 개발자 및 DNA에게 프로젝트 소프트웨어 장비 지원
- 우선 분야의 탄소 경제개발을 위한 수용력 강화 지원
- CDM 프로젝트 내 사적 부문 투자 지원 및 확대
- 공적 및 사적 파트너십 구축
- 지역적 탄소 포럼 주최
- CDM 이해관계자 간의 정보 및 사례 교환(특히 사부문 투자 유치를 위한 환경 마련을 위한)

(2) 세계은행

세계은행의 근본적 목적이 개도국의 빈곤문제 해결과 경제적 발전이며 기후문제가 개발에 있어 큰 걸림돌임을 고려하여, 세계은행의 기후변화 적응 문제에 대한 인식은 적응 문제는 독립된 문제가 아니라 국가, 부문, 지역의 계획 단계는 물론 프로젝트 단계에까지 종합적으로 통합될 필요가 있음에 기초하고 있다. 가뭄에 내성이 강한 식물의 개발, 부족한 물 공급 문제에 대한 대응, 산림 및 해안 생태시스템의 보호, 에너지에 대한 접근 향상 등을 통하여 기후변화 문제에 노출되어 있는 그룹에 대한 도움을 주고 있다.

개도국에 대한 지원의 구체적인 방법은 다음을 포함한다.

- 날씨에 대한 데이터 수집 및 예측 향상
- 기술지원 제공
- 토지이용, 산림 및 농업 관련 옵션에 대한 개발 및 공유
- 위험에 대한 평가
- 이용 가능한 옵션과 비용에 대한 이해 제고를 통한 투자의 우선순위 결정
- 가뭄 내성이 있는 작물의 개발 지원

이를 위해서는 물 사용을 권장하는 보조금 등과 같은 비 생산적인 인센티브를 중단하고, 사적 부문의 참여를 독려하기 위한 적절한 인센티브를 마련하며, 토지 성분을 잘 관리하고 통합적 강 유역 및 생태시스템에 바탕을 둔 계획

의 개선 등을 추진하고 있다. 세계은행은 또한 적절한 적응 정책의 개발을 위하여서 주요 부문의 관련 제도를 정비하고, 재난 위험의 관리를 위한 관련 부문 간의 조정을 증진하며, 결정 단계에서 지역 커뮤니티의 참여 확보 및 조기 경보와 같은 주요 공공 서비스를 제공하고 있다.

결과적으로 이러한 내용은 2008년 10월 공식적인 '기후변화와 개발에 관한 전략적 접근(Strategic Approach to Climate Change and Development)'로 정리되었으며 현재는 이의 이행 단계에 있다. 이 적응 방법은 기후 회복과 적응을 위한 재정, 정보 확산 및 협력관계 구축에 집중하고 있다. 이를 실행하기 위해 세계은행은 보조금, 대출 등 다양한 형태로 개도국에 재정적 지원을 하고 있다. 그 예로서 전략 기후 펀드(Strategic Climate Fund)의 기후 회복 프로그램(Programme Climate Resilience)을 통해 9개의 개도국에 대해서 국내 개발 정책에 기후 회복과 관련된 정책을 포함시키는 경우 5억 달러의 자금을 지원하고 있다.

이외에도 세계은행은 UNFCCC의 정책과 원칙을 기본으로 개도국의 다양한 개발관련 수요를 대변하고 기후변화 적응 및 감축 정책이 개도국의 개발 정책과 통합할 수 있게 지원하는 역할을 하고 있다.

(3) 경제협력개발기구(OECD)

경제발전과 세계무역 촉진을 목적으로 결성된 OECD는 경제적 정책으로 기후변화에 접근하고 있다. OECD 역시 앞에서 언급된 감축과 적응 관련 정책에 집중을 하고 있으며 그 외에도 개발, 무역, 소비 등의 다양한 분야에서 기후변화 문제를 조명하고 있다.

가. 온실가스 감축

OECD는 모델링 평가를 통해 감축 정책들이 가지는 경제적 효과 및 비용을 계산하고 온실가스 감축을 효과적으로 시행하여 비용 절감의 정책 등을 확립하고 있다. 보다 구체적으로 각 나라별, 지역별 저감 관련 시나리오를 분석하고 어떠한 정책이 환경 친화적인 동시에 경제적인지를 결정한다. 또한 경쟁 및 탄소 누출(Competitiveness and Carbon Leakage)에 관한 연구를 통해 탄소 방출에 관련된 다양한 자료 수집 및 정책 연구를 하고 있다.[13]

나. 기후변화 적응

OECD의 적응 정책은 크게 세 가지로 나누어지며 이 중 가장 중심적인 부분은 적응의 경제적 비용과 효과 분석이다. 이는 분야별, 나라별, 지역별 적응 정책의 비용과 효과의 계산을 통해 가장 효율적인 정책을 분석하는 것이다. 또 다른 하나는 적응 정책을 개발 정책에 포함시키는 과정으로 이는 2006년 OECD 국가들이 승인한 기후변화 적응의 개발 협력에로의 통합(Integrating Climate Change Adaptation into Development Cooperation)에 기반하며 그 이후로도 고위급 회의 등을 통해 이 부분의 지속적인 노력을 가하고 있다. 마지막으로는 OECD 국가 내 적응 정책에 대한 부분이다. 이는 다른 개도국에 초점이 맞추어져 있는 다른 기구들의 정책과는 달리 OECD 국가들의 적응 정책 평가 및 분석을 통해 기후변화에 대한 선진국의 역할에 대해 고찰해 본다는 의의를 가진다는 점이 특이하다고 할 수 있다.

(4) 유엔개발계획(UNDP)

가. 기후변화 적응 문제에 있어서의 역할

유엔개발계획은 능력형성 및 제도 강화, 기술 및 정책적 조언, 그리고 협력에 바탕을 둔 해결책 제시에 대해서 전문성을 갖고 다양한 개발관련 사업을 수행하고 있다. 특히 기후변화의 적응과 관련하여서는 개발계획 수행 시 기후문제에 악영향이 없도록 하고, 국가의 적응 과련 해결책을 제시하며, 적응을 위한 재정원을 마련하고 있다. 이와 같은 역할을 수행하기 위하여 유엔개발계획은 다음과 같은 리소스를 제공하고 있다.

13) Reinaud J., *Issues behind Competitiveness and Carbon Leakage* (2008).

- 기후변화 적응 프로젝트 프로그래밍(Programming- Climate Change Adaptation Project)
- 적응 문제의 개발의 주요 문제화(Mainstreaming- Adaptation into Development)
- 적응 학습 메커니즘(Adaptation Learning Mechanism(ALM))

먼저 기후변화 적응 프로젝트 프로그래밍은 국가들이 적응 정책을 개발 정책의 일부로 도입한 프로그램을 기획할 수 있도록 돕는 과정이며, 이를 위해 기후 적응을 위해 주요 기후 관련 위험과 기회를 식별하며 나라별 포트폴리오를 분석한다. 이는 주요 지역(hot spot)의 취약성 및 위험 분석과 분야별 적응 정책에 대한 경제적 분석으로 행해진다.

두 번째는 앞에서 언급된 개발 정책과의 조화를 이루기 위한 방안으로는 나라별 기후변화 정책이 정책 계획 및 결정 과정에서 올바르게 시행되도록 돕는 국가 전략 및 계획과 UNEP와 함께 다양한 파일럿 프로젝트를 통해 가장 효율적인 방법을 개발하는 유엔개발계획/유엔 개발 원조(UNDP/UN Development Assistance)가 있다.

마지막으로 적응 학습 메커니즘은 미화 1백만 달러의 지원으로 적응 정책 경험이나 모범 사례 등을 열린 지식 플랫폼(open knowledge platform)을 통해 공유하는 제도이다. 지구환경기금(GEF)이 자금 지원하고 다른 은행과 기관들과 협력해서 이루어지는 이 프로젝트를 통해 다양한 케이스 분석과 적응 정책 관련 데이터베이스가 구축된다.

나. 적응 정책 프레임워크

유엔개발계획은 적응과 새천년개발목표(MDG) 간의 관련성을 고려하면서 다음과 같은 기본 원칙에 따라서 적응 관련 사업을 수행한다.

- 빈곤층과 성장을 위한 지속가능한 경제개발과 기후변화에 대항하는 생활을 도모하는 적응 정책
- 개발 과정의 제도적 변화를 포함한 환경복구적 개발

• 국가별 빈곤 퇴치 정책에 기후변화 문제 통합

즉 지속가능한 개발과 삶을 위한 빈곤과 성장을 위한 적응 정책을 목표로 친 기후 개발 정책을 개발하고 있다. 이에 따라서 도출되는 정책들은 기후위험에 대한 대응이 국가 계획 및 빈곤 저감 노력에 포함되는 결과를 가져오게 된다. 유엔개발계획의 적응 전략은 아래와 같은 다섯 단계로 진행된다.

프로젝트 범위 정의 및 내용 선택

↓

현 기후에서의 위험성 평가

↓

기후 관련 위험 예측

↓

적응 전략 고안

↓

적응 과정 지속

다. 기후변화 적응 포트폴리오

유엔개발계획의 기후변화 적응 사업은 지구환경기금에서 일부 조달된 기금을 통하여서 적응 관련 파일럿 정책과 조치를 개발하고 관련 활동을 하는 것을 기본으로 하고 있다. 현재 지구환경기금으로부터 4,900만 달러를 지원받고 있으며, 이와 함께 41개국으로부터 25개의 프로젝트에 대한 공동 파이낸싱을 포함하면 모두 1억 3,600만 달러의 재원이 기후변화 적응 프로젝트에 투자되고 있다.

아래의 두 사례는 기후변화 적응 국가별 포트폴리오의 구체적 이행 내용을 보여주고 있다.

사례 1 기니의 해안 지역의 기후 환경 적응(Increasing Resilience and Adaptation to Adverse Impacts of Climate Change in Guinea's Vulnerable Coastal Zones)

- 지역: 서·중앙 아프리카
- 국가: 기니
- 기금: 최빈 개도국 기금
- 분야: 해안 지역 개발
- 기금액: 297만 달러/162백만 달러 공동 기금(Co-financing)
- 단계: 준비중(2009년 현재)

기니의 해안지역의 기후변화의 영향은 지역적으로는 해안 지역 경제개발, 해안 생물자원 및 해안 산업 생산력에, 그리고 세계적으로는 식량 안보에 치명적인 악영향을 미칠 것으로 예상되어 왔다. 현재 자료에 의하면 기니의 장기적 개발은 해수면 상승 및 해수침입, 강수량의 불안정 및 비지속성 증가, 그리고 북쪽 지역 및 해안 지역의 잦은 가뭄에 큰 영향을 받을 것이다.

기니의 국가 적응 행동 프로그램(NAPA)의 차기 프로젝트로 기니 통합 해안 지역 관리 프로젝트로 조절되며 개발 정책, 지역 및 중앙 지역의 전략 및 계획으로 통합되며 농부들 역시 적응 농작 시스템을 적용하게 될 것이다. 현재 상황에서 장애의 요소가 되는 부분은 약한 제도적 수용력과 낮은 기후변화 관련 문제의식, 정부 및 지역 사회로부터의 낮은 기술적 지원이며 특히 맹그로브 지역의 낮은 적응용 농작 시스템 수용이다.

이러한 문제점을 해소하기 위하여 주별, 나라별 및 지역별 기후변화 문제 관련 정책 통합, 파일럿 지역의 위험 감소 전략 및 적응 방법 시행, 기후 위험과 해안 지역 관리에 대한 기술적 역량 증진 그리고 사례 공유가 필요하다.

사례 2 부탄의 빙하 증가로 인한 홍수 위험 Project: Reducing Climate Change-Induced Risks and Vulnerabilities from Glacial Lake Outburst Floods

-지역: 아시아·태평앙
-국가: 부탄
-기금: 최빈 개도국 기금
-분야: 재해 위험 방지
-기금액: 344만 5천 달러/390만 6천 달러 공동 기금(Co-financing)
-단계: 시행

이 프로젝트는 국가 적응 행동 프로그램(NAPA)을 연장하여 부탄의 주정부와 지역 사회가 기후 사회의 위험을 미리 관리하는 데에 중점을 두었다. 이 프로젝트의 목표는 기후변화에 따른 부탄의 Punakha-Wangi와 Chamkhar 계곡의 빙하호수 해동홍수(Glacial Lake Outburst Flooding)의 위험을 줄이는 것이다.

이 프로젝트를 통해 부탄 정부는 장기적 기후변화 관련 위험 관리를 현존 재해 위험 관리 프레임워크로 통합시킬 것이며 이에 관련 관리 시행을 통합하고 역량 개발 방식을 시행할 것이다. 또한 이 프로젝트는 실질적인 방법을 제공함으로써 부탄 내 다른 지역 및 다른 국가에도 GLOF 지역의 위험 관리에 좋은 사례로 전달될 것이다.

라. 적응정책에 관한 지구환경기금과의 협력

유엔개발계획의 적응 정책은 아래와 같은 분야에서 지구환경기금(GEF)과 공동으로 추진된다.

- 개발 관련 우선 과제 선별
- 현재와 미래의 기후 관련 위험 및 개발에 대한 영향 진단
- 기후 적응 기회 마련
- 기후변화 문제의 모니터링 및 평가의 과정과 정책에 결합

위의 분야에서 양자간의 협력은 UNDP는 GEF와의 협력 관계를 통해 다섯 개의 프로그램을 통하여 이뤄지는데 국가 능력 자가 평가에 대한 글로벌 지원 프로그램(Global Support Programme for National Capacity Self-Assessment), 국가 연락 지원 프로그램(National Communication Support Program), 국가 지원 프로그램(Country Support Programme), 국가별 대화 이니셔티브, 그리고 소규모 지원금 프로그램(Small Grants Programme)이다.

구체적으로 GEF의 프로젝트와 활동들은 유엔개발계획의 프로그램들로 편입되며, 2009년 2월 GEF의 기금을 받은 유엔개발계획의 프로젝트는 미화 약 87억 달러로 이는 570개 이상의 프로젝트와 370개 이상의 활동에 해당된다. 소규모 지원금 프로그램은 119 이상의 개도국에서 GEF 중점 지역의 소규모 활동과 지속 가능한 생태계를 위한 비정부기구 및 지역사회의 활동을 지원하며, 규모는 약 7억 3,800만 달러에 해당된다. 유엔개발계획이 이행하는 프로젝트와 프로그램은 130여 국가에 위치한 그들의 사무국의 네트워크를 통해 관리된다.

적응정책에 관한 한 예로서 공동체 차원의 기후변화 적응(Community Based Adaptation) 프로젝트의 지원을 통하여 필요한 수요를 충족하고, 글로벌 차원으로 확대할 수 있는지를 보는 것을 들 수 있다.[14] 공동체 차원의 기후변화 적응 프로젝트는 10개의 파일럿 국가에서 8~20개의 개별 프로젝트를 통하여 지구환경 기금으로부터 각각 5만 달러를 지원받고 있다. 이러한 지역사회 단위의 프로젝트를 통해 해당 지역의 환경 특성에 가장 적절한 적응 전략을 모색하며, 이를 통해 국가 자체별 혹은 지역사회 자체별 적응 정책 실행을 가능하게 한다.

참고로 다음의 표는 2009년 10월 현재 UNDP/GEF 협력 아래 이뤄지고 있는 공동체 차원의 기후변화 적응(CBA)의 이행 단계를 보여준다.

---

14) UNDP/GEF, The Community-Based Adaptation Programme: Responding to Climate Change One Community at a Time, available at http://sgp.undp.org

〈표 5-2〉 UNDP/GEF 협력 사업 추진 상황

	Initial Grantee Outreach	구상 중 프로젝트	준비 단계 중 프로젝트	시행 중 프로젝트
방글라데시	2009년 시작	2009년 시작	2009년 시작	2009년 시작
볼리비아	진행중	현재 없음	3개 준비중	3개 시행중
과타말라	진행중	현재 없음	2개 준비중	2개 시행중
자메이카	진행중	현재 없음	3개 준비중	2개 시행중
카자흐스탄	진행중	현재 없음	4개 준비중	6개 시행중
모로코	진행중	현재 없음	2개 준비중	2009년 시작
나미비아	진행중	현재 없음	현재 없음	1개 시행중
니제르	진행중	2개 구상중	3개 준비중	3개 시행중
사모아	진행중	현재 없음	7개 준비중	2개 시행중
베트남	진행중	2개 구상중	4월 예상	2009년 시작

UNDP 자료 정리

마. 환경 에너지 주제 신탁 기금 (The Environment and Energy Thematic Trust Fund)

환경 에너지 주제 신탁 기금(EE TTF)은 UNDP의 환경 및 지속 가능한 개발 분야의 중심인 유엔개발계획 전략 계획(UNDP Strategic Plan)의 네 가지 중심 분야의 정책들을 지원하는데, 이 네 가지 분야는 아래와 같다.15)

- 환경 문제의 주류화
- 환경 재정
- 기후변화
- 정책 전달을 위한 지역적 수용력

2001년부터 2004년까지 유엔개발계획의 에너지·환경 분야의 활동은 환경과 에너지 분야에서 각각 다른 주제 신탁 기금(TTF)의 지원을 통하여 추진되

/downloads/CBA_flyer.pdf(2010.12.15 방문).

15) The Environment and Energy Thematic Trust Fund, available at http://www.undp.org/energyandenvironment/EETTF.html (2010.12.15 방문).

었다. 그 후 2005년부터는 이 두 가지가 통합되어 현재의 새로운 환경 에너지 주제 신탁 기금(EE TTF)으로 발전하였다. 이 새로운 환경 에너지 주제 신탁 기금(EE TTF)은 지구환경 기금이나 몬트리올의정서의 다자 기금(Multilateral Fund for the Implementation of the Montreal Protocol)과 같은 UNDP의 다른 환경 관련 기금을 보조 및 지원하기도 한다.

2001년부터 약 4,980만 달러의 기금이 조성되었고 이 기금으로 UNDP의 주요 사업 및 정책들이 지원을 받았다. 2005년부터 2008년까지 총 조성액은 약 3,200만 달러이며, 2008년에는 노르웨이, 룩셈부르크, 오스트리아, 독일 정부에서 총 약 640만 달러의 지원을 받았으며, 스페인과 스웨덴 역시 2007년 환경 에너지 주제 신탁 기금(EE TTF)에 기부한 바 있다. 환경 에너지 주제 신탁 기금(EE TTF)의 기금은 다음과 같은 카테고리를 통해 조성된다.

- 나라별: 나라별 특정 혹은 분야별 활동을 위한 기금
- 지역별: 지역별 특정 혹은 분야별 활동을 위한 기금
- 글로벌: 특정 나라 혹은 지역을 위하지 않은 세계적 사용을 위한 기금

(5) 지구환경 기금(Global Environmental Facility)

1991에 설립된 지구환경 기금은 국제 환경에서 가장 큰 기금으로서 기후변화 협약의 재정적 메커니즘의 역할을 하며, 나라별 개발 목표를 도모하고 각 나라들이 채택하거나 비준한 환경 협약의 조건을 충족할 수 있도록 돕고 있다. 현재까지 165여 개의 개도국 및 시장경제로 전환국에서 2,400개가 넘는 프로젝트에 88억 달러를 할당하고 387억 달러를 공동 지원하였으며, 소규모 지원금 프로그램(Small Grants Programme)을 통해 비정부 기구 및 지역사회 기구에 10,000개 이상의 소규모 지원금을 제공하였다.

지구환경 기금은 유엔개발계획, 유엔환경계획, 세계은행, 아시아 개발은행, 아프리카 개발은행 등 10개의 국제 및 지역 기관들과 협력하며 과학 기술 자문 패널(The Scientific and Technical Advisory Panel)에서 지구환경 기금의 정책

및 프로젝트에 관한 기술적, 과학적 자문을 제공한다.

구체적인 재정원은 기후변화 협약의 모든 당사국이 이용 가능한 지구환경기금 신탁 기금, 최빈 개도국을 위한 최빈 개도국 펀드 및 비 부속서 I 국가를 위한 특별 기후변화 기금(Special Climate Change Fund)으로 이뤄져 있다.

가. 특별 기후변화 기금(Special Climate Change Fund)

특별 기후변화 기금은 2001년 유엔 기후변화 협약하에 설치가 되어서, 양자 및 다자 기금원으로부터 추가 재정원을 확보하기 위한 촉매제로서 역할을 하고 있다. 특별 기후변화 기금은 기후변화 적응 문제를 비롯하여 기술 이전, 에너지·교통·산업·농업·산림 및 폐기물 관리, 화석 연료와 관련된 경제활동에 의존하고 있는 개발도상국의 활동과 관련된 분야에 사용되도록 되어 있다.[16)]

그동안 특별 기후변화 기금에 의해서 다뤄진 기후변화 적응 관련 이슈는 다양한데 아래가 그 대표적인 예들이다.[17)]

- 물자원 관리
- 토지 관리
- 농업
- 보건
- 기반시설 개발
- 생태계 파괴에 대한 대응
- 통합적 연안 관리

이와 같은 분야에서 추진되는 활동들은 정책 개선을 포함하여 다양하다.

---

16) *Report of the Conference of the Parties on Its Seventh Session*, Held at Marrakesh from 29 October to 10 November 2001, FCCC/CP/2001/13/Add.1 (2002).

17) *Revised Programming Strategy on Adaptation to Climate Change for the Least Developed Countries Fund (LDCF) and The Special Climate Change Fund (SCCF)*, GEF/LDCF.SCCF.9/4/Rev.1 (2010).

가뭄과 홍수와 같은 기후변화에 대한 재해에 대응하고, 기후변화로부터 발생한 질병에 대한 대응, 통합적 연안 관리, 빙하 축소로 인한 수자원 관리, 가뭄·홍수 및 온난화에 대한 대응으로서 수자원 관리의 향상, 세금과 같은 재정수단의 잠재적 활용 문제에 관하여서는 이미 다양한 활동들이 추진되고 있다.

한편 군소도서 국가의 경우에도 특별 기후변화 기금의 주목 대상이다. 이들은 기후변화의 위험으로부터 가장 많이 노출되어 있는 국가들로서 IPCC의 제 4 차 보고서는 해수면 상승 등으로부터 심각한 영향을 받을 수 있음을 지적하기도 하였다. 이들의 기후변화 위험으로부터의 대응을 위해서는 해수면 상승, 연안 관리, 수자원 관리 및 보건 문제가 특히 중요하게 다뤄질 필요가 있다.

특별 기후변화 기금은 현재까지 캐나다, 덴마크 핀란드, 독일, 아일랜드, 이탈리아, 네덜란드, 노르웨이, 포르투갈, 스페인, 스위스, 영국을 포함한 13개국이 약 9,000만 달러에 해당하는 기금을 공여하였다. 이 액수로는 개도국의 기후변화 적응을 위한 필요한 재원 조달이 어렵기 때문에 향후 추가 재원 조달을 위한 다양한 방안이 모색되고 있다.[18]

나. 최빈 개도국 기금(Least Development Countries Fund)

최빈 개도국 기금은 기후변화의 영향에 특히 취약한 48개국의 최빈 개도국에 대해 특별 지원을 제공하기 위한 것으로서 특별 기후변화 기금과 같이 2001년 유엔 기후변화 협약에 의해 설치되고 지구환경 기금이 운영하고 있다. 본 기금은 국가 적응 행동 프로그램에 대해서 지원이 되는데 이는 국가 적응 행동 프로그램 준비부터 이행에 이르기까지 모든 단계에 적용이 된다. 현재까지 호주, 오스트리아, 캐나다, 덴마크 등 19개국이 1억 7,200만 달러를 공여하였으나, 최빈 개도국의 적응에 필요한 기금액에는 매우 부족한 상태이다. 최근 지구환경 기금의 분석에 따르면 2011년부터 2014년까지 모두 6억 달러의 기금이 조성되어야만 최빈 개도국의 기후변화 적응에 필요한 사업을 적절히 수행할

18) *Ibid.*

수 있는 상태이다.

다. 과학기술자문패널

GEF의 과학기술자문패널(Science and Technical Advisory Panel: STAP)은 GEF의 전략과 프로그램에 과학적 및 기술적 자문을 제공하고 있다. 패널은 GEF 활동 분야의 전문가 6인으로 구성되어 있고, 그 외의 다양한 전문가들의 네트워크로 지원된다. 구체적으로 과학기술자문 패널이 다루는 것들은 아래와 같다.

- 과학기술적 우선순위에 대한 전략적 자문을 제공하고, 지구환경 기금 프로그램들의 과학적, 기술적 연관성 및 새로운 문제와 프로그램 시행에서 생기는 문제 해결
- 지구환경 기금 프로젝트의 과학적, 기술적 역량과 수준 향상
- 다른 과학기술 관련 기구, 단체 및 사적 부문과의 협력 구성 및 증진
- 집중 지역에 대한 모니터링 및 평가 요소에 대한 자문 제공

라. 지구환경 기금 NGO 네트워크

지구환경 기금은 시민사회기구(CSOs)와 비정부기구(NGOs)와의 네트워크를 지속적으로 유지 및 증진해오고 있다.[19] CSO와 NGO의 역할을 단순 지역 간 및 국가 간의 차원에서 나아가 지구환경 기금의 정책면에 있어서도 큰 영향을 미친다. 다양한 CSO와 NGO 중에서도 특히 마을별 기구 및 여타 지역사회 그룹, 연구기구들과 재단들은 지구환경 기금 활동의 한 일부분으로 아주 중요한 역할을 한다. 150개 이상의 지구환경 기금 지원 프로젝트들이 비정부 그룹들과 함께 실행·공동 실행되거나 관계를 맺고 있다. 또한 60개 이상의 지역 및 글로벌 CSO·NGO들이 지구환경 기금 후원의 국제 물 프로젝트에 연관되어 있다. 유엔개발계획에서 관리하는 지구환경 기금의 소규모 지원 프로그램은 1,200개 이상의 NGO 관련 프로젝트에 5만 달러 이상의 지원금을 제공하였다.

---

19) GEF, *GEF-NGO Network Fact Sheet*(2009) 참조.

이러한 비정부기관들과의 긴밀한 협력관계를 고려해 지구환경 기금은 비정부 간 기구 네트워크(Non-Governmental Organization Network: GEF-NGO Network)를 1995년 조성하였다. GEF-NGO Network는 다양한 지역과 원주민 대표 그룹(Indigenous People's Organizations: IPOs)의 위원들로 구성된 위원회에 의해 운영되고 있으며, 이 네트워크의 주요 사안들은 중앙연락관(Central Focal Point: CFP)과 글로벌 조정위원회(Global Coordinating Committee)에 의해 다뤄지고 있다.

마. 지구환경 기금 소규모 지원 프로그램(GEF Small Grants Program)

지구환경 기금 소규모 지원 프로그램은 1992년 NGO 및 지역사회기구(CBOs)를 지원하기 위해 특별히 창설된 기금이다. 본 프로그램은 지구환경 기금을 대신해 유엔개발계획에 의해 시행되고 있으며 UNOPS에 의해 관리되고 있다. 현재 95개 국가에서 국가조정관(National Coordinator)에 의해 각 나라별로 관리되고 있으며 국가운영위원회(National Steering Committee)에 의해 운영되고 있다.

소규모 지원 프로그램은 NGO 및 CBO의 국가별 우선순위와 일치하는 다양한 활동들을 지원하고 있으며 GEF의 집중 분야인 생물다양성 보존, 기후변화 감축, 국제 수자원 보호, 토양 훼손 방지, 잔류성 유기 오염물질 제거 관련 프로젝트를 지원한다. 초기 때부터 소규모 지원 프로그램은 각각의 지역사회에서 프로젝트를 수행하면서 국제환경문제와 지역적 필요 및 문제를 조정하는 데 어려움을 직면하였지만 다행히도 여러가지 경제적, 문화적, 정치적, 환경적 요소를 통해 이러한 어려움을 극복하였다.

전반적인 소규모 지원 프로그램의 프로젝트는 2010년 현재 52%가 생물다양성보존 부분에, 16%는 기후변화, 5%는 국제 수자원, 그리고 27%는 다른 다양한 문제에 기반하고 있다.[20] 현재까지 소규모 지원 프로그램은 7,000회

20) The GEF Small Grants Programme, available at http://sgp.undp.org/index.cfm

이상의 지원금을 세계의 시민사회기구에게 제공하였고, 이는 한번 지급시 5만 달러를 넘지 않는 평균 2만 달러이다.

바. 사적 부문과의 파트너십 - 지구 기금(Earth Fund)

1991년 이후로 지구환경 기금은 다양한 방법으로 사적 부문과의 파트너십을 구축해 왔으며, 주로 이는 직접적인 프로젝트 지원을 통해 이루어져 왔다. 이러한 GEF의 파트너십의 주요 의의는 지구환경 기금이 가진 환경 목적 달성을 위한 사기업의 참여이다. 이는 지속 가능한 개발의 환경 목적 달성을 위한 아주 중요한 부분이다.

이의 일례로 지구환경 기금 지구 기금(Earth Fund)은 국제환경보호에 공헌함으로써 환경적이고 지속 가능한 경제개발에 공헌할 수 있는 프로젝트, 기술 및 비지니스 모델을 지원하기 위해 개별적 신탁기금 협정을 가지고 창설되었다.[21] 이 기금은 지구환경 기금이 기존의 역량을 넘어서 특히 사적 부문과의 파트너십을 구축하며 더 넓은 범위에서의 활동을 가능하게 하였다. 지구 기금은 "플랫폼(platforms)"이라는 개념으로 진행되며 이 플랫폼 아래에 프로젝트의 포트폴리오가 관리된다. 각기 다른 특정 환경 문제를 다루고 그에 알맞는 비지니스 모델과 재정적 방법을 찾는 각각 플랫폼의 프로젝트 포트폴리오는 각기 다른 지구환경 기금 관심지역으로 연결된다. 지구환경 기금 지구 기금의 첫 진행 플랫폼은 2008년 5월 3천만 달러의 기금을 지원 받았으며, 현재 국제금융공사(IFC)에 의해 관리되고 있다. 두번째 기금 5만 달러는 플랫폼 제안 "효율적인 조명 사용을 위한 시장 개혁(Global Market Transformation for Efficient Lighting)"이 UNEP에 의해 2009년 5월에 신청된 바 있다. 그 외에 다른 플랫폼 제안들은 위원회의 지원금 승인을 받기 위해 준비단계에 있다. 2009년에만 5,000만 달러의 지원금이 승인될 것이라고 예측되었다.

(2010.12.15 방문); *Joint Evaluation of the Small Grants Programme Executive Version*, GEF/ME/C.32/2 (2007) 참조.

21) Global Environment Facility, *Investing in the Environmental Forefront* (2007).

비록 각각의 지구 기금 플랫폼이 이윤추구의 사기업들에 의해 관리되지는 않을 예정이지만, 플랫폼 내 각각의 프로젝트는 전반적으로 공사부문 파트너십(PPP)을 통한 사기업과의 협력을 통해 진행, 개발 및 기술 지원될 예정이다.

2. 지역 차원의 협력: 아시아 지역을 중심으로

기후변화 문제를 지역별로 분석한 IPCC가 2007년 발표한 '기후변화의 영향, 적응 그리고 취약성' 보고서에 따르면 아시아 지역이 직면한 기후변화 문제는 다음과 같다.

- 적응 관련 가장 시급한 분야는 토양과 물 자원, 식량 생산성, 특히 빈곤 지역 및 자원 의존성이 높은 지역의 재해 방지와 계획이다.
- 적응 정책은 이미 기후변화와 관련한 인간 건강, 해안 정책, 기반 시설, 그리고 식량 안보에 대한 위험 노출성을 다루기 위해 요구되었다.
- 대부분의 아시아 지역의 기후변화에 대한 회복력은 현저히 낮은 편이다.
- 아시아 지역 대부분의 개도국에서 기후변화는 굶주림, 물 지급, 에너지 문제와 같은 상대적으로 단기적인 문제와 같은 많은 문제들 중 하나에 불과하며, 기후 적응에 사용할 수 있는 자원은 제한적이다.
- 기후변화에 대한 이런 조짐들이 아시아 지역에서 관측되었으며 지난 수십 년 동안 이러한 변화들은 더욱더 확연해졌다. 만약 적응 정책이 빠른 시일 내에 시행되지 않으면 더 큰 재앙을 막기에는 너무 늦어 버릴 것이다.

이에 따라 기후변화 적응관련 대응조치는 글로벌 차원에서 이뤄질 수도 있지만 앞에서 살펴본 지구적 차원의 국제기구의 적응 관련 대응 조치에서도 이미 볼 수 있었던 것과 같이 지역이나 국가 차원에서의 적응 관련 조치가 좀 더 구체적으로 이행되게 된다. 특히 지역별로는 기후변화의 위험에 대한 노출 정도나 범위가 유사하기 때문에 적절한 지역 차원의 정책 개발은 글로벌 차원의 기후변화 적응 관련 노력과 함께 상호 시너지 효과를 가져올 수도 있다.

(1) 유엔 아시아태평양 경제사회 이사회 (Economic and Social Commission for Asia and Pacific: ESCAP)

아시아태평양 지역에서 가장 포괄적인 기후변화 적응 관련 정책 개발 및 집행이 가능한 국제협력체로서는 유엔 아시아 태평양 경제사회 이사회를 들 수가 있다. 유엔 아시아 태평양 경제사회 이사회는 최근 녹색성장 이니셔티브를 중심으로 기후변화 대응에 노력을 기울이고 있다. 저감 관련 아시아태평양 지역의 정책 개발과 함께 적응 관련 정책도 추진하고 있는데 그 대표적인 것이 물과 공중위생에 관한 유엔 아시아 태평양 경제사회 이사회의 노력이다. 유엔 아이사 태평양 경제사회 이사회는 물안보, 통합적 물자원 관리, 아시아태평양 물포럼과의 협력, 물관련 새천년개발목표(MDG) 원칙의 구체화 등에 초점을 두면서 아시아태평양 지역 경제사회 개발을 위한 생태 효율적 물기반 시설의 개발, 토지 및 이행 결과에 대한 모니터링 및 물안보 관련 인덱스 개발을 추진해 오고 있다.

또한, 환경과 개발에 대한 노력으로는 환경안정적 지속가능적 개발을 위한 지역적 행동 프로그램(2001-2005), 요하네스버그 실행 계획(Johannesburg Plan of Implementation) 등의 시행 및 국제 환경 관련 협약의 지역적 이행 등의 역할을 하고 있다.

유엔 아시아 태평양 경제사회 이사회는 최근에 5개 지역에 소지역 사무소를 개소하기로 결정을 하였는데 그 중의 하나가 우리나라 인천에 유치되었다. 2010년 상반기부터 활동을 개시한 유엔 아시아 태평양 경제사회 이사회 소지역 사무소는 향후 녹색성장, 기후변화 및 기후변화의 영향 차원에서의 사막화 문제를 심도 있게 다룰 가능성이 크다. 이러한 맥락에서 동북아 소지역 사무소도 기후변화 적응 문제에 관하여 동북아 지역 차원은 물론 아시아태평양 지역에서 기후변화 적응 문제에 관한 정책 개발의 센터 역할을 할 수 있는 가능성도 충분히 있다.

(2) APEC(Asia-Pacific Economic Cooperation)

아시아태평양 지역의 지속가능한 경제발전을 위한 중요한 협력체로서 APEC을 빠뜨릴 수 없다. 그러나 최근까지 APEC은 기후변화 문제에 대해서 별다른 협력 노력을 하지 않고 있다. 다만 2006년 열린 APEC 지속가능한 개발과 관련해 열린 고위급 회의에서는 아래와 같은 내용이 결정되었다.

- APEC 국가들 사이 정보 교환을 통한 지속가능한 개발에 관한 연구 장려
- APEC과 UN-CSD, WTO, OECD, 세계은행과 같은 다른 국제기구와의 정보 교환 증진
- 지속가능한 개발 관련 연구를 위한 시민 사회 참여 고찰

그 이후 2007년 시드니에서 열린 정상회담에서는 기후변화, 에너지 안보 및 청정 개발에 관한 APEC 시드니 지도자 선언에서 APEC 지도자들은 기후변화 적응 문제 대응의 필요성을 강조한 바 있다.[22)]

(3) 아시아 개발은행(Asia Development Bank)

아시아 개발은행은 기후변화 문제에 대해서 유엔 아시아태평양 경제사회 이사회와 함께 아시아 지역에서 중요한 역할을 해 오고 있다. 아시아 개발은행의 기후변화 적응 프로그램의 중요 요소는 다음을 들 수 있다.

- 국가 개발 계획 및 행동에서 기후위험에 대한 대응
- 위험 노출성이 높은 분야의 기후변화에 대한 대책 강구
- 기후변화 문제가 반영된 프로젝트의 추진
- 기후변화의 사회적 측면 대응

---

22) Sydney Declaration on Climate Change, Energy Security and Clean Development, available at http://www.apec.org/en/Meeting-Papers/Leaders-Declarations/2007/2007_aelm/aelm_climatechange.aspx (2010.12.15 방문).

이를 위해 아시아 개발은행은 국제금융기구로서 기후변화에 대한 재정원을 마련하기 위해서 혁신적인 기후 금융 메커니즘을 개발하고 있다.[23] 이를 통하여 120만 달러의 적응 기금을 마련하였으며 물 재정 파트너십 기금을 포함하여 6,500만 달러의 기금을 조성하였다. 또한 아시아 개발은행은 사적 부문으로부터의 재정원을 확보하기 위하여 다양한 노력을 기울이고 있기도 하다.

23) Financing Climate Change Mitigation and Adaptation, available at http://www.adb.org/Climate-Change/funds.asp(2010.12.15 방문).

CHAPTER 6
우리나라의 기후변화에 대한 대응

1. 저탄소 녹색성장 정책의 도입
2. 기후변화 협상에서 개발도상국의 온실가스 감축 논의
3. 기후변화 협상 관점에서 저탄소 녹색성장 기본법에 대한 평가
4. 결 론

제 6 장 우리나라의 기후변화에 대한 대응

1. 저탄소 녹색성장 정책의 도입

우리나라는 2008년 8월 이명박 대통령이 녹색성장을 국가의 기후변화 대응 및 성장의 기본 전략으로 천명을 하고, 이어 G8 확대정상 회의에서 지구사회의 기후변화 대응 노력에 적극적으로 참여하고자 하는 의지를 강조하였다. 그 일환으로 2009년 우리나라는 2020년까지 온실가스 저감행위가 없을 경우 대비 30퍼센트 온실가스 저감을 하겠다는 목표를 국제사회에 밝히기도 하였다. 특히 우리나라는 저탄소 녹색성장 기본법을 마련하여 향후 기후변화에 대한 대응노력에서 우리나라가 적극적으로 동참하고 있음을 내세울 수 있는 근거를 마련하기도 하였다.

이러한 우리의 접근 방법은 그간 우리나라에서 국내정책 시행을 위한 입법 태도에 비하면 매우 독특하다고 볼 수 있다. 즉 국제적인 기준이 정해지고 이를 이행하기 위하여 국내법을 입법하여 온 우리의 입법 경향과는 반대로 국제사회의 논의에 적극적으로 대응하기 위하여 국내법을 마련하였기 때문이다. 미국의 비롯한 선진국들은 이러한 접근방법을 많이 사용하여 왔지만, 우리에게는 매우 생소한 접근 방법이기에 향후 협상 진행 결과에 우리나라가 마련한 녹색성장 기본법이 어떠한 법적인 의미를 갖게 되는가를 살펴보는 것은 매우 흥미롭고도 중요하다.

2. 기후변화 협상에서 개발도상국의 온실가스 감축 논의

발리 행동계획에 따른 소위 발리 로드맵에는 현재 기후변화 협약 체제에서는 구체적으로 다루지 않고 있는 개발도상국의 온실가스 감축 문제에 대해서 구체적인 기준을 마련하기 위해서 "국내적으로 적절한 감축행동(Nationally Appropriate Mitigation Action: NAMA)"과 "측정 · 검토 · 확인(Measurement, Review and Verification: MRV)" 개념을 중심으로 논의를 진행하여 그 결과를 코펜하겐 합의(Copenhagen Accord)에 담았다.[1] 또한 앞으로 논의가 계속될 것이지만 현재까지 논의 결과에 대한 정확한 이해와 분석은 우리와 같은 선발 개도국의 온실가스 저감을 위한 노력의 측면에서는 매우 중요하다.

(1) 발리 행동계획

유엔 기후변화 협약 체제의 새로운 프레임워크에 대해서 논의하기 위해 기초가 되는 발리 행동계획은 이제까지 교토 의정서에 구체적으로 담겨져 있지 않은 개발도상국의 온실가스 감축에 관한 구체적인 기준을 마련하기 위한 내용이 담겨져 있다. 발리 행동계획에서 개발도상국의 온실가스 감축에 관한 내용에 관련된 부분은 다음과 같다.

> 1. *Decides* to launch a comprehensive process to enable the full, effective and sustained implementation of the Convention through long-term cooperative action, now, up to and beyond 2012, in order to reach an agreed outcome and adopt a decision at its fifteenth session, by addressing, inter alia:
>
> [...]

---

1) U.N. Framework Convention on Climate Change [UNFCCC], *Report of the Conference of the Parties on Its Thirteenth Session Held in Bali 13 to 15 December*, Decisions 1-4/CP.13 U.N. Doc. FCCC/CP/2007/6/Add.1 (Mar. 14, 2008).

(b) Enhanced national/international action on mitigation of climate change, including, inter alia, consideration of:

[...]

(ii) Nationally appropriate mitigation actions by developing country Parties in the context of sustainable development, supported and enabled by technology, financing and capacity-building, in a measurable, reportable and verifiable manner;

발리 행동계획에서 주의 깊게 보아야 할 것은 선진국과 개도국을 서로 다르게 다루고 있다는 것이다. 즉 선진국의 경우 온실가스 감축을 위한 약속(commitment)과 행동(action)을 동시에 사용하고 있다.[2] 반면에 개도국에 대해서는 지속가능한 개발, 기술·재정 및 능력형성에 대한 실질적인 지원을 통하여 "국내적으로 적절한 감축행동"이 "측정·검토·확인 가능한 방법"으로 추진되어야 한다고 규정하고 있다. 이것은 현재 교토의정서하에서 부속서 I 국가로 불리는 선진국들은 법적 구속력이 있는 수량 감축량이 있다는 점에서 개발도상국과 차이가 있다는 점을 염두에 둔 표현이다. 개발도상국 입장에서 이러한 차이는 2012년 이후 기후변화 협약 레짐의 새로운 프레임워크를 마련하기 위한 논의에서 선진국의 구속력이 있는 온실가스 저감 의무와는 달리 국내적으로 적절한 감축행동 및 측정·검토·확인에 모아짐을 의미한다.

(2) 최종 합의 형태와 코펜하겐 합의

가. 최종 합의 형태의 의의

개발도상국의 온실가스 감축 문제는 최종 합의 형태가 무엇이 되는가와

2) Bali Action Plan 1(b)(i)의 해당 부분은 다음과 같다.
"Measurable, reportable and verifiable nationally appropriate mitigation commitments or actions, including quantified emission limitation and reduction objectives, by all developed country Parties, while ensuring the comparability of efforts among them, taking into account differences in their national circumstances"

유관하다.[3] 현재의 유엔 기후변화 협약 체제하에서는 기후변화 협약과 아울러 1997년 채택된 교토 의정서가 구체적인 기후변화에 대한 대응 노력에 대해서 다루고 있다. 즉 교토 의정서에는 선진국의 2008년부터 2012년까지의 제1차 공약기간 동안에 수행해야 하는 감축 의무 내용 등을 비롯한 구체적인 대응노력들이 포함되어 있다. 그런데 개도국의 경우에는 앞에서 언급한 바와 같이 교토 의정서에는 선진국과 같이 온실가스 감축을 위한 구체적인 사항들이 규정되어 있지 않다. 이것은 기후변화 레짐의 발전 과정에서 역사적 책임,[4] 공동의 그러나 차별적인 책임원칙[5] 등의 맥락에서 선진국들이 기후변화 문제에 더 많은 책임이 있으며, 또한 온실가스 배출 감축의 능력도 우월하다는 논리에 근거하고 있다. 그러나 우리를 비롯한 중국, 인도, 브라질, 멕시코, 남아프리카 공화국 등 일부 선발 개발도상국가의 경우 경제활동 규모나 향후 예상 온실가스 배출량 추계를 통해서나 더 이상 개발도상국으로서 혜택만을 누리기에는 환경정의의 측면에서 문제가 될 수 있다.[6] 2010년에 세계 최대 온실가스 배출국이 되며, 온실가스 배출에 대응할 수 있는 세계 최고 수준의 청정석탄 화력발전소 기술을 보유하고 있는 것으로 평가되는 중국이 사하라 사막 이남 지역의 최빈 개도국과 온실가스 배출 감축에 있어서 같은 지위를 누린다는 것은 누구나 쉽게 수긍할 수 있는 것은 아니기 때문이다. 따라서 지구사회

---

3) Daniel Bondansky, "Legal Form of a New Climate Agreement: Avenues and Options," *Pew Center on Global Climate Change* (2009).

4) Anita M. Halvorssen, "Common but Differentiated Commitments in the Future Climate Change Regime-Amending the Kyoto Protocol to Include Annex C and the Annex C Mitigation Fund, *Colorado Journal of International Environmental Law and Policy* (2007), p. 247.

5) Patricia Birnie and Alan Boyle, *International Law and the Environment* (2002), pp. 100-104.

6) Kevin M. Dempsey, "The Impact of International Climate Change Policies Leading Lawyers on Counseling Clients, Navigating Recent and Upcoming Development, and Recognizing the Economic Impact of Climate Change Policy," *Intersection of Climate Change Policy and International Trade Law: Potential Conflicts and Solutions*, (September 2009), p. 4.

온실가스 감축을 위해서 선진국들의 추가적인 노력과 함께 개발도상국들의 경우에도 그들의 대응 능력에 상응하는 차별적인 노력을 할 필요가 있다는 견해가 점점 더 설득력을 얻어가고 있다.

어쨌든 환경정의라는 측면에서 가장 바람직한 발리 행동계획의 최종 결과물은 교토 의정서를 대체하는 하나의 새로운 의정서가 탄생하는 것일 것이다. 여기에는 부속서 I 국가들의 구속력이 있는 감축의무 이행에 관한 사항이 좀 더 보완이 되고, 아울러 비 부속서 I 국가, 즉 개도국의 온실가스 저감에 관한 사항이 포함되는 것이다. 개도국의 온실가스 감축에 관하여서는 발리 행동계획에서 선진국과는 다소 다른 형태로 규정이 되어 있기 때문에 개도국 국내적으로 적절한 감축행동 즉 NAMA에 관한 사항이 선진국과는 다른 형태로 포함될 가능성이 크게 된다. 구체적으로 그것이 무엇인가는 당사국들의 협상의 결과에 달려 있는 것이지만 그것이 법적 구속력을 갖는 조약의 일부가 된다면 효과적인 이행을 하는 데 좀 더 도움이 될 가능성이 크다.[7] 이렇게 된다면 기후변화 체제에 참여하는 모든 국가들이 하나의 일관된 조약 체제 내에서 좀 더 체계적으로 온실가스 저감을 위한 공동 노력을 할 수 있게 될 것이다.

그러나 선진국과 개도국 간의 첨예한 이해관계 대립으로 항상 가장 이상적인 형태로 최종 합의가 만들어지는 것은 아니다. 특히 온실가스 감축에 대해서 법적 의무를 부담하지 않는 우리나라와 중국을 비롯한 선발 개도국 그룹의 경우에는 국내적인 이유로 인하여서 구속력이 있는 법적 감축 의무가 규정되는 조약이 채택되는 것을 받아들이기 어려운 처지이다.[8] 국제적 기준을 마련하는 국제협상에서 각국의 대응 입장은 국제적인 상황에 의해서도 정해지지

---

7) 법적 구속력이 있는 조약의 채택이 반드시 효과적인 의무 이행을 자동적으로 보장하는 것은 아니다. 국제법의 경우 국내법과 달리 조약의 이행강제 수단이 결여되어 있는 경우가 많이 있고, 특히 발전 역사가 짧은 국제환경법의 경우에는 더욱 그러하기 때문이다. 이에 대한 상세한 논의는 이 글의 대상은 아니다.

8) David B. Hunter, "International Climate Negotiations: Opportunities and Challenges for the Obama Administration," *Duke Environmental Law and Policy Forum* (2009), p. 258.

만, 이와 함께 국내적인 상황도 입장에 영향을 주는 중요한 요소이다.[9] 이러한 맥락에서 경제성장이 여전히 중요한 국가적 과제의 하나인 이들 선발 개도국에게 국내적 합의에 의해서가 아닌 국제규범에 의해서 온실가스 감축을 위한 경제활동의 변화를 가져오는 것은 정치적으로 큰 부담이 아닐 수 없다. 이러한 국내적인 상황으로 인해서 선발 개도국을 비롯한 개도국 전체는 선진국 그룹과는 상이한 형태의 규범 체제를 강력하게 선호하고 있다.

이러한 점을 고려하면 최종 합의 형태에 관한 논의는 좀 더 다양한 형태의 최종합의를 예상하게끔 한다. 그 한 가지는 현재의 교토 의정서가 선진국에 관한 사항을 개정하여 존치되고, 개도국에 관한 사항은 별도의 의정서가 마련되는 것으로 나타날 수도 있다. 이렇게 된다면 국제환경법의 역사상 처음으로 규율 대상이 되는 물질이나 이슈의 특징에 따라서 다른 의정서가 마련되는 것이 아니라, 규율 대상 주체 그룹에 의해서 다른 의정서가 마련되는 예가 될 것이다. 또 교토 의정서의 개정과 아울러 개도국에 관한 사항은 총회의 결의에 부속된 부속서 형태로 이뤄질 가능성도 예상할 수 있다.

이러한 가능성하에서 코펜하겐 당사국 총회의 결과는 모든 협상을 마무리하지 못하고 잠정적인 형태로서 코펜하겐 합의를 마련하는 것으로 결론이 났다. 이것은 멕시코에서 개최되는 제16차 당사국 총회에서 최종결론이 나는 것을 염두에 두고 발리 행동계획에 따른 지난 2년간의 협상의 결과를 법적 구속력이 없는 문서의 형태로 좀 더 구체화하여 담은 것이라고 평가할 수 있다.[10]

그러나 2010년 12월 멕시코 캔쿤에서 개최된 제16차 당사국총회에서도 법적 구속력이 있는 조약의 채택은 이뤄지지 않았다. 다만 2009년 코펜하겐에서 5개국의 극렬한 반대로 총회 문서로 채택이 무산되었던 코펜하겐 합의에

---

9) Robert D. Putnam, "Diplomacy and Domestic Politics: The Logic of Two-Level Games," *International Organization* Vol. 42 (1988), pp. 427-460.

10) Ban Ki-moon, Open Remarks at UNFCCC COP15 High Level Segment (2009), available at http://unfccc.int/files/meetings/cop_15/statements/application/pdf/speech_opening_hls_cop15_ban_ki_moon.pdf (visited on December 18, 2009).

담겨진 대부분의 내용이 캔쿤 합의(Cancun Agreement)로서 기후변화협약의 공식 문서화되고 이에 따라서 기존의 선진국과 개도국의 이분법적 구도에서 논의되어 협상이 단일 구도에서 논의될 가능성을 만들었다는 점에서 진전을 이뤘다고 볼 수도 있다.

나. 코펜하겐 합의

코펜하겐 합의는 모두 12개의 단락과 2개의 부록으로 되어 있는 짧은 합의문이다. 코펜하겐 합의의 주요 내용은 다음과 같다.[11]

먼저 IPCC 제 4 차 보고서에서 강조하고 있는 지구상 평균 온도가 섭씨 2도 즉 대기 중 이산화탄소의 농도가 450ppm이 초과되지 않도록 하는 것의 중요성을 강조하고 있다.[12] 현재의 당사국 간의 논의 수준은 지구 평균 기온 섭씨 2도 상승 목표 달성이 매우 어려운 상황이라는 점에서 다시금 당사국들의 기후변화 대응 의지의 중요성을 강조하고 있는 것이다.

코펜하겐 합의는 기후변화 적응 노력의 중요성도 강조하고 있다.[13] 사실 2007년부터 2009년까지 2년간 당사국 간의 협상은 온실가스 감축에 집중되어 오면서 최빈 개도국 등 개발도상국의 기후변화에 대한 적응 노력에는 상대적으로 많은 논의가 이뤄지지 못하였다. 즉 국제사회에서 적응 문제에 관한 노력과 협력이 중요하며 특히 기후변화의 위험에 노출이 많이 되어 있는 군소 도서국가 등에 대한 특별한 관심의 중요성을 강조하고 있다. 이를 위해서 적절하고, 예측가능하고, 지속가능한 재정지원, 기술 및 능력 형성이 중요함을 재차 밝히고 있다.

가장 중요한 온실가스 감축에 대해서는 선진국과 개발도상국을 구분하여 규정하고 있다.[14] 선진국의 경우에는 본 합의에 포함되어 있는 부록에 2020년

11) 좀더 자세한 내용은 제 3 장 3절을 참고할 것.
12) 코펜하겐 합의 제 1 항 및 제 2 항.
13) 코펜하겐 합의 제 3 항.
14) 코펜하겐 합의 제 4 항 및 제 5 항.

까지 달성할 수량적 감축목표를 2010년 1월 31일까지 제출하고, 교토 의정서 당사국인 선진국의 경우에는 교토 의정서에 의한 온실가스 저감 노력을 강화할 것을 밝히고 있다. 이러한 선진국의 온실가스 감축에 대해서는 당사국 총회에 의해서 마련되는 기준에 의해서 측정, 보고 및 확인이 될 것이다.

한편 개발도상국의 경우에는 2010년 1월 31일까지 본 합의에 포함된 부록에 개별 국가들이 수행할 온실가스 감축 행동을 포함시키도록 하고 있다. 국가 온실가스 인벤토리를 비롯하여 개발도상국의 온실가스 감축행동을 담은 국가 보고서는 당사국 총회에 의해서 마련되는 기준에 의거하여 매 2년마다 제출되어야 한다. 개발도상국의 온실가스 감축행동은 선진국과는 달리 그들의 국내적 측정, 보고 및 확인 절차를 거치게 되며 이 또한 국가 보고서를 통하여 매 2년마다 보고하여야 한다. 이렇게 함으로써 협상 과정에서 중국 등 개도국들이 강력하게 주장하였던 주권국가의 주권적 이익에 대한 보장을 받게 되었다. 다만 개도국의 온실가스 감축행동이라고 하더라도 선진국으로부터 지원을 받아서 이뤄지게 되는 경우에는 우리나라가 제시한 등록부(registry)에 등록을 한 후에 당사국 총회에 의해서 마련되는 "국제적" 측정, 보고 및 확인 절차에 따라야 한다.

코펜하겐 합의에서 중요한 또 다른 요소의 하나는 개도국에 대한 재정지원 부분이다.[15] 개발도상국의 실질적인 온실가스 감축행동을 위해서 선진국들은 2020년까지 모두 1,000억 달러에 해당하는 재정지원을 할 것이며, 특히 시급한 개도국의 기후변화 대응 행동을 위해서 2012년까지 300억 달러의 재정지원이 먼저 이뤄지게 된다.

코펜하겐 합의에서는 향후 보다 효과적인 기후변화에 대한 대응을 위하여 몇 개의 기구설치를 예정하고 있다. 이 중에서 가장 중요한 것은 코펜하겐 녹색 기후 펀드(Copenhagen Green Climate Fund)의 창설인데, 이것은 앞에서 언급된 개도국 재정지원을 포함하여 개도국의 온실가스 감축 및 적응 등과 관련된

15) 코펜하겐 합의 제 8 항.

기후변화 협약 체제의 재정 운영 메커니즘으로서 역할을 수행할 것이다.[16] 이와 아울러서 향후 추가 재원 마련을 위한 연구 업무를 수행하게 될 고위급 패널(High Level Panel) 그리고 개도국을 위한 기술 개발 및 이전을 위한 기술메커니즘(Technology Mechanism)도 아울러 설치하도록 규정하고 있다.[17]

이러한 코펜하겐 합의에 담긴 사항들의 이행은 2015년까지 평가를 함으로써 실질적인 이행을 담보하고, 이는 궁극적으로는 지구사회 평균 온도 섭씨 1.5도 상승이라는 장기적 목표 달성에 기여하게 될 것이다.[18]

결론적으로 코펜하겐 합의는 일부 선진국의 온실가스 감축과 관련된 내용을 제외하고는 대부분이 개발도상국과 관련된 문제들을 다루고 있다. 온실가스 감축과 관련하여서는 개발도상국 스스로의 국내적으로 적절한 감축행동과 이에 대한 측정, 보고 및 확인을 인정하면서도, 소위 지원받은 국내적으로 적절한 감축 행동(supported NAMA), 즉 선진국이 개도국의 온실가스 감축 행동에 지원을 하는 경우 국제적 기준에 따라서 개도국의 온실가스 감축행동에 대한 효과적 이행을 담보하도록 하고 있는 점에 특징이 있다.

(3) 국내적으로 적절한 감축 행동

국내적으로 적절한 감축 행동 즉, NAMA는 현재 진행 중인 기후변화 협상에서 개발도상국의 온실가스 감축과 관련하여 가장 중요한 개념의 하나임은 앞에서 이미 언급하였다. 지구 온실가스 감축을 위한 구체적인 조치는 궁극적으로는 선진국은 물론 개도국의 온실가스 감축 행동에 의해서 이뤄져야 하기 때문이다. 그것이 국제조약의 구속적 있는 의무의 이행결과이든 개별 국가의 자발적인 노력의 결과이든 온실가스 감축이라는 면에서는 같은 효과가 있

16) 코펜하겐 합의 제10항.

17) 코펜하겐 합의 제 9 항 및 10항. 이외에도 산림문제의 해결을 위한 소위 REDD-plus를 포함한 메커니즘의 설치, 시장원리의 이용을 비롯하여 온실가스 저감을 위한 다양한 접근 방법에 대한 고려에 대해서도 코펜하겐 합의는 규정하고 있다. 코펜하겐 합의 제 6 항 및 제 7 항.

18) 코펜하겐 합의 제12항.

다. 이 맥락에서 NAMA는 복합적인 요소들이 모두 포함되어 있는 개념이라고 할 수 있다.[19]

가. 법적 근거

현재의 기후변화 협약 체제 및 협상에서 NAMA의 법률적 근거는 발리 행동계획, 기후변화 협약, 교토 의정서 그리고 코펜하겐 합의에서 각각 찾아볼 수 있다. 발리 행동계획의 경우 선진국과 개도국의 NAMA에 대해서 각각 다른 근거를 두고 있는데, 이는 기후변화 협약 체제가 이미 부속서 I 여부에 따라서 선진국과 개도국에 대해서 상이한 기준을 제시하고 있기 때문이다. 즉 앞에서도 언급하였지만 선진국은 구속력이 있는 감축 의무 등이 특히 교토 의정서를 통하여 구체적으로 규정되어 있기 때문에 선진국의 NAMA는 이에 영향을 받을 수밖에 없다.[20] 그러나 개도국의 경우 현재의 기후변화 협약 체제 내에서는 구체적인 의무사항이 없기 때문에 개도국에 대해서 논의되는 NAMA에 관한 법적 근거는 선진국과 다를 수밖에 없다.[21]

한편 기후변화 협약 체제 내에서 NAMA에 대한 법적 근거는 온실가스 감축 노력에 대한 일반적인 내용을 담고 있는 기후변화 협약 제 4 조와 국가의 감축 노력에 대한 보고문제를 규정한 기후변화 협약 제12조가 흔히 거론되고 있다. 다만 향후 현재의 협상이 종료되고 최종 합의에 대한 새로운 형태가 마련된다면 거기에 NAMA 관련 법적 근거가 추가로 마련될 수 있음도 주의하여 기억할 필요가 있다. 이러한 의미에서 최근 마련된 코펜하겐 합의의 경우 앞에서 살펴본 것과 같이 개발도상국의 온실가스 감축과 관련한 부분에서 개도국 NAMA에 관한 법적 근거를 찾아볼 수 있다.

---

19) Tom Athanasiou, "After the Denial," *Hastings West-Northwest Journal of Environmental Law, Policy* (2009), p. 26.

20) 발리 행동계획 1(b)(i).

21) 발리 행동계획 1(b)(ii).

나. 국내적으로 적절한 감축행동의 내용

그렇다면 국내적으로 적절한 감축 행동의 내용은 무엇인가? NAMA에 따르면 국내적으로 그것이 대외적인 지원에 의한 것이든, 국제 규범의 의무이행 차원에서이든 아니면 자발적인 노력의 결과에 의한 것이든 관계 없이 주권국가에 의해서 국내적으로 온실가스 감축의 결과를 가져올 수 있는 다양한 국가의 행동을 의미한다고 할 수 있다. 구체적인 예로 여러 가지가 있을 수 있는데 기후변화 협약 체제 내에서 보면, 정책과 수단(policy and measures)이 바로 NAMA의 한 예라고 할 수 있다. 최근에 마련된 코펜하겐 합의에 따르면 개도국은 2010년 1월 31일까지 자국의 NAMA에 관하여 동 합의 부록에 따라서 제출하도록 되어 있으나 구체적으로 무엇이 NAMA에 해당하는지는 여전히 합의된 기준이 존재하지 않는다. 현재까지 주로 거론되고 있는 NAMA의 내용은 다음과 같은 것들이 있는데 여기에는 부속서 I 국가들이 부담하고 있는 수량감축은 포함되지 않고 있다.

- 국가 행동 계획의 마련
- 지속가능한 발전 정책 및 수단
- 저탄소 성장 전략 및 계획
- 기술개발 및 에너지 효율 제고 프로그램
- 온실가스 저감 효과가 있는 적응 행동
- 개도국에 의해 이행되는 (선진국의 지원에 의한) 양자 행동 및 전략
- 총량제한 배출권 거래제도(Cap-and-trade) 전략 및 탄소세

(4) 측정 · 검토 · 확인

각 국가의 온실가스 감축 행동이 아무리 잘 마련되어 이행이 된다고 하더라도 국제사회에서 파악을 하지 못한다면 개별 국가의 노력이 지구사회 전체의 노력에 어떠한 의미가 있고, 향후 지구사회 전체 차원에서 어떠한 노력을 추가적으로 추진해야 하는가에 대해서 정확한 예측이 어려워진다. 이러한 문

제를 다루기 위해서 현재 협상에서는 그것이 선진국에 의하던 아니면 개도국에 의하던 NAMA는 측정・검토・확인, 즉 MRV가 가능하여야 한다. 발리 행동계획에 따르면 MRV는 선진국과 개도국에 대해서 약간 상이하게 규정되어 있다. 즉 선진국의 경우에는 기후변화 협약 체제에서 인정되는 NAMA는 측정・검토・확인이 가능한 NAMA에 한정된다.[22] 이것이 불가능한 선진국가의 행동은 기후변화 협약상에서는 NAMA로 인정될 수 없는 것이다. 한편 개도국의 NAMA는 측정・검토・확인이 가능한 방법에 의하기만 하기 때문에 발리 행동계획상에서는 선진국의 NAMA에 비하여서는 훨씬 더 유연하다고 할 수 있다.

발리 행동계획에 따라서 진행된 협상의 결과 마련된 코펜하겐 합의에서 MRV는 역시 선진국과 개도국 간에 차이가 있다. 선진국의 경우에는 MRV가 당사국 총회를 통해서 마련된 기준에 의해서 행해질 것임을 예정하고 있다. 한편 개도국의 MRV는 원칙적으로는 국내적 기준에 따라서 행하되 매 2년마다 국가 보고서를 통해서 보고를 하며, 단 선진국으로부터 지원을 받는 경우에는 당사국 총회에서 마련하는 국제적 기준에 따르도록 되어 있다. 코펜하겐 합의에 따라서 향후 당사국 총회에서 구체적인 기준에 관한 논의가 진행되어야겠지만 지원받는 NAMA는 경우에 따라서 선진국과 같거나 비슷한 정도의 강력한 MRV가 행하여질 수도 있을 것이다. 이 경우라면 비록 개도국의 NAMA가 법적 구속력이 있는 의무 이행의 결과가 아니더라도 그 결과가 법적 구속력이 있는 선진국의 의무 이행과 같은 효과가 있을 수도 있을 것이다.[23] 이렇게 지원받는 NAMA에 대한 강력한 MRV가 가능한 이유는 기후변화 협약 체제 혹은 선진국의 국내 정책 등을 통하여 개도국에게 지원이 제공되는 만큼 지원의 결과 온실가스 배출 저감이 확실히 되는지에 대해서 좀 더 확실히

---

22) 발리 행동계획 1(b)(i)은 다음과 같이 규정하고 있다. "Measurable, reportable and verifiable nationally appropriate mitigation commitment or action..."

23) 정서용, "NAMA 관련 주요 법적 이슈," Post2012 기후변화협상에서 개도국의 감축 참여 및 지원방안에 대한 워크숍 프로시딩(2009).

측정 · 검토 · 확인을 해야 한다는 주장이 매우 설득력을 얻고 있기 때문이다.

(5) NAMA 등록부

기후변화 관련 협상 과정과 코펜하겐 합의에서 주목하여 볼 것은 우리나라 정부가 제안한 NAMA 등록부(NAMA Registry)이다.[24] 이는 개도국의 국내적으로 적절한 감축행동을 국제적으로 인정받기 위하여 개도국의 감축행동을 자발적으로 등록하는 등록부이다. 코펜하겐 합의에는 선진국의 지원을 받는(Supported) NAMA에 대해서만 등록부에 등록하도록 되어 있다. 그 이외의 경우, 즉 지원을 받지 않고 자발적으로 행하는 온실가스 저감 행위는 기후변화 협약 제12조상에서 규정되고 있는 국가 보고서(national communication)에 개도국의 온실가스 저감 행위를 기재하여 보고함으로써 NAMA 등록부와 비슷한 효과를 가져오려 하고 있다.[25]

등록부는 개도국의 감축행동을 자발적으로 등록할 수 있을 뿐만이 아니라, 개도국의 감축 행동에 대해서 선진국으로부터 다자체제를 통하여(예컨대 코펜하겐 녹색 기후 펀드) 혹은 양자 차원에서 지원을 받게 되면, 제공하는 지원의 조건에 따라서 제대로 감축행동이 이뤄졌는지를 사후에 측정 · 검토 · 확인할 수 있는 기초가 될 수 있다. 만일 개도국의 감축행동에 대해서 현재 교토의정서상의 교토 메커니즘과 같은 시장 메커니즘을 활성화하여 새로운 크레디트를 창출하여 배출권 거래제를 활용하도록 함으로써 전 세계 온실가스 감축에 기여하고자 하는 소위 NAMA 크레디팅 등이 도입되는 경우에는 크레디트를 계산하기 위한 기초라는 면에서 등록부는 유용하게 다뤄질 수도 있을 것이다.[26]

---

24) For Mitigation: Registry of NAMAs, A Proposal for AWG-LCA, Republic of Korea (February 2009).

25) 기후변화 협약 제12조 1항; For Mitigation: Registry of NAMAs, A Proposal for AWG-LCA, Republic of Korea(February 2009).

26) For Mitigation: Registry of NAMAs, A Proposal for AWG-LCA, Republic of Korea (June 2009).

(6) 소 결

지구사회에서 온실가스를 감축해야 한다는 당위성에 대해서는 대부분 동의하고 있지만 구체적인 감축 방법과 정도에 대해서는 선진국과 개도국이 대단히 다른 입장을 보이고 있다. 이것은 애당초 기후변화 협약 체제가 선진국에 대해서는 수량적 감축에 대한 법적 의무를 부여한 반면, 개도국에 대해서는 별다른 규정을 두고 있지 않기 때문이다. 2007년 마련된 발리 행동계획에 따라서 2년간의 당사국 간의 논의는 특히 개발도상국의 온실가스 저감 문제에 대해서 집중적으로 논의를 해 왔다. 그러나 선진국과 개도국의 첨예한 대립은 하나의 조약 체제에 의한 선진국과 개도국의 온실가스 감축 문제를 다루는 체제를 마련하는 데는 실패하고, 법적 구속력이 없는 코펜하겐 합의를 만들어 내는 데 그쳤다. 이에 따르면 개도국은 원칙적으로는 국내적으로 적절한 온실가스 저감행위를 하고 이에 대해서 국내 기준에 의한 측정・보고・확인을 하도록 하고 있다. 다만 선진국으로부터 온실가스 저감행위에 대해서 지원을 받는 경우에는 국제적 기준에 의해서 측정・보고・확인을 하도록 하고 있을 뿐이다. 이것은 중국, 인도 및 우리나라와 같은 선발개도국의 온실가스 감축행위에 대해서는 재량권이 많이 보장되는 한편, 그 외의 개도국에 대해서는 선진국의 재정, 기술 등의 지원을 담보로 국제적 기준에 의한 통제가 어느 정도 가능하도록 되었음을 의미한다. 환경정의라는 측면에서 보면 개도국 중에서 온실가스 배출을 다량으로 하는 선발 개도국에 대해서는 별다른 국제적 기준을 마련하지 못하였다는 점에서는 지구사회의 온실가스 감축을 위한 효과적인 체제 마련이라는 측면에서는 많은 한계점을 보이고 있다고 할 수 있다.

3. 기후변화 협상 관점에서 저탄소 녹색성장 기본법에 대한 평가

(1) 저탄소 녹색성장 기본법상 NAMA관련 규정

저탄소 녹색성장 기본법에는 국내적으로 적절한 감축행동에 대해서 규정하고 있다. 그 주요 내용은 다음과 같다.

가. 녹색경제 산업 지원 및 육성

저탄소 녹색성장은 위하여 녹색기술과 녹색산업을 경제성장의 핵심 동력으로 삼고 새로운 일자리를 창출·확대할 수 있는 지속가능한 신경제체제를 구축한다는 원칙에 따라서 추진해야 한다.[27] 이 원칙에 따라서 국가는 저탄소 녹색성장 국가전략을 마련하여야 하고,[28] 녹색성장을 추진하여야 한다.[29]

구체적으로 정부는 성장잠재력이 큰 새로운 녹색산업을 발굴, 육성하고, 녹색경제·산업을 육성하고 지원하는 시책을 강구하고 있는데 이는 최근 마련된 녹색성장 5개년 계획에 의해서 구체화되고 있다.[30] 동 5개년 계획에 따르면 녹색산업의 육성을 위해서는 다음을 추진해야 한다.

- 자원순환형 경제·산업 구조 구축
- 산업별 녹색전환 및 혁신 확산
- 녹색 중소·벤처기업 육성
- 지식주도형 녹색클러스터 육성

나. 환경 친화적 세제 운영

환경오염과 온실가스를 발생시키며 에너지 이용효율이 낮은 재화와 서비

27) 저탄소 녹색성장 기본법 제3조.
28) 저탄소 녹색성장 기본법 제9조.
29) 저탄소 녹색성장 기본법 제4장.
30) 저탄소 녹색성장 기본법 제23조.

스에 대해서 조세부담을 강화하고 자원배분의 비효율성을 줄일 수 있도록 국가의 조세정책을 운영하여야 한다.[31]

다. 기후변화 대응, 에너지 기본계획 수립 및 시행

저탄소 녹색성장 기본법에 따라서 정부는 온실가스 중장기 감축목표를 설정 및 부분별・단계별 대책, 에너지 수요관리 및 안정적 공급 등을 포함한 "기후변화대응기본계획," "에너지기본계획"을 시행하도록 하고 있다.[32]

라. 총량제한 배출권 거래제 도입

향후 온실가스 저감을 위한 다양한 노력 중의 하나로 총량제한 배출권 거래제도가 국제적으로 활성화될 가능성이 있다. 현재 교토 의정서상에서는 이미 선진국 간에 배출권 거래제도를 규정하고 있고, 유럽 배출권 거래 시장은 실재로 거래가 이뤄지고 있기도 하다.[33] 우리나라도 이러한 국제사회의 동향에 대응하면서도 국내적으로 비용 효과적으로 온실가스를 감축하기 위해서 저탄소 녹색성장 기본법 제46조에서 총량제한 배출권 거래제의 도입을 규정하고 있다. 동 총량제한 배출권 거래제 실시를 위한 배출권 허용량의 할당방법, 등록, 관리방법, 거래소설치, 운영 및 도입 시기 등은 따로 법률로 정하도록 되어 있는데, 이로 미루어 동 법안에서는 배출권 거래제는 국내적 실시만을 예상하고 있는 것으로 짐작된다.

---

31) 저탄소 녹색성장 기본법 제30조.

32) 저탄소 녹색성장 기본법 제40조, 제41조. 이에 더하여 우리나라는 자발적 감축 목표를 설정하고 이를 발표하기로 한 결과 최근에 2020년 온실가스저감 행동이 없을 경우(소위 Business As Usual: BAU) 대비 30퍼센트를 자발적으로 감축하기로 하고 이를 국제사회에 공표하였다. 이러한 온실가스 감축목표의 설정과 이행은 국제 조약상의 의무를 이행하기 위한 것이 아니라 우리나라 자발적으로 감축목표를 설정하여 이행한다는 점에서 기후변화 협약상 비구속서 I 국가들 중에는 예외적인 경우에 해당한다.

33) 배출권 거래제도 일반에 대해서는 다음을 참조할 것. Sonia Labatt and Rodney R. White, *Carbon Finance: The Financial Implications of Climate Change* (2007), pp. 137-168.

그런데 총량제한 배출권 거래제도가 제대로 정착되기 위해서는 국내에서 충분히 거래가 활성화될 수 있을 만큼의 시장규모가 확보되어야 하는데 아직 이 점에 대해서는 논란이 있을 수 있을 것으로 보인다. 아울러 국제 배출권 거래시장이 활성화되는 경우, 우리만의 독자적인 배출권 거래시장이 존재하게 되면 국제 배출권 거래 시장에 적극적으로 참여하는 데 걸림돌이 될 수 있기 때문에 이러한 점들에 대해서도 충분히 대비가 필요하다. 다만 현재 논의되고 있는 국내적으로 적절한 감축 행동 즉 NAMA의 측면에서 배출권 거래 시장의 설치에 대한 근거를 마련하여 둔 것은 바람직한 것으로 보인다.[34)]

마. 부문별 접근 방법의 반영

기후변화 협약 체제 내에서 진행되고 있는 온실가스 저감 방법에 관한 중요한 논의 중의 하나는 부문별 접근 방법이 있다.[35)] 이를 반영하여 저탄소 녹색성장 기본법에서는 일정기준 이상의 건물과 대중교통 분담률 및 철도 수송분담율에 대해서 목표 관리제를 도입하고, 교통・수송 및 건물부분의 에너지 소비량과 온실가스 배출량을 줄일 수 있도록 하고 있다.[36)]

바. 결　　어

우리나라의 저탄소 녹색성장 기본법은 코펜하겐 합의의 개발도상국의 온실가스 저감에 관한 규정과 관련하여 NAMA에 해당하는 구체적인 사항들에 대해서 규정을 하고 있는 선진적 법안이라고 할 수 있다. 코펜하겐 합의에서

---

34) 그러나 한편으로 조심스러운 점은 현재 기후변화 당사국 중 비부속서 I 국가, 즉 개도국 중에서 배출권 거래제를 이법법적 기반을 두고 시행하는 국가는 없다. 만일 우리가 최초로 시행을 하게 된다면, 이는 기후변화 협상상의 온실가스 감축 의무 이행 차원이 아니라 우리나라 자체의 NAMA의 형태의 일환으로 시행하는 것이 되는데, 향후 국제사회의 협상 추이와 관련하여 그 의미를 면밀히 검토할 필요가 있다.

35) Jake Schmidt, “Sectoral Approaches of the Post-2012 Climate Change Policy Architecture,” UNFCCC In-Session Workshop (2008).

36) 저탄소 녹색성장 기본법 제42조.

2010년 1월 31일까지 동 합의 부록에 따라서 온실가스 감축행동의 구체적인 내용을 제출하도록 요청하고 있는 바 우리나라의 경우에는 저탄소 녹색성장 기본법상의 구체적인 내용들이 제출 대상 NAMA의 중요한 예가 될 것이다.

(2) 저탄소 녹색성장 기본법상의 측정 · 검토 · 확인관련 규정

저탄소 녹색성장 기본법에 따르면 온실가스를 대량으로 배출하는 업체 및 에너지를 다량으로 사용하는 업체의 경우에는 온실가스 배출량 및 에너지 사용량을 정부에 보고하여야 한다.[37] 또한 정부는 국가 온실가스 배출량, 흡수량, 배출 · 흡수 계수, 온실가스 관련 각종 정보 및 통계를 개발 · 검증 · 관리하는 온실가스 종합정보관리체제를 구축하여야 한다.[38]

코펜하겐 합의에 따르면 개도국의 온실가스 감축행동이 선진국으로부터 지원을 받지 않는 경우에는 국내적인 기준에 따라서 측정 · 검토 · 확인을 하고 매 2년마다 국가 보고서에 이를 담아서 제출하여야 한다. 이러한 측면에서 보면 우리나라 저탄소 녹색성장 기본법은 이미 국내적으로 측정 · 검토 · 확인에 관한 규정을 담고 있다고 볼 수도 있다.

4. 결 론

우리나라 저탄소 녹색성장 기본법은 우리나라를 포함하여 개도국의 온실가스 저감에 관한 구체적인 국제적 기준이 마련되기 전에 마련된 법안이다. 그럼에도 불구하고 개도국의 온실가스 감축과 관련하여 핵심 내용인 국내적으로 적절한 감축행동 즉 NAMA와 측정 · 검토 · 확인 즉 MRV에 관련된 규정들이 비교적 잘 규정되어 있다고 볼 수 있다. 이에 따라서 최근 마련된 코펜하겐 합의에 비추어 보더라도 우리의 저탄소 녹색성장 기본법은 별다른 문제

37) 저탄소 녹색성장 기본법 제44조.

38) 저탄소 녹색성장 기본법 제45조.

점이 보이지 않는다. 즉 우리나라 저탄소 녹색성장 기본법은 우리 국내법상의 기준이 개도국의 온실가스 감축을 위한 국제적 기준을 마련하는 데 기여할 수 있을 정도로 선진적인 법안이라고 평가할 수 있다. 다만 2012년 이후 기후변화 대응 국제적 기준이 코펜하겐 합의에 머물지 않고 향후 좀 더 구체화될 가능성이 매우 크므로 향후 추가적으로 진행될 국제적 논의 진행상황을 면밀히 지켜보면서 동 법안의 세부 기준을 구체화할 필요가 있다.

부 록

기후변화에 관한 국제연합 기본협약

기후변화에 관한 국제연합 기본협약에 대한 교토 의정서

발리 행동 계획

코펜하겐 합의

저탄소 녹색성장 기본법

기후변화에 관한 국제연합 기본협약[1)]

이 협약의 당사자는,

지구의 기후변화와 이로 인한 부정적 효과가 인류의 공통 관심사임을 인정하고,

인간활동이 대기중의 온실가스 농도를 현저히 증가시켜 왔으며, 이로 인해 자연적 온실효과가 증대되고 이것이 평균적으로 지구표면 및 대기를 추가적으로 온난화시켜 자연생태계와 인류에게 부정적 영향을 미칠 수 있음을 우려하며,

과거와 현재의 지구전체 온실가스의 큰 부분이 선진국에서 배출되었다는 것과 개발도상국의 1인당 배출량은 아직 비교적 적으나 지구전체의 배출에서 차지하는 개발도상국의 배출비율이 그들의 사회적 및 개발의 요구를 충족시키기 위하여 증가할 것임을 주목하고,

육지와 해양 생태계에서 온실가스의 흡수원과 저장소가 하는 역할과 중요성을 인식하며,

기후변화에 대한 예측, 특히 그 시기·규모 및 지역적 양태에 대한 예측에 불확실성이 많음을 주목하고,

기후변화의 세계적 성격에 대응하기 위하여는 모든 국가가 그들의 공통적이면서도 그 정도에 차이가 나는 책임, 각각의 능력 및 사회적·경제적 여건에 따라 가능한 모든 협력을 다하여 효과적이고 적절한 국제적 대응에 참여하는 것이 필요함을 인정하며,

1972년 6월 16일 스톡홀름에서 채택된 국제연합인간환경회의 선언의 관련규정을 상기하고,

국가는 국제연합헌장과 국제법의 원칙에 따라 고유의 환경정책과 개발정책에 입각하여 자기나라의 자원을 개발할 주권적 권리를 가지며, 자기나라의 관할 혹은 통제지역안의

1) 1992년 채택, 1994년 발효.

활동때문에 다른 국가나 관할권 이원지역의 환경에 피해가 발생하지 아니하도록 보장할 책임이 있음을 또한 상기하며,

기후변화에 대응하기 위한 국제협력에 있어서 국가주권원칙을 재확인하고,

국가는 효과적인 환경법령을 제정하여야 하며, 환경기준과 관리의 목적 및 우선순위는 이들이 적용되는 환경 및 개발상황을 반영하여야 하며, 어떠한 국가에 의하여 적용된 기준이 다른 국가, 특히 개발도상국에 대해서는 부적절하며 또한 부당한 경제적·사회적 비용을 유발할 수도 있다는 것을 인식하며,

국제연합 환경개발회의에 관한 1989년 12월 22일 총회결의 44/228호, 인류의 현재 및 미래 세대를 위한 지구기후의 보호에 관한 1988년 12월 6일 결의 43/53호, 1989년 12월 22일 결의 44/207호, 1990년 12월 21일 결의 45/212호 및 1991년 12월 19일 결의 46/169호의 규정을 상기하고,

해수면 상승이 도서 및 해안지역, 특히 저지대 해안지역에 가져올 수 있는 부정적 효과에 관한 1989년 12월 22일 총회결의 44/206호의 규정과 사막화 방지 실천계획의 이행에 관한 1989년 12월 19일의 총회결의 44/172호의 관련규정을 또한 상기하며,

1985년의 오존층보호를 위한 비엔나협약, 1990년 6월 29일에 개정된 1987년의 오존층파괴물질에 관한 몬트리올 의정서를 또한 상기하고,

1990년 11월 7일 채택된 제 2 차 세계기후회의 각료선언을 주목하며,

많은 국가가 행한 기후변화에 관한 귀중한 분석작업과 세계기상기구·국제연합환경계획 및 국제연합체제안의 그 밖의 기구들, 그리고 그 밖의 국제적 및 정부간 기구가 과학연구결과의 교환과 연구의 조정에서 이룩한 중요한 기여를 의식하고,

기후변화를 이해하고 이에 대응하기 위하여 필요한 조치는 관련 과학적·기술적 및 경제적 고려에 바탕을 두고 이러한 분야의 새로운 발견에 비추어 계속적으로 재평가될 경우에 환경적·사회적 및 경제적으로 가장 효과적이라는 것을 인식하며,

기후변화에 대응하기 위한 다양한 조치는 그 자체만으로도 경제적으로 정당화될 수 있으며, 또한 그 밖의 환경문제를 해결하는 데 도움을 줄 수 있음을 인식하고,

선진국이 온실효과의 증대에 대한 자기나라의 상대적 책임을 정당히 고려하여 세계적·국가적 그리고 합의되는 경우 지역적 차원에서의 모든 온실가스에 대한 종합대응전략의 첫 단계로서 명확한 우선순위에 입각하여 신축성 있게 신속한 조치를 취할 필요성을 또한 인식하며,

저지대 국가 및 군소 도서국가, 저지대 연안지역·건조지역·반건조지역 또는 홍수·가뭄 및 사막화에 취약한 지역을 가지고 있는 국가, 그리고 연약한 산악생태계를 가지고 있는 개발도상국이 특별히 기후변화의 부정적 효과에 취약하다는 것을 또한 인식하고, 그 경제가 특별히 화석연료의 생산·사용 및 수출에 의존하고 있는 국가, 특히 개발도상국이 온실가스 배출을 제한하기 위하여 취한 조치로 인해 겪을 특별한 어려움을 인식하며,

기후변화에 대한 대응은 사회적 및 경제적 발전에 대한 부정적인 영향을 피하기 위하여, 특히 개발도상국의 지속적인 경제성장 달성과 빈곤퇴치를 위한 정당하고 우선적인 요구를 충분히 고려하여 사회적 및 경제적 발전과 통합적인 방식으로 조정되어야 한다는 것을 확인하고,

모든 국가, 특히 개발도상국은 지속가능한 사회적 및 경제적 발전을 달성하는 데 필요한 자원에의 접근을 필요로 하며, 개발도상국이 이러한 목적을 달성하기 위해서는, 경제적 및 사회적으로 유리한 조건의 신기술의 적용 등을 통하여 더 높은 에너지 효율성을 달성하고 온실가스 배출량을 전반적으로 통제할 수 있으리라는 가능성을 고려하는 한편, 개발도상국의 에너지 소비가 증가할 필요가 있을 것임을 인식하며,

현재와 미래의 세대를 위하여 기후체계를 보호할 것을 결의하여,

다음과 같이 합의하였다.

제1조 정 의

이 협약의 목적상,

1. "기후변화의 부정적 효과"라 함은 기후변화에 기인한 물리적 환경 또는 생물상의

변화로서 자연적 생태계 및 관리되는 생태계의 구성·회복력 또는 생산성, 사회경제 체제의 운용 또는 인간의 건강과 복지에 대하여 현저히 해로운 효과를 야기하는 것을 말한다.

2. "기후변화"라 함은 인간활동에 직접 또는 간접으로 기인하여 지구대기의 구성을 변화시키는 상당한 기간동안 관측된 자연적 기후 가변성에 추가하여 일어나는 기후의 변화를 말한다.
3. "기후체계"라 함은 대기권, 수권, 생물권과 지리권 그리고 이들의 상호작용의 총체를 말한다.
4. "배출"이라 함은 특정지역에 특정기간동안 온실가스 및/또는 그 전구물질을 대기중으로 방출하는 것을 말한다.
5. "온실가스"라 함은 적외선을 흡수하여 재방출하는 천연 및 인공의 기체성의 대기 구성물을 말한다.
6. "지역경제통합기구"라 함은 이 협약 및 부속의정서가 규율하는 사항에 관하여 권한을 가지며, 또한 내부절차에 따라 정당하게 권한을 위임받아 관련문서에 서명·비준·수락·승인 또는 가입할 수 있는 특정지역의 주권국가들로 구성된 기구를 말한다.
7. "저장소"라 함은 온실가스 또는 그 전구물질이 저장되는 기후 체계의 하나 또는 그 이상의 구성요소들을 말한다.
8. "흡수원"이라 함은 대기로부터 온실가스, 그 연무질 또는 전구물질을 제거하는 모든 과정·활동 또는 체계를 말한다.
9. "배출원"이라 함은 대기중으로 온실가스, 그 연무질 또는 전구물질을 방출하는 모든 과정 또는 활동을 말한다.

제2조 목 적

이 협약과 당사자총회가 채택하는 모든 관련 법적문서의 궁극적 목적은, 협약의 관련 규정에 따라, 기후체계가 위험한 인위적 간섭을 받지 않는 수준으로 대기중 온실가스 농도의 안정화를 달성하는 것이다. 그러한 수준은 생태계가 자연적으로 기후변화에 적응하고 식량생산이 위협받지 않으며 경제개발이 지속가능한 방식으로 진행되도록 할 수 있기에 충분한 기간 내에 달성되어야 한다.

제3조 원　　칙

협약의 목적을 달성하고 그 규정을 이행하기 위한 행동에 있어서, 당사자는 무엇보다도 다음 원칙에 따른다.

1. 당사자는 형평에 입각하고 공통적이면서도 그 정도에 차이가 나는 책임과 각각의 능력에 따라 인류의 현재 및 미래 세대의 이익을 위하여 기후체계를 보호해야 한다. 따라서, 선진국인 당사자는 기후변화 및 그 부정적 효과에 대처하는 데 있어 선도적 역할을 해야 한다.
2. 기후변화의 부정적 효과에 특별히 취약한 국가 등 개발도상국인 당사자와, 개발도상국인 당사자를 포함하여 이 협약에 따라 불균형적이며 지나친 부담을 지게 되는 당사자의 특수한 필요와 특별한 상황은 충분히 고려되어야 한다.
3. 당사자는 기후변화의 원인을 예견·방지 및 최소화하고 그 부정적 효과를 완화하기 위한 예방 조치를 취하여야 한다. 심각하거나 회복할 수 없는 손상의 위협이 있는 경우, 충분한 과학적 확실성이 없다는 이유로 이러한 조치를 연기하여서는 아니되며, 기후변화를 다루는 정책과 조치는 최저비용으로 세계적 이익을 보장할 수 있도록 비용효과적이어야 한다. 이 목적을 달성하기 위하여, 이러한 정책과 조치는 서로 다른 사회경제적 상황을 고려하여야 하고, 종합적이어야 하며, 온실가스의 모든 관련 배출원·흡수원 및 저장소 그리고 적응 조치를 포함하여야 하며, 모든 경제분야를 포괄하여야 한다. 기후변화에 대한 대응노력은 이해 당사자가 협동하여 수행할 수 있다.
4. 당사자는 지속가능한 발전을 증진할 권리를 보유하며 또한 증진하여야 한다. 경제발전이 기후변화에 대응하는 조치를 취하는 데 필수적임을 고려하여, 인간활동으로 야기된 기후변화로부터 기후체계를 보호하기 위한 정책과 조치는 각 당사자의 특수한 상황에 적절하여야 하며 국가개발계획과 통합되어야 한다.
5. 당사자는 모든 당사자, 특히 개발도상국인 당사자가 지속적 경제 성장과 발전을 이룩하고 그럼으로써 기후변화 문제에 더 잘 대응할 수 있도록 하는 지지적이며 개방적인 국제경제체제를 촉진하기 위하여 협력한다. 일방적 조치를 포함하여 기후변화에 대처하기 위하여 취한 조치는 국제무역에 대한 자의적 또는 정당화할 수 없는 차별수단이나 위장된 제한수단이 되어서는 아니된다.

제4조 공 약

1. 모든 당사자는 공통적이면서도 그 정도에 차이가 나는 책임과 자기나라의 특수한 국가적, 지역적 개발우선순위·목적 및 상황을 고려하여 다음 사항을 수행한다.

가. 당사자총회가 합의하는 비교가능한 방법론을 사용하여, 몬트리올의정서에 의하여 규제되지 않는 모든 온실가스의 배출원에 따른 인위적 배출과 흡수원에 따른 제거에 관한 국가통계를 제12조에 따라 작성, 정기적으로 갱신 및 공표하고 당사자총회에 통보한다.

나. 몬트리올의정서에 의하여 규제되지 않는 모든 온실가스의 배출원에 따른 인위적 배출의 방지와 흡수원에 따른 제거를 통하여 기후변화를 완화하는 조치와 기후변화에 충분한 적응을 용이하게 하는 조치를 포함한 국가적 및 적절한 경우 지역적 계획을 수립·실시·공표하고 정기적으로 갱신한다.

다. 에너지·수송·산업·농업·임업 그리고 폐기물관리분야를 포함한 모든 관련분야에서 몬트리올 의정서에 의하여 규제되지 않는 온실가스의 인위적 배출을 규제·감축 또는 방지하는 기술·관행 및 공정을 개발·적용하고, 이전을 포함하여 확산시키는 것을 촉진하고 협력한다.

라. 생물자원·산림·해양과 그 밖의 육상·연안 및 해양 생태계 등 몬트리올의정서에 의하여 규제되지 않는 온실가스의 흡수원과 저장소의 지속가능한 관리를 촉진하고 또한 적절한 보존 및 강화를 촉진하며 이를 위해 협력한다.

마. 기후변화의 영향에 대한 적응을 준비하는 데 협력한다. 즉, 연안관리·수자원 및 농업을 위한 계획 그리고 특히 아프리카등 가뭄·사막화 및 홍수에 의하여 영향받는 지역의 보호와 복구를 위한 적절한 통합계획을 개발하고 발전시킨다.

바. 관련 사회·경제 및 환경정책과 조치에서 가능한 한 기후변화를 고려하며, 기후변화를 완화하고 이에 적응하기 위하여 채택한 사업과 조치가 경제·공중보건 및 환경의 질에 미치는 부정적 효과를 최소화할 수 있도록, 예를 들어 영향평가와 같은, 국가적으로 입안되고 결정된 적절한 방법을 사용한다.

사. 기후변화의 원인·결과·규모·시기 및 여러 대응전략의 경제적·사회적 결과에 관한 이해를 증진시키고 또한 이에 관한 잔존 불확실성을 축소·제거하기 위하여 기후체계와 관련된 과학적·기술적·기능적·사회경제적 및 그 밖의 조사,

체계적 관측 그리고 자료보관소의 설치를 촉진하고 협력한다.

아. 기후체계와 기후변화, 그리고 여러 대응전략의 경제적·사회적 결과와 관련된 과학적·기술적·기능적·사회 경제적 및 법률적 정보의 포괄적, 공개적 그리고 신속한 교환을 촉진하고 협력한다.

자. 기후변화에 관한 교육, 훈련 및 홍보를 촉진하고 협력하며, 이러한 과정에 비정부간 기구등의 광범위한 참여를 장려한다.

차. 제12조에 따라 이행관련 정보를 당사자총회에 통보한다.

2. 부속서 1에 포함된, 선진국인 당사자와 그 밖의 당사자는 특히 다음에 규정된 사항을 수행할 것에 합의한다.

가. 당사자는 온실가스의 인위적 배출을 제한하고 온실가스의 흡수원과 저장소를 보호·강화함으로써 기후변화의 완화에 관한 국가정책을 채택하고 이에 상응하는 조치를 취한다. 이러한 정책과 조치를 취함으로써 선진국은 이 협약의 목적에 부합하도록 인위적 배출의 장기적 추세를 수정하는 데 선도적 역할을 수행함을 증명한다. 선진국은 이러한 역할을 수행함에 있어 이산화탄소와 몬트리올의정서에 의하여 규제되지 않는 그 밖의 온실가스의 인위적 배출을 1990년대말까지 종전 수준으로 회복시키는 것이 그러한 수정에 기여함을 인식하고 각 당사자의 출발점 및 접근 방법·경제구조 그리고 자원기반의 차이, 강력하고 지속가능한 경제성장을 유지할 필요성, 가용기술 그리고 여타 개별적 상황, 아울러 이 목적에 대한 세계적 노력에 각 당사자가 공평하고 적절하게 기여할 필요성을 고려한다. 선진국인 당사자는 그 밖의 당사자와 이러한 정책과 조치를 공동으로 이행할 수 있으며, 또한 그 밖의 당사자가 협약의 목적, 특히 본 호의 목적을 달성하는 데 기여하도록 지원할 수 있다.

나. 이러한 목적달성을 촉진하기 위하여 당사자는 이산화탄소와 몬트리올의정서에 의하여 규제되지 않는 그 밖의 온실가스의 인위적 배출을 개별적 또는 공동으로 1990년 수준으로 회복시키기 위한 목적으로, 가호에 언급된 정책 및 조치에 관한 상세한 정보와, 가호에 언급된 기간동안에 이러한 정책과 조치의 결과로 나타나는 몬트리올의정서에 의하여 규제되지 않는 온실가스의 배출원에 따른 인위적 배출과 흡수원에 따른 제거에 관한 상세한 정보를 협약이 자기나라에 대하여 발효한 후 6월이내에, 또한 그 이후에는 정기적으로 제12조에 따라 통보한다. 당사국 총회는 제 7 조에 따라 제 1 차 회기에서, 또한 그 이후에는 정기적

으로 이러한 정보를 검토한다.

다. 나호의 목적상 온실가스의 배출원에 따른 배출과 흡수원에 따른 제거에 관한 계산은 흡수원의 유효용량 및 기후변화에 대한 가스종별 기여도를 포함하는 최대한으로 이용가능한 과학적 지식을 고려하여야 한다. 당사자총회는 제 1 차 회기에서 이러한 계산방식에 대해 심의, 합의하고 그 이후에는 정기적으로 이를 검토한다.

라. 당사자총회는 제 1 차 회기에서 가호와 나호의 조치가 충분한지를 검토한다. 이러한 검토는 기후변화와 그 영향에 대한 최대한으로 이용가능한 과학적 정보 및 평가와 아울러 관련 기술적·사회적 및 경제적 정보를 고려하여 수행한다. 이러한 검토에 입각하여 당사자총회는 적절한 조치를 취하며, 이에는 가호 및 나호의 공약에 대한 개정의 채택이 포함될 수 있다. 당사자총회는 제 1 차 회기에서 가호에 규정된 공동 이행에 관한 기준을 또한 결정한다. 가호와 나호에 대한 제 2 차 검토는 1998년 12월 31일 이전에 실시하며, 그 이후에는 이 협약의 목적이 달성될 때까지 당사자총회가 결정하는 일정한 간격으로 실시한다.

마. 당사자는 다음을 수행한다.

(1) 협약의 목적을 달성하기 위하여 개발된 관련 경제적 및 행정적 수단들을 적절히 그 밖의 당사자와 조정한다.

(2) 몬트리올의정서에 의하여 규제되지 않는 온실가스의 인위적 배출수준의 증가를 초래하는 활동을 조장하는 정책과 관행을 찾아내어 정기적으로 검토한다.

바. 당사자총회는 관련 당사자의 승인을 얻어 부속서 1·2의 명단을 적절히 수정할지를 결정하기 위하여 1998년 12월 31일 이전에 이용가능한 정보를 검토한다.

사. 부속서 1에 포함되지 않은 당사자는 비준서·수락서·승인서 또는 가입서에서, 그리고 그 이후에는 언제든지 가호와 나호에 구속받고자 하는 의사를 수탁자에게 통고할 수 있다. 수탁자는 그러한 통고를 서명자 또는 당사자에게 통보한다.

3. 부속서 2에 포함된, 선진국인 당사자와 그 밖의 선진당사자는 개발도상국이 제12조 제 1 항에 따른 공약을 이행하는 데에서 부담하는 합의된 만큼의 모든 비용을 충족시키기 위하여 새로운 추가적 재원을 제공한다. 이러한 당사자는 또한 기술이전을 위한 비용을 포함하여, 본 조 제 1 항에 규정된 것으로서 개발도상국이 제11조에 언급된 국제기구 또는 국제기구들과 합의한 조치를 이행하는 데에서 발생하는, 합의된 만큼

의 모든 부가비용을 충족시키기 위하여 제11조에 따라 개발도상국인 당사자가 필요로 하는 새로운 추가적 재원을 제공한다. 이러한 공약의 이행에는 자금흐름의 충분성과 예측가능성 및 선진국인 당사자간의 적절한 부담배분의 중요성을 고려한다.

4. 부속서 2에 포함된, 선진국인 당사자와 그 밖의 선진당사자는 또한 기후변화의 부정적 효과에 특히 취약한 개발도상국인 당사자가 이러한 부정적 효과에 적응하는 비용을 부담할 수 있도록 지원한다.

5. 부속서 2에 포함된, 선진국인 당사자와 그 밖의 선진당사자는 다른 당사자, 특히 개발도상국인 당사자가 이 협약의 규정을 이행할 수 있도록 환경적으로 건전한 기술과 노우하우의 이전 또는 이에 대한 접근을 적절히 증진·촉진하며, 그리고 이에 필요한 재원을 제공하기 위한 모든 실행가능한 조치를 취한다. 이러한 과정에서 선진국인 당사자는 개발도상국인 당사자의 내생적 능력과 기술의 개발 및 향상을 지원한다. 지원할 수 있는 위치에 있는 그 밖의 당사자와 기구도 이러한 기술이전을 용이하게 하도록 지원할 수 있다.

6. 제 2 항의 공약을 이행하는 데 있어, 부속서 1에 포함된 당사자로서 시장경제로의 이행과정에 있는 당사자에 대해서는 기후변화에 대응하는 능력을 향상시키도록 당사자총회로부터 어느 정도의 융통성이 허용되며, 이에는 기준으로 선정된 몬트리올의정서에 의해 규제되지 않는 온실가스의 과거 인위적 배출수준에 관한 사항이 포함된다.

7. 개발도상국인 당사자의 협약에 따른 공약의 효과적 이행정도는 선진국인 당사자가 재원 및 기술 이전에 관한 협약상의 공약을 얼마나 효과적으로 이행할지에 달려있으며, 경제적·사회적 개발과 빈곤 퇴치가 개발도상국의 제 1 차적이며 가장 앞서는 우선 순위임을 충분히 고려한다.

8. 본 조의 공약을 이행하는 데 있어, 당사자는 특히 다음에 열거한 각 지역에 대한 기후변화의 부정적 효과 그리고/또는 대응조치의 이행에 따른 영향으로부터 발생하는 개발도상국인 당사자의 특수한 필요와 관심을 충족시키기 위하여 재원제공, 보험 그리고 기술이전과 관련된 조치를 포함하여 이 협약에 따라 어떠한 조치가 필요한지를 충분히 고려한다.

가. 소도서국가

나. 저지대 연안을 보유한 국가

다. 건조·반건조지역, 산림지역 및 산림황폐에 취약한 지역을 보유한 국가

라. 자연재해에 취약한 지역을 보유한 국가
마. 가뭄과 사막화에 취약한 지역을 보유한 국가
바. 도시대기가 고도로 오염된 지역을 보유한 국가
사. 산악 생태계를 포함하여 연약한 생태계 지역을 보유한 국가
아. 화석연료와 이에 연관된 에너지 집약적 생산품의 생산·가공 및 수출로부터 얻는 소득에, 그리고/또는 화석연료와 이에 연관된 에너지 집약적 생산품의 소비에 크게 의존하는 경제를 보유한 국가
자. 내륙국과 경유국 또한, 당사자총회는 본 항과 관련하여 적절한 조치를 취할 수 있다.

9. 당사자는 재원제공 및 기술이전과 관련된 조치에서 최빈국의 특수한 필요와 특별한 상황을 충분히 고려한다.
10. 당사자는, 협약의 공약을 이행함에 있어, 기후변화에 대응하기 위한 조치의 이행에 따라 발생하는 부정적 효과에 취약한 경제를 가진 당사자, 특히 개발도상국인 당사자의 여건을 제10조에 따라 고려한다. 이는 화석연료와 이에 연관된 에너지 집약적 생산품의 생산·가공 및 수출로부터 발생하는 소득에 크게 의존하는, 그리고/또는 화석연료와 이에 연관된 에너지 집약적 생산품의 소비에 크게 의존하는, 그리고/또는 다른 대체에너지로 전환하는 데 심각한 어려움을 갖고 있어 화석 연료 사용에 크게 의존하는 경제를 보유한 당사자에게 특히 적용된다.

제 5 조　조사 및 체계적 관측

제 4 조 제 1 항 사호의 공약을 이행함에 있어, 당사자는 다음과 같이 한다.

가. 노력의 중복을 최소화할 필요성을 고려하여 조사·자료 수집 및 체계적 관측에 관한 정의수립·실시·평가 및 경비지원을 목적으로 하는 국제적 및 정부간 계획·조직 또는 기구를 적절히 지원하고 더욱 발전시킨다.
나. 특히 개발도상국에 있어서 체계적 관측과 국가의 과학·기술 조사역량과 능력을 강화하며, 국가관할권 이원지역에서 획득된 자료 및 그 분석결과에의 접근 및 교환을 촉진하는 국제적 및 정부간 노력을 지원한다.
다. 개발도상국의 특별한 관심과 필요를 고려하며, 가호 및 나호에 언급된 노력에

참여하기 위한 개발도상국의 내생적 역량과 능력을 향상시키는 데 협력한다.

제 6 조 교육, 훈련 및 홍보

제 4 조 제 1 항 자호의 공약을 이행함에 있어, 당사자는 다음과 같이 한다.

가. 국내적 차원 및 적절한 경우 소지역적 및 지역적 차원에서 국내법령에 따라, 또한 각자의 능력 안에서 다음 사항을 촉진하고 장려한다.

(1) 기후변화와 그 효과에 관한 교육 및 홍보계획의 개발과 실시

(2) 기후변화와 그 효과에 관한 정보에의 공공의 접근

(3) 기후변화와 그 효과에 대응하고 적절한 대응책을 개발하는 데 대한 공공의 참여

(4) 과학·기술 및 관리요원의 양성

나. 국제적 차원에서 그리고 적절한 경우 기존기구를 이용하여 다음 사항에서 협력하고 이를 촉진한다.

(1) 기후변화와 그 효과에 관한 교육 및 홍보 자료의 개발과 교환

(2) 특히 개발도상국을 위하여 이 분야의 전문가를 양성할 국내기관의 강화와 요원의 교류 또는 파견을 포함하는 교육·훈련계획의 개발과 실시

제 7 조 당사자총회[2)]

1. 당사자총회를 이에 설치한다.
2. 당사자총회는 협약의 최고기구로서 협약 및 당사자총회가 채택하는 관련 법적문서의 이행상황을 정기적으로 검토하며, 권한의 범위안에서 협약의 효과적 이행 촉진에 필요한 결정을 한다. 이를 위하여 당사자총회는 다음을 수행한다.

가. 협약의 목적, 협약의 이행과정에서 얻은 경험 및 과학·기술지식의 발전에 비추어 협약에 따른 당사자의 공약과 제도적 장치를 정기적으로 검토한다.

나. 당사자의 서로 다른 여건·책임 및 능력과 협약상의 각자의 공약을 고려하여, 기후변화와 그 효과에 대응하기 위하여 당사자가 채택한 조치에 관한 정보의

---

2) 공식 번역본상 당사자총회와 함께 당사국총회로도 통상 사용된다.

교환을 촉진하고 용이하게 한다.

다. 둘 또는 그 이상의 당사자의 요청이 있는 경우, 당사자의 서로 다른 여건·책임 및 능력과 협약에 따른 각자의 공약을 고려하여, 기후변화 및 그 효과에 대응하기 위하여 당사자가 채택한 조치의 조정을 용이하게 한다.

라. 협약의 목적과 규정에 따라, 특히 온실가스의 배출원에 따른 배출 및 흡수원에 따른 제거에 관한 목록을 작성하고, 온실가스의 배출을 제한하고 제거를 강화하는 조치의 유효성을 평가하기 위한, 당사자총회에서 합의될 비교가능한 방법론의 개발 및 정기적 개선을 촉진하고 지도한다.

마. 협약의 규정에 따라 제공된 모든 정보에 입각하여 당사자의 협약 이행상황, 협약에 따라 취한 조치의 전반적 효과, 특히 누적적 효과를 포함한 환경적·경제적·사회적 효과 및 협약의 목적 성취도를 평가한다.

바. 협약의 이행에 관한 정기보고서를 심의, 채택하고 공표한다.

사. 협약의 이행에 필요한 모든 사항에 대하여 권고한다.

아. 제 4 조 제 3 항·제 4 항·제 5 항 및 제11조에 따라 재원의 동원을 추구한다.

자. 협약의 이행에 필요하다고 판단되는 보조기관을 설치한다.

차. 보조기관이 제출하는 보고서를 검토하고 지침을 준다.

카. 총회 및 보조기관의 의사규칙 및 재정규칙을 콘센서스로 합의하여 채택한다.

타. 적절한 경우, 권한있는 국제기구·정부간 기구 및 비정부간 기구의 지원과 협력 및 이들 기구에 의해 제공되는 정보를 입수하여 이용한다.

파. 협약에 따라 부여된 모든 기능과 협약의 목적달성을 위하여 요구되는 그 밖의 기능을 수행한다.

3. 당사자총회는 제 1 차 회기에서 총회 및 협약에 의하여 설치되는 보조기관의 의사규칙을 채택하며, 이 의사규칙은 협약에 규정된 의사 결정절차에서 다루지 않는 문제에 관한 의사결정절차를 포함한다. 이 절차에는 특별한 결정의 채택에 필요한 특정 의결정족수를 포함할 수 있다.

4. 당사자총회 제 1 차 회기는 제21조에 규정된 임시사무국이 소집하며 협약 발효 후 1년이내에 개최한다. 그 이후에는 당사자총회가 달리 결정하지 아니하는 한, 당사자총회 정기회기는 매년 개최된다.

5. 당사자총회 특별회기는 총회가 필요하다고 인정하는 때에 또는 당사자의 서면요청에

의하여 개최한다. 다만, 이러한 서면요청은 사무국이 이를 당사자에게 통보한 후 6월이내에 최소한 당사자 3분의 1의 지지를 받아야 한다.

6. 국제연합·국제연합전문기구·국제원자력기구 및 이들 기구의 회원국 또는 옵서버인 비당사자는 당사자총회 회기에 옵서버로 참석할 수 있다. 협약과 관련된 분야에서 자격을 갖춘 국내적 또는 국제적 기구나 기관 및 정부간 또는 비정부간 기구나 기관이 당사자총회 회기에 옵서버로서 참석할 희망을 사무국에 통보한 경우, 최소한 출석당사자 3분의 1이 반대하지 아니하는 한 참석이 허용될 수 있다. 옵서버의 참석허용 및 회의참가는 당사자총회가 채택한 의사규칙에 따른다.

제 8 조 사 무 국

1. 사무국을 이에 설치한다.
2. 사무국의 기능은 다음과 같다.
   가. 당사자총회 및 협약에 따라 설치되는 총회 보조기관의 회의준비와 이에 필요한 지원 제공
   나. 사무국에 제출된 보고서의 취합 및 전달
   다. 요청이 있을 경우, 당사자 특히 개발도상국인 당사자가 협약규정에 따라 요구되는 정보를 취합, 통보하는 데 있어 이에 대한 지원 촉진
   라. 활동보고서의 작성 및 당사자총회에 대한 제출
   마. 다른 유관 국제기구 사무국과의 필요한 협조 확보
   바. 당사자총회의 전반적인 지침에 따라 효과적인 기능 수행에 필요한 행정적·계약적 약정 체결
   사. 협약과 부속의정서에 규정된 그 밖의 사무국 기능과 당사자총회가 결정하는 그 밖의 기능 수행
3. 당사자총회는 제 1 차 회기에서 상설사무국을 지정하고 그 기능 수행에 필요한 준비를 한다.

제9조 과학·기술자문 보조기관

1. 당사자총회와 적절한 경우 그 밖의 보조기관에 협약과 관련된 과학·기술문제에 관한 시의적절한 정보와 자문을 제공하기 위하여 과학·기술자문 보조기관을 이에 설치한다. 이 기관은 모든 당사자의 참여에 개방되며 여러 전문분야로 이루어진다. 이 기관은 유관 전문분야의 권한 있는 정부대표로 구성된다. 이 기관은 모든 작업상황에 관하여 당사자총회에 정기적으로 보고한다.
2. 당사자총회의 지침에 따라, 그리고 권한있는 국제기구의 협력을 얻어 이 기관은 다음 사항을 수행한다.
   가. 기후변화와 그 효과에 관한 과학지식의 현황에 대한 평가를 제공한다.
   나. 협약의 이행과정에서 취한 조치의 효과에 대한 과학적 평가를 준비한다.
   다. 혁신적·효율적인 첨단기술과 노우하우를 파악하고 그러한 기술의 개발 및/또는 이전을 촉진하는 방법과 수단에 관하여 자문한다.
   라. 기후변화와 관련된 과학계획 및 연구개발을 위한 국제협력에 관한 자문과 개발도상국의 내생적 역량 형성을 지원하는 방법 및 수단에 관한 자문을 제공한다.
   마. 당사자총회와 그 보조기관이 제기하는 과학적·기술적 및 방법론적 질문에 답변한다.
3. 이 기관의 기능과 권한은 당사자총회에서 더 구체화할 수 있다.

제10조 이행을 위한 보조기관

1. 당사자총회가 협약의 효과적 이행상황을 평가하고 검토하는 것을 지원하기 위하여 이행을 위한 보조기관을 이에 설치한다. 이 기관은 모든 당사자의 참여에 개방되며 기후변화분야의 전문가인 정부대표로 구성된다. 이 기관은 모든 작업상황에 관하여 당사자총회에 정기적으로 보고한다.
2. 당사자총회의 지침에 따라, 이 기관은 다음 사항을 수행한다.
   가. 당사자가 취한 조치의 전반적인 종합적 효과를 평가하기 위하여, 제12조 제1항에 따라 통보된 정보를 기후변화에 관한 최신의 과학적 평가에 비추어 심의한다.
   나. 당사자총회가 제4조 제2항 나호에 규정된 검토를 수행하는 것을 지원하기 위하여,

제12조 제 2 항에 따라 통보된 정보를 심의한다.

다. 적절한 경우, 당사자총회가 결의를 준비하고 이행하는 데 있어 이를 지원한다.

제11조 재정지원체제

1. 기술이전을 포함하여 무상 또는 양허성 조건의 재원제공을 위한 지원체제를 이에 규정한다. 이 지원체제는 협약에 관련되는 정책, 계획의 우선순위 및 자격기준을 결정하는 당사자총회의 지침에 따라 기능을 수행하고 총회에 책임을 진다. 그 운영은 하나 또는 그 이상의 기존 국제기구에 위탁된다.
2. 재정지원체제는 투명한 관리제도안에서 모든 당사자가 공평하고 균형있는 대표성을 갖는다.
3. 당사자총회와 재정지원체제의 운영을 위탁받은 기구는 상기 두 항에 효력을 부여하기 위하여 다음 사항을 포함하는 운영요령에 합의한다.
   가. 기후변화를 다루기 위한 재원제공사업이 당사자총회가 마련한 정책, 계획의 우선 순위 및 자격기준에 부합하도록 보장하는 방식
   나. 특정 재원제공 결정을 이러한 정책, 계획의 우선순위 및 자격기준에 비추어 재심의하는 방식
   다. 제 1 항에 규정된 책임요건과 부합하게, 운영을 맡은 기구가 재원제공활동에 관한 정기보고서를 당사자총회에 제출하는 것
   라. 예측가능하고 확인가능한 방식으로 협약이행에 필요한 이용가능한 재원제공액을 결정하고, 이 금액을 정기적으로 검토하는 조건에 관해 결정하는 것
4. 당사자총회는 제21조 제 3 항에 언급된 임시조치를 검토, 심의하여 제 1 차 회기에서 상기 규정의 이행을 위한 준비를 하고 임시조치의 유지여부를 결정한다. 그로부터 4년이내에 당사자총회는 재정지원체제에 대해 검토하고 적절한 조치를 취한다.
5. 선진국인 당사자는 또한 협약이행과 관련된 재원을 양자적, 지역적 및 그 밖의 다자적 경로를 통하여 제공하고, 개발도상국인 당사자는 이를 이용할 수 있다.

제12조 이행관련 정보의 통보

1. 제 4 조 제 1 항에 따라, 당사자는 사무국을 통하여 다음 사항의 정보를 당사자총회에 통보한다.
   가. 당사자총회에서 지지·합의할 비교가능한 방법론을 이용하여 능력이 허용하는 한도 내에서 작성한 몬트리올의정서에 의해 규제되지 않는 모든 온실가스의 배출원에 따른 인위적 배출과 흡수원에 따른 제거에 관한 국가통계
   나. 협약이행을 위하여 당사자가 취했거나 계획중인 조치의 일반적인 서술
   다. 당사자가 협약 목적의 달성에 관련되고 통보에 포함시키는 것이 적합하다고 판단하는 그 밖의 정보. 이는 가능한 경우 세계적 배출추세 산출에 관련되는 자료를 포함함.
2. 부속서 1에 포함된, 선진국인 당사자와 그 밖의 당사자는 통보에 다음 사항의 정보를 포함한다.
   가. 제 4 조 제 2 항 가호·나호의 공약이행을 위하여 채택한 정책 및 조치의 상세한 서술
   나. 상기 가호에 언급된 정책 및 조치가 제 4 조 제 2 항 가호에 언급된 기간동안 온실가스의 배출원에 따른 인위적 배출 및 흡수원에 따른 제거에 미치는 효과에 대한 상세한 평가
3. 또한 부속서 2에 포함된, 선진국인 당사자와 그 밖의 선진 당사자는 제 4 조 제 3 항·제 4 항 및 제 5 항에 따라 취한 조치의 상세내용을 포함한다.
4. 개발도상국인 당사자는 자발적으로 사업이행에 필요한 특정 기술·재료·장비·공법 또는 관행을 포함하는 재원제공사업을 제안할 수 있으며, 이러한 제안에는 가능한 경우 모든 부가비용에 대한 견적, 온실가스의 배출저감 및 제거증가에 대한 견적, 그리고 이로 인한 이익에 대한 평가를 포함한다.
5. 부속서 1에 포함된, 선진국인 당사자와 그 밖의 당사자는 그 당사자에 대하여 협약이 발효한 후 6월이내에 최초의 통보를 행한다. 그 밖의 당사자는 그 당사자에 대한 협약발효 후 3년이내에, 또는 제 4 조 제 3 항에 따른 재원을 이용할 수 있는 때로부터 3년이내에 최초의 통보를 행한다. 최빈국인 당사자는 자신의 재량에 따라 최초의 통보를 행한다. 모든 당사자의 그 후의 통보의 빈도는 당사자총회가 결정하며, 이에는

이 항에 규정된 차등적 일정을 고려한다.

6. 사무국은 본 조에 따라 당사자가 통보한 정보를 당사자총회와 유관 보조기관에 가급적 신속히 전달한다. 필요하다면, 당사자총회는 정보의 통보절차를 추가로 심의할 수 있다.
7. 당사자총회는 제 1 차 회기부터 개발도상국인 당사자가 본 조에 따라 정보를 취합 및 통보하고 제 4 조 에 따른 제안사업 및 대응조치와 연관된 기술적·재정적 소요를 판단하는 데 필요한 기술·재정지원을 요청에 따라 개발도상국인 당사자에게 제공하는 것을 주선한다. 그 밖의 당사자, 권한있는 국제기구 및 사무국은 적절한 경우 이러한 지원을 제공할 수 있다.
8. 당사자로 구성된 집단은 당사자총회가 채택한 지침에 따르고 당사자총회에 사전통고하는 조건으로, 본 조에 따른 공약을 이행하기 위하여 공동으로 통보를 행할 수 있다. 단, 이러한 통보에는 협약에 따른 각 당사자의 개별적 공약이행에 관한 정보가 포함되는 것을 조건으로 한다.
9. 사무국이 접수한 정보중 당사자가 당사자총회에 의해 설정되는 기준에 따라 비밀로 지정한 정보는 정보통보와 검토에 관여하는 기관에 제공되기 전에 비밀보호를 위하여 사무국이 취합한다.
10. 제 9 항에 따를 것을 조건으로, 그리고 통보한 정보를 언제든지 공표할 수 있는 당사자의 능력에 영향을 미치지 아니하고, 사무국은 본 조에 따라 당사자가 통보한 정보가 당사자총회에 제출되는 시점에 공개적 이용이 가능하도록 한다.

제13조 이행관련 문제의 해결

당사자총회는 제 1 차 회기에서 이 협약의 이행관련 문제의 해결을 위하여, 당사자의 요청으로 이용가능한, 다자간 협의절차의 수립을 심의한다.

제14조 분쟁해결

1. 이 협약의 해석 또는 적용에 관하여 둘 또는 그 이상의 당사자간에 분쟁이 있는 경우, 관련 당사자는 교섭 또는 스스로 선택하는 그 밖의 평화적 방법을 통하여 분쟁

의 해결을 모색한다.

2. 이 협약의 비준·수락·승인 또는 가입시, 그리고 그 후 언제든지, 지역경제통합기구가 아닌 당사자는 협약의 해석이나 적용에 관한 분쟁에 있어서 동일한 의무를 수락하는 당사자와의 관계에서 다음을 특별한 합의없이, 선언하였다는 사실만으로, 의무적인 것으로 인정함을 수탁자에게 서면으로 선언할 수 있다.
   가. 분쟁의 국제사법재판소 회부 그리고/또는
   나. 당사자총회가 가능한 한 신속히 중재에 관한 부속서 형태로 채택할 절차에 따른 중재 지역경제통합기구인 당사자는 나호에서 언급된 절차에 따른 중재와 관련하여 유사한 효력을 가지는 선언을 행할 수 있다.
3. 제 2 항에 따라 행해진 선언은 선언의 조건에 따라 기한이 만료될 때까지, 또는 서면 철회통고가 수탁자에게 기탁된 후 3월까지 유효하다.
4. 새로운 선언, 선언의 철회통고 또는 선언의 기한만료는 분쟁 당사자가 달리 합의하지 아니하는 한, 국제사법재판소 또는 중재재판소에서 진행중인 소송에 대하여 어떠한 영향도 미치지 아니한다.
5. 제 2 항의 운용에 따를 것을 조건으로, 일방 당사자가 타방 당사자에게 그들간에 분쟁이 존재하고 있음을 통고한 후 12월동안 분쟁당사자가 제 1 항에 언급된 수단을 통하여 분쟁을 해결하지 못한 경우, 그 분쟁은 분쟁당사자 일방의 요청에 의하여 조정에 회부된다.
6. 조정위원회는 분쟁당사자 일방의 요청에 따라 설치된다. 위원회는 관련당사자 각각에 의하여 임명된 동수의 위원과 각 당사자에 의해 임명된 위원들이 공동으로 선출한 의장으로 구성된다. 위원회는 권고적 판정을 내리고, 당사자는 이를 성실히 고려한다.
7. 당사자총회는 가능한 한 신속히 조정에 관한 부속서 형태로 조정과 관련된 추가절차를 채택한다.
8. 본 조의 규정은 해당문서가 달리 규정하지 아니하는 한, 당사자총회가 채택하는 모든 관련 법적 문서에 적용된다.

제15조 협약의 개정

1. 모든 당사자는 협약의 개정안을 제안할 수 있다.

2. 협약 개정안은 당사자총회의 정기회기에서 채택된다. 사무국은 제안된 협약개정안을 늦어도 채택회의가 개최되기 6월전에 당사자에게 통보한다. 또한 사무국은 제안된 개정안을 이 협약 서명자 그리고 참고로 수탁자에게도 통보한다.
3. 당사자는 제안된 협약 개정안이 콘센서스에 의하여 합의에 도달하도록 모든 노력을 다한다. 콘센서스를 위한 모든 노력을 다하였으나 합의에 도달하지 못한 경우, 개정안은 최종적으로 회의에 출석·투표한 당사자 4분의 3의 다수결로 채택된다. 사무국은 채택된 개정안을 수탁자에게 통보하며, 수탁자는 수락을 위하여 이를 모든 당사자에게 배포한다.
4. 개정안에 대한 수락서는 수탁자에게 기탁된다. 제 3 항에 따라 채택된 개정안은 최소한 협약당사자 4분의 3의 수락서가 수탁자에게 접수된 후 90일째 되는 날부터 수락한 당사자에 대하여 발효한다.
5. 그 밖의 당사자가 그 후에 수탁자에게 수락서를 기탁하는 경우, 개정안은 기탁일 후 90일째 되는 날부터 그 당사자에 대하여 발효한다.
6. 본 조의 목적상 "출석·투표한 당사자"라 함은 회의에 출석하여 찬성 또는 반대 투표를 한 당사자를 말한다.

제16조 부속서의 채택 및 개정

1. 협약의 부속서는 협약의 불가분의 일부를 구성하며, 협약이 언급되는 경우 명시적으로 달리 규정하지 아니하는 한, 이는 동시에 부속서도 언급하는 것으로 본다. 이러한 부속서는 제14조 제 2 항 나호 및 제 7 항의 규정에 영향을 미치지 아니하고, 목록·양식 및 과학적·기술적·절차적 또는 행정적 특성을 가진 서술적 성격의 그 밖의 자료에 제한된다.
2. 협약의 부속서는 제15조 제 2 항·제 3 항 및 제 4 항에 규정된 절차에 따라 제안되고 채택된다.
3. 제 2 항에 따라 채택된 부속서는, 수탁자가 부속서의 채택을 당사국에 통보한 날부터 6월후에, 동 기간내에 부속서를 수락하지 않음을 수탁자에게 서면으로 통고한 당사자를 제외한 모든 당사자에 대하여 발효한다. 부속서는 불수락 통고를 철회한 당사자에 대하여는 수탁자의 통고철회 접수일 후 90일째 되는 날부터 발효한다.

4. 협약 부속서의 개정안의 제안·채택 및 발효는 제 2 항 및 제 3 항에 따른 협약 부속서의 제안·채택 및 발효와 동일한 절차를 따른다.
5. 부속서 또는 부속서 개정안의 채택이 협약의 개정을 수반하는 경우, 협약의 개정안이 발효할 때까지 부속서 또는 부속서 개정안은 발효하지 아니한다.

第17조 의 정 서

1. 당사자총회는 정기회기에서 협약에 대한 의정서를 채택할 수 있다.
2. 사무국은 제안된 의정서의 문안을 늦어도 회기가 개최되기 6월전에 당사자에게 통보한다.
3. 의정서의 발효요건은 그 문서에 규정한다.
4. 협약의 당사자만이 의정서의 당사자가 될 수 있다.
5. 의정서에 따른 결정은 관련 의정서의 당사자만이 할 수 있다.

第18조 투 표 권

1. 협약의 당사자는 제 2 항에 규정된 경우를 제외하고는 하나의 투표권을 가진다.
2. 지역경제통합기구는 그 기구의 권한사항에 대하여 협약의 당사자인 기구 회원국의 수와 동수의 투표권을 행사한다. 기구 회원국의 어느 한 나라라도 투표권을 행사하는 경우, 기구는 투표권을 행사할 수 없으며 그 반대의 경우도 또한 같다.

第19조 수 탁 자

국제연합사무총장은 이 협약과 협약 제17조에 따라 채택되는 의정서의 수탁자가 된다.

第20조 서 명

이 협약은 국제연합 환경개발회의 기간 중에는 리우데자네이로에서, 1992년 6월 20일부터 1993년 6월 19일까지는 뉴욕의 국제연합본부에서 국제연합 또는 그 전문기구의 회원국,

국제사법재판소 규정 당사자 및 지역경제통합기구의 서명을 위하여 개방된다.

제21조 임시조치

1. 제 8 조에 언급된 사무국의 기능은 당사자총회의 제 1 차 회기 종료시까지는 1990년 12월 21일 국제연합 총회결의 45/212호에 의해 설립된 사무국에 의하여 임시로 수행된다.
2. 제 1 항에 언급된 임시사무국의 장은 기후변화에 관한 정부간 협의체가 객관적인 과학적·기술적 자문의 요구에 따를 수 있도록 하기 위하여 협의체와 긴밀히 협력한다. 다른 관련 과학기구들과도 또한 협의할 수 있다.
3. 국제연합개발계획, 국제연합환경계획 및 국제부흥개발은행에 의하여 운영되고 있는 지구환경기금은 임시적으로 제11조에 언급된 재정지원체제의 운영을 위탁받는 국제기구가 된다. 이와 관련, 지구환경기금은 제11조의 요건을 충족할 수 있도록 적절히 재구성되어야 하고 그 회원자격을 보편화하여야 한다.

제22조 비준·수락·승인 또는 가입

1. 협약은 국가 및 지역경제통합기구에 의해 비준·수락·승인 또는 가입된다. 협약은 서명기간이 종료된 다음 날부터 가입을 위하여 개방된다. 비준서·수락서·승인서 또는 가입서는 수탁자에게 기탁된다.
2. 협약의 당사자가 되는 지역경제통합기구는, 기구 회원국 중 어느 한 국가도 협약의 당사자가 아닌 경우, 협약에 따른 모든 의무에 구속된다. 기구의 하나 또는 그 이상의 회원국이 협약의 당사자인 경우, 기구와 기구 회원국은 협약에 따른 의무를 수행하기 위한 각각의 책임을 결정한다. 이러한 경우, 기구와 기구회원국은 협약에 따른 권리를 동시에 행사할 수는 없다.
3. 지역경제통합기구는 그 비준서·수락서·승인서 또는 가입서에 협약이 규율하는 사항에 관한 기구의 권한범위를 선언한다. 또한 기구는 권한범위의 실질적 변동에 관하여 수탁자에게 통보하며, 수탁자는 이를 당사자에게 통보한다.

제23조 발 효

1. 협약은 50번째의 비준서·수락서·승인서 또는 가입서의 기탁일 후 90일째 되는 날부터 발효한다.
2. 50번째의 비준서·수락서·승인서 또는 가입서가 기탁된 후 협약을 비준·수락·승인 또는 가입하는 국가 또는 지역경제통합 기구에 대하여, 협약은 그 국가 또는 지역경제통합기구의 비준서·수락서·승인서 또는 가입서 기탁일 후 90일째 되는 날부터 발효한다.
3. 제 1 항 및 제 2 항의 목적상 지역경제통합기구가 기탁하는 문서는 기구 회원국이 기탁하는 문서에 추가되는 것으로 보지 아니한다.

제24조 유 보

협약에 대하여는 어떤 유보도 행할 수 없다.

제25조 탈 퇴

1. 당사자는 협약이 자기나라에 대하여 발효한 날부터 3년이 경과한 후에는 언제든지 수탁자에게 서면통고를 함으로써 협약으로부터 탈퇴할 수 있다.
2. 탈퇴는 수탁자가 탈퇴통고를 접수한 날부터 1년의 기한 만료일 또는 탈퇴통고서에 더 늦은 날짜가 명시된 경우에는 그 늦은 날에 발효한다.
3. 협약으로부터 탈퇴한 당사자는 당사자가 되어 있는 모든 의정서로부터도 탈퇴한 것으로 본다.

제26조 정 본

아랍어·중국어·영어·불어·러시아어 및 서반아어본이 동등하게 정본인 이 협약의 원본은 국제연합사무총장에게 기탁된다.

이상의 증거로 정당하게 권한을 위임받은 아래 서명자가 협약에 서명하였다.

일천구백구십이년 오월 구일 뉴욕에서 작성하였다.

부 속 서 1

오스트레일리아
오스트리아
벨라루스*
벨기에
불가리아*
캐나다
체크슬로바크*
덴마아크
구주경제공동체
에스토니아*
핀랜드
프랑스
독일
희랍
헝가리*
아이슬랜드
아일랜드
이탈리아
일본
라트비아*
리투아니아*
룩셈부르크
네덜란드
뉴질랜드
노르웨이
폴란드*
포르투갈
루마니아*
러시아*
스페인
스웨덴
스위스
터어키
우크라이나*
영국
미국

* 시장경제로 전환중인 국가

부 속 서 2

오스트레일리아
오스트리아
벨기에
캐나다
덴마아크
구주경제공동체
핀랜드
프랑스
독일
희랍
아이슬랜드
아일랜드
이탈리아
일본
룩셈부르크
네덜란드
뉴질랜드
노르웨이
포르투갈
스페인
스웨덴
스위스
터어키
영국
미국

기후변화에 관한 국제연합 기본협약에 대한 교토 의정서[1)]

이 의정서의 당사자는,

기후변화에관한국제연합기본협약(이하 "협약"이라 한다)의 당사자로서,

협약 제 2 조에 규정된 협약의 궁극적 목적을 추구하고,

협약의 규정을 상기하며,

협약 제 3 조와,

협약의 규정에 의한 당사자총회 제1차 회기에서 결정 1/CP.1호로 채택된 베를린위임에 따라,

다음과 같이 합의하였다.

제 1 조

이 의정서의 목적상, 협약 제 1 조의 정의규정이 적용된다. 추가로,

1. "당사자총회"라 함은 협약의 규정에 의한 당사자총회를 말한다.
2. "협약"이라 함은 1992년 5월 9일 뉴욕에서 채택된 기후변화에관한국제연합기본협약을 말한다.
3. "기후변화에 관한 정부간 패널"이라 함은 세계기상기구 및 국제연합 환경계획이

1) 1997년 채택, 2005년 발효.

1988년에 공동으로 설립한 기후변화에 관한 정부간 패널을 말한다.

4. "몬트리올의정서"라 함은 1987년 9월 16일 몬트리올에서 채택되고 그 이후 조정·개정된 오존층파괴물질에관한몬트리올의정서를 말한다.
5. "출석하여 투표하는 당사자"라 함은 회의에 출석하여 찬성이나 반대 투표를 하는 당사자를 말한다.
6. "당사자"라 함은 문맥상 다른 의미로 사용되지 아니하는 한, 이 의정서의 당사자를 말한다.
7. "부속서 1의 당사자"라 함은 협약의 부속서 1(당해 부속서가 개정되는 경우에는 그 개정부속서를 말한다)에 포함된 당사자 및 협약 제 4 조 제 2 항 사목에 의하여 통고한 당사자를 말한다.

제 2 조

1. 부속서 1의 당사자는 제 3 조의 규정에 의한 수량적 배출량의 제한·감축을 위한 공약을 달성함에 있어 지속가능한 개발을 촉진하기 위하여 다음 각목의 사항을 수행한다.

   가. 자국의 여건에 따라 다음과 같은 정책·조치를 이행하고/이행하거나 더욱 발전시킨다.

      (1) 자국 경제의 관련 부문에서 에너지의 효율성을 향상시킬 것

      (2) 관련 국제환경협정상 자국의 공약을 고려하면서, 온실가스(몬트리올의정서에 의하여 규제되는 것을 제외한다)의 흡수원 및 저장소를 보호·강화하고, 지속가능한 산림관리작업과 신규조림 및 재조림을 촉진할 것

      (3) 기후변화요소를 고려한 지속가능한 형태의 농업을 촉진할 것

      (4) 신규 및 재생가능한 형태의 에너지와 이산화탄소의 격리기술 및 선진적·혁신적이며 환경적으로 건전한 기술에 대한 연구·촉진·개발 및 그 이용을 증진할 것

      (5) 모든 온실가스의 배출부문에 있어서 협약의 목적에 위배되는 시장의 불완전성, 재정적 유인, 세금·관세의 면제 및 보조금 등을 점진적으로 감축하거나 단계적으로 폐지하며, 시장적 기제를 적용할 것

      (6) 온실가스(몬트리올의정서에 의하여 규제되는 것을 제외한다)의 배출량을 제한·감축하는 정책 및 조치를 촉진하기 위하여 관련 부문의 적절한 개선을 장려할 것

(7) 수송부문에서 온실가스(몬트리올의정서에 의하여 규제되는 것을 제외한다)의 배출량을 제한 및/또는 감축하는 조치를 취할 것

(8) 폐기물의 관리와 에너지의 생산·수송·분배 과정에서의 회수 및 사용을 통하여 메탄의 배출량을 제한 및/또는 감축할 것

나. 이 조에서 채택되는 정책 및 조치의 개별적·복합적 효과를 증대하기 위하여 협약 제4조 제2항 마목(1)에 따라 다른 부속서 1의 당사자들과 협력한다. 이를 위하여, 이들 당사자는 이러한 정책 및 조치에 관한 경험을 공유하고 정보를 교환하기 위한 조치를 이행하되, 이에는 정책 및 조치의 비교가능성·투명성 및 그 효과를 개선하기 위한 방안의 개발이 포함된다. 이 의정서의 당사자회의의 역할을 수행하는 당사자총회는 제1차 회기 또는 그 이후에 가능한 한 신속히 모든 관련 정보를 고려하여, 이러한 협력을 촉진하기 위한 방안을 검토한다.

2. 부속서 1의 당사자는 국제민간항공기구 및 국제해사기구에서의 활동을 통하여, 항공기용 및 선박용 연료로부터 각각 발생하는 온실가스(몬트리올의정서에 의하여 규제되는 것을 제외한다)배출량의 제한·감축을 추구한다.

3. 부속서 1의 당사자는 이 조의 규정에 의한 정책 및 조치를 이행하기 위하여 노력하되, 협약 제3조를 고려하여 기후변화의 부정적 효과, 국제통상에 미치는 영향, 다른 당사자들, 특히 개발도상국인 당사자들과 그 중에서도 협약 제4조 제8항 및 제9항에 규정된 당사자들에 대한 사회적·환경적·경제적 영향 등을 포함한 부정적 영향을 최소화하는 방식으로 이행하기 위하여 노력한다. 이 의정서의 당사자회의의 역할을 수행하는 당사자총회는 이 항의 이행을 촉진하기 위하여 적절한 경우 추가적 조치를 취할 수 있다.

4. 이 의정서의 당사자회의의 역할을 수행하는 당사자총회는, 각국의 상이한 여건과 잠재적 영향을 고려하여 제1항 가목의 정책 및 조치를 조정하는 것이 유익하다고 결정하는 경우에는, 이러한 정책 및 조치를 조정하기 위한 방안 및 수단을 검토한다.

제3조

1. 부속서 1의 당사자는, 이들 당사자에 의한 부속서 가에 규정된 온실가스의 총 인위적 배출량을 이산화탄소를 기준으로 환산한 배출량에 대하여 이를 2008년부터 2012년

까지의 공약기간동안 1990년도 수준의 5퍼센트 이상 감축하기 위하여, 이러한 총 배출량이 이 조 및 부속서 나에 규정된 이들 당사자의 수량적 배출량의 제한·감축을 위한 공약에 따라 계산되는 배출허용량을 초과하지 아니하도록 개별 또는 공동으로 보장한다.

2. 부속서 1의 당사자는 2005년까지 이 의정서상의 공약을 달성하는 데 따른 가시적 진전을 제시하여야 한다.
3. 인위적·직접적인 토지이용의 변화와 임업활동(1990년 이후의 신규조림·재조림 및 산림전용에 한한다)에 기인하는 온실가스의 배출원에 의한 배출량과 흡수원에 의한 제거량 간의 순변화량은, 각 공약기간마다 탄소저장량의 검증가능한 변화량으로 측정되며, 부속서 1의 당사자가 이 조의 공약을 달성하는데 사용된다. 이러한 활동과 연관되는 온실가스의 배출원에 의한 배출량 및 흡수원에 의한 제거량은 투명하고 검증가능한 방식으로 보고되며, 제 7 조 및 제 8 조에 따라 검토된다.
4. 이 의정서의 당사자회의의 역할을 수행하는 당사자총회의 제 1 차 회기 전에 부속서 1의 당사자는 과학·기술자문 보조기관의 검토를 위하여 자국의 1990년도 탄소저장량의 수준을 설정하고, 다음 연도의 탄소저장량의 변화에 대한 추산을 가능하게 하는 자료를 제공한다. 이 의정서의 당사자회의의 역할을 수행하는 당사자총회는 제 1 차 회기 또는 그 이후에 가능한 한 조속히 농지·토지이용변화 및 임업부문에서 온실가스의 배출원에 의한 배출량 및 흡수원에 의한 제거량의 변화와 관련된 추가적인 인위적 활동중 어느 활동을 어떤 방법으로 부속서 1의 당사자의 배출허용량에 추가하거나 공제할 것인지에 관한 방식·규칙 및 지침을 결정한다. 이러한 결정을 함에 있어서는 불확실성, 보고의 투명성, 검증가능성, 기후변화에 관한 정부간 패널의 방법론적 작업, 제 5 조에 따른 과학·기술자문 보조기관의 자문 및 당사자총회의 결정들이 고려되며, 동 결정은 제 2 차 공약기간 및 후속의 공약기간에 대하여 적용된다. 당사자는 추가적인 인위적 활동이 1990년 이후에 이루어진 경우에는, 위의 결정을 제 1 차 공약기간에 대하여 적용하는 것을 선택할 수 있다.
5. 시장경제로의 이행과정에 있는 부속서 1의 당사자로서 당사자총회 제 2 차 회기의 결정 9/CP.2에 따라 그 이행의 기준연도 또는 기간이 설정된 당사자는 이 조에 따른 공약을 이행함에 있어 그 기준연도 또는 기간을 사용한다. 시장경제로의 이행과정에 있는 부속서 1의 당사자로서 협약 제12조에 따른 제 1 차 국가보고서를 제출하지

아니한 그 밖의 당사자는 이 조에 따른 공약을 이행함에 있어 1990년도 이외의 역사적 기준연도 또는 기간을 사용할 의사가 있음을 이 의정서의 당사자회의의 역할을 수행하는 당사자총회에 통고할 수 있다. 동 당사자총회는 이러한 통고의 수락여부를 결정한다.

6. 이 의정서의 당사자회의의 역할을 수행하는 당사자총회는 협약 제 4 조 제 6 항을 고려하여, 시장경제로의 이행과정에 있는 부속서 1의 당사자에 대하여 이 의정서상의 공약(이 조에 따른 공약을 제외한다)을 이행함에 있어 일정한 융통성을 허용한다.
7. 제 1 차 수량적 배출량의 제한·감축을 위한 공약기간인 2008년부터 2012년까지 부속서 1의 당사자별 배출허용량은 1990년도나 제 5 항에 따라 결정된 기준연도 또는 기간에 당해 당사자가 배출한 부속서 가에 규정된 온실가스의 총 인위적 배출량을 이산화탄소를 기준으로 환산한 배출량에 부속서 나에 규정된 당사자별 백분율을 곱한 후 다시 5를 곱하여 산정한다. 토지이용변화와 임업이 1990년도에 온실가스의 순 배출원을 구성한 부속서 1의 당사자는 자국의 배출허용량을 산정함에 있어서 1990년도의 토지이용변화에 기인한, 배출원에 의한 총 인위적 배출량을 이산화탄소를 기준으로 환산한 배출량에서 흡수원에 의한 제거량을 공제한 양을 자국의 1990년도나 기준연도 또는 기간의 배출량에 포함시킨다.
8. 부속서 1의 당사자는 제 7 항에 규정된 계산을 위하여 수소불화탄소 · 과불화탄소 및 육불화황에 대하여 1995년도를 기준연도로 사용할 수 있다.
9. 후속기간에 대한 부속서 1의 당사자의 공약은 제21조 제 7 항에 따라 채택되는 이 의정서 부속서 나의 개정을 통하여 정하여지며, 이 의정서의 당사자회의의 역할을 수행하는 당사자총회는 제 1 항에 규정된 제 1 차 공약기간이 종료하기 최소 7년전에 이러한 공약에 대한 검토를 개시한다.
10. 제 6 조 또는 제17조의 규정에 따라 일방당사자가 타방당사자로부터 취득하는 배출량의 감축단위 또는 배출허용량의 일부는 이를 취득하는 당사자의 배출허용량에 추가된다.
11. 제 6 조 또는 제17조의 규정에 따라 일방당사자가 타방당사자에게 이전하는 배출량의 감축단위 또는 배출허용량의 일부는 이를 이전하는 당사자의 배출허용량에서 공제된다.
12. 제12조의 규정에 따라 일방당사자가 타방당사자로부터 취득하는 인증받은 배출감

축량은 이를 취득하는 당사자의 배출허용량에 추가된다.

13. 일정 공약기간동안 부속서 1의 당사자의 배출량이 이 조에 따른 배출허용량보다 적을 경우, 그 차이는 당해 당사자의 요청에 따라 동 당사자의 후속 공약기간의 배출허용량에 추가된다.

14. 부속서 1의 당사자는 제 1 항에 규정된 공약을 이행함에 있어서 개발도상국인 당사자들, 특히 협약 제 4 조 제 8 항 및 제 9 항에 규정된 당사자들에게 미치는 사회적 · 환경적 · 경제적인 부정적 영향을 최소화하는 방식으로 이행하기 위하여 노력하여야 한다. 협약 제 4 조 제 8 항 및 제 9 항의 이행에 관한 당사자총회의 관련 결정들에 따라, 이 의정서의 당사자회의의 역할을 수행하는 당사자총회는 제 1 차 회기에서 협약 제 4 조 제 8 항 및 제 9 항에 규정된 당사자들에 대하여 기후변화의 부정적 효과 및/또는 대응조치의 영향을 최소화하기 위하여 어떠한 조치가 필요한지를 검토하며, 그 검토사항에는 기금의 설립, 보험 및 기술이전이 포함된다.

제 4 조

1. 제 3 조상의 공약을 공동으로 이행하기로 합의한 부속서 1의 당사자들은, 이들 당사자에 의한 부속서 가에 규정된 온실가스의 총 인위적 배출량을 이산화탄소 기준으로 환산하여 합산한 총 배출량이 제 3 조 및 부속서 나에 규정된 수량적 배출량의 제한 · 감축을 위한 공약에 따라 계산된 그들의 배출허용량을 초과하지 아니하는 경우에는, 당해 공약을 이행한 것으로 간주된다. 그러한 합의를 한 각 당사자의 배출허용량의 수준은 그 합의에서 정하여진다.
2. 그러한 합의를 한 당사자들은 이 의정서의 비준서 · 수락서 · 승인서 또는 가입서의 기탁일에 합의된 내용을 사무국에 통고한다. 사무국은 협약의 당사자 및 서명자에게 그 합의된 내용을 통보한다.
3. 그러한 합의는 제 3 조 제 7 항에 명시된 공약기간동안에만 유효하다.
4. 공동으로 공약을 이행하는 당사자들이 지역경제통합기구의 틀 안에서 동 기구와 함께 공약을 이행하는 경우, 이 의정서의 채택 이후에 이루어지는 동 기구 구성상의 변동은 동 의정서상의 기존 공약에 아무런 영향을 미치지 아니한다. 지역경제통합기구의 구성상의 모든 변동은 그 변동 이후에 채택되는 제 3 조상의 공약에 대하여만

적용된다.

5. 그러한 합의의 당사자들이 그들 각각의 배출감축량을 합산한 감축량수준을 달성하지 못하는 때에는, 그러한 합의를 한 각 당사자는 그 합의에서 정하여진 자국의 배출량 수준에 대하여 책임을 진다.
6. 공동으로 공약을 이행하는 당사자들이 이 의정서의 당사자인 지역경제통합기구의 틀 안에서 동 기구와 함께 공약을 이행하는 경우, 그들 각각의 배출감축량을 합산한 감축량 수준을 달성하지 못하는 때에는, 지역경제통합기구의 각 회원국은 개별적으로, 또한 제24조에 따라 행동하는 지역경제통합기구와 함께, 이 조에 따라 통고된 자국의 배출량 수준에 대하여 책임을 진다.

제 5 조

1. 부속서 1의 당사자는 늦어도 제 1 차 공약기간이 개시되기 일년 전까지 모든 온실가스(몬트리올의정서에 의하여 규제되는 것을 제외한다)의 배출원에 의한 인위적 배출량과 흡수원에 의한 제거량을 추산하기 위한 국가제도를 마련한다. 이 의정서의 당사자회의의 역할을 수행하는 당사자총회는 제 1 차 회기에서 제 2 항에 규정된 방법론이 반영된 국가제도에 관한 지침을 결정한다.
2. 모든 온실가스(몬트리올의정서에 의하여 규제되는 것을 제외한다)의 배출원에 의한 인위적 배출량과 흡수원에 의한 제거량을 추산하기 위한 방법론은 기후변화에 관한 정부간 패널이 수락하고 당사자총회가 제 3 차 회기에서 합의한 것으로 한다. 이러한 방법론이 사용되지 아니하는 경우에는, 이 의정서의 당사자회의의 역할을 수행하는 당사자총회가 제 1 차 회기에서 합의한 방법론에 따른 적절한 조정이 적용된다. 이 의정서의 당사자회의의 역할을 수행하는 당사자총회는, 특히 기후변화에 관한 정부간 패널의 작업과 과학·기술자문 보조기관의 자문에 기초하고 당사자총회의 관련 결정들을 충분히 고려하여, 이러한 방법론과 조정을 정기적으로 검토하고 적절한 경우에는 이를 수정한다. 이러한 방법론과 조정에 대한 수정은 그러한 수정 이후에 채택되는 제 3 조상의 공약의 준수를 확인하기 위하여만 사용된다.
3. 부속서 가에 규정된 온실가스의 배출원에 의한 인위적 배출량과 흡수원에 의한 제거량에 대하여 이산화탄소를 기준으로 한 환산치를 계산하는 데 사용되는 지구온난화

지수는 기후변화에 관한 정부간 패널이 수락하고 당사자총회가 제 3 차 회기에서 합의한 것으로 한다. 이 의정서의 당사자회의의 역할을 수행하는 당사자총회는, 특히 기후변화에 관한 정부간 패널의 작업과 과학·기술자문 보조기관의 자문에 기초하고 당사자총회의 관련 결정들을 충분히 고려하여, 각 온실가스의 지구온난화지수를 정기적으로 검토하고 적절한 경우에는 이를 수정한다. 지구온난화지수에 대한 수정은 그러한 수정 이후에 채택되는 제 3 조상의 공약에 대하여만 적용된다.

제 6 조

1. 부속서 1의 당사자는 제 3 조상의 공약을 이행하기 위하여, 모든 경제 부문에서 온실가스의 배출원에 의한 인위적 배출량의 감축이나 흡수원에 의한 인위적 제거량의 증대를 목표로 하는 사업으로부터 발생하는 배출량의 감축단위를 다른 부속서 1의 당사자에게 이전하거나 그들로부터 취득할 수 있다. 이 경우, 다음 각목의 요건을 충족하여야 한다.
   가. 이러한 사업에 대하여 관련 당사자들의 승인이 있을 것
   나. 이러한 사업은 그 사업이 시행되지 아니하는 경우와 대비하여, 배출원에 의한 배출량의 추가적 감축이나 흡수원에 의한 제거량의 추가적 증대를 제공할 것
   다. 당사자가 제 5 조 및 제 7 조상의 의무를 준수하지 아니하는 경우, 그 당사자는 배출량의 감축단위를 취득하지 못하도록 할 것
   라. 배출량의 감축단위의 취득은 제 3 조상의 공약의 이행을 위한 국내 조치의 보조수단으로 활용되어야 할 것
2. 이 의정서의 당사자회의의 역할을 수행하는 당사자총회는 제 1 차 회기 또는 그 이후에 가능한 한 조속히 이 조의 검증·보고 및 이행을 위한 지침을 더욱 발전시킬 수 있다.
3. 부속서 1의 당사자는 자국의 책임하에 법인이 이 조의 규정에 의한 배출량의 감축단위의 발생·이전 및 취득을 초래하는 활동에 참여하는 것을 허가할 수 있다.
4. 부속서 1의 당사자에 의한 이 조에 규정된 요건의 이행문제가 제 8 조의 관련 규정에 따라 확인되는 경우, 배출량의 감축단위의 이전과 취득은 그러한 문제가 확인된 이후에도 계속 이루어질 수 있다. 다만, 당사자는 준수에 관한 모든 문제가 해결될 때까지

는 이러한 감축단위를 제 3 조상의 공약을 이행하는 데 사용할 수 없다.

제 7 조

1. 부속서 1의 당사자는 당사자총회의 관련 결정에 따라 제출하는 온실가스(몬트리올의정서에 의하여 규제되는 것을 제외한다)의 배출원에 의한 인위적 배출량과 흡수원에 의한 제거량에 관한 자국의 연례통계목록에, 제 3 조의 준수를 보장하기 위하여 필요한 보충정보로서 제 4 항에 따라 결정되는 것을 포함시킨다.
2. 부속서 1의 당사자는 협약 제12조에 따라 제출하는 자국의 국가보고서에, 이 의정서상의 공약의 준수를 증명하기 위하여 필요한 보충정보로서 제 4 항에 따라 결정되는 것을 포함시킨다.
3. 부속서 1의 당사자는 이 의정서가 자국에 대하여 발효한 이후의 공약기간의 첫째 연도에 대하여 협약상 제출하여야 하는 제 1 차 통계목록을 시작으로 제 1 항에서 요구하는 정보를 매년 제출한다. 동 당사자는 이 의정서가 자국에 대하여 발효하고 제 4 항에 규정된 지침이 채택된 이후에, 협약상 제출하여야 하는 제 1 차 국가보고서의 일부로서 제 2 항에서 요구하는 정보를 제출한다. 이 조에서 요구하는 정보의 후속 제출빈도는 당사자총회에서 결정되는 국가보고서의 제출일정을 고려하여, 이 의정서의 당사자회의의 역할을 수행하는 당사자총회가 결정한다.
4. 이 의정서의 당사자회의의 역할을 수행하는 당사자총회는 제 1 차 회기에서, 당사자총회에서 채택되는 부속서 1의 당사자의 국가보고서 작성을 위한 지침을 고려하여, 이 조에서 요구하는 정보의 작성지침을 채택하고, 그 후 정기적으로 이를 검토한다. 또한 이 의정서의 당사자회의의 역할을 수행하는 당사자총회는 제 1 차 공약기간 이전에 배출허용량의 계산방식을 결정한다.

제 8 조

1. 부속서 1의 당사자가 제 7 조에 따라 제출하는 정보에 대하여는 당사자총회의 관련 결정들과 이 의정서의 당사자회의의 역할을 수행하는 당사자총회가 제 4 항의 규정에 의하여 그 목적을 위하여 채택한 지침에 따라 전문가 검토반이 이를 검토한다. 부속서

1의 당사자가 제 7 조 제 1 항에 따라 제출하는 정보는 배출량의 통계목록과 배출허용량의 연례 취합 및 계산의 일부로서 검토된다. 추가적으로, 부속서 1의 당사자가 제 7 조 제 2 항에 따라 제출하는 정보는 보고서 검토의 일부로서 검토된다.

2. 전문가 검토반은, 당사자총회가 정한 방침에 따라, 사무국에 의하여 조정되며, 협약의 당사자가, 적절한 경우에는 정부간 기구가, 지명하는 인사중에서 선정되는 전문가로 구성된다.

3. 검토과정에서는 이 의정서의 당사자에 의한 이행의 모든 측면에 대하여 철저하고 포괄적인 기술적 평가가 이루어진다. 전문가 검토반은 당사자의 공약이행을 평가하고, 그 이행과정에 있어서의 모든 잠재적 문제점과 공약의 이행에 영향을 미치는 모든 요소들을 확인하여, 이 의정서의 당사자회의의 역할을 수행하는 당사자총회에 제출할 보고서를 작성한다. 사무국은 이러한 보고서를 협약의 모든 당사자에게 배포하는 한편, 이 의정서의 당사자회의의 역할을 수행하는 당사자총회가 보다 심층적으로 이를 검토할 수 있도록 그 보고서에서 지적된 이행상의 문제점을 목록화한다.

4. 이 의정서의 당사자회의의 역할을 수행하는 당사자총회는 제 1 차 회기에서, 당사자총회의 관련 결정들을 고려하여, 전문가 검토반이 이 의정서의 이행을 검토하기 위한 지침을 채택하고 그 후 정기적으로 이를 검토한다.

5. 이 의정서의 당사자회의의 역할을 수행하는 당사자총회는 이행보조기관, 적절한 경우에는 과학·기술자문 보조기관의 지원을 받아 다음 사항을 검토한다.

   가. 당사자가 제 7 조에 따라 제출한 정보 및 이 조의 규정에 의하여 그 정보에 대하여 행하여진 전문가의 검토보고서

   나. 사무국이 제 3 항에 따라 목록화한 이행상의 문제점 및 당사자가 제기한 모든 문제점

6. 이 의정서의 당사자회의의 역할을 수행하는 당사자총회는 제 5 항에 규정된 정보에 대한 검토에 따라 이 의정서의 이행을 위하여 필요한 모든 사항에 관하여 결정한다.

제 9 조

1. 이 의정서의 당사자회의의 역할을 수행하는 당사자총회는 기후변화와 그 영향에 대하여 이용가능한 최선의 과학적 정보·평가와 기술적·사회적·경제적 관련 정보에 비추어 이 의정서를 정기적으로 검토한다. 이러한 검토는 협약상의 관련 검토,

특히 협약 제 4 조 제 2 항 라목 및 제 7 조 제 2 항 가목에서 요구되는 관련 검토와 조정된다. 이 의정서의 당사자회의의 역할을 수행하는 당사자총회는 이러한 검토에 기초하여 적절한 조치를 취한다.

2. 제 1 차 검토는 이 의정서의 당사자회의의 역할을 수행하는 당사자총회의 제 2 차 회기에서 이루어진다. 추가적 검토는 적절한 방식에 의하여 정기적으로 이루어진다.

제10조

모든 당사자는, 공통적이지만 그 정도에는 차이가 있는 각자의 책임과 국가 및 지역에 고유한 개발우선순위·목적·상황을 고려하고, 부속서 1에 포함되지 아니한 당사자에 대하여는 어떠한 새로운 공약도 도입하지 아니하나 협약 제 4 조 제 1 항의 기존 공약에 대하여는 이를 재확인하며, 지속가능한 개발을 달성하기 위하여 이들 공약의 이행을 계속 진전시키고, 협약 제 4 조 제 3 항·제 5 항 및 제 7 항을 고려하여 다음 사항을 수행한다.

가. 당사자총회가 채택한 국가보고서의 작성을 위한 지침에 부합하고 당사자총회가 합의한 비교가능한 방법론을 사용하여, 모든 온실가스(몬트리올의정서에 의하여 규제되는 것을 제외한다)의 배출원에 의한 인위적 배출량과 흡수원에 의한 제거량에 관한 국가통계목록을 작성하고 이를 정기적으로 갱신하기 위하여, 각 당사자의 사회·경제적 여건을 반영하는 국내배출요소·활동자료 및/또는 모델의 질을 개선하기 위한 비용효율적인 국가적 계획, 적절한 경우에는 지역적 계획을 타당하고 가능한 범위안에서 수립할 것

나. 기후변화를 완화하는 조치와 기후변화에 대한 충분한 적응을 용이하게 하는 조치를 그 내용으로 하는 국가적 계획, 적절한 경우에는 지역적 계획을 수립·실시·공표하고 정기적으로 이를 갱신할 것

(1) 이러한 계획은, 특히 에너지·수송·산업·농업·임업 및 폐기물관리에 관한 것이며, 적응기술 및 국토관리계획을 개선하기 위한 방법은 기후변화에 대한 적응을 향상시킨다.

(2) 부속서 1의 당사자는 제 7 조에 따라 국가적 계획과 이 의정서에 따른 조치에 관한 정보를 제출한다. 그 밖의 당사자는 기후변화 및 그 부정적 영향에 대한 대응에 기여하리라고 생각되는 조치(온실가스 배출량의 증가 완화, 흡수원의 증진 및 흡수원에

의한 제거, 능력형성 및 적응조치를 포함한다)를 내용으로 하는 계획에 관한 정보를 자국의 국가보고서에 적절히 포함시키도록 노력한다.

다. 기후변화와 관련된 환경적으로 건전한 기술·노우하우·관행 및 공정의 개발·적용·확산을 위한 효과적인 방식을 증진하는 데 협력한다. 특히 개발도상국에 대하여, 기후변화와 관련된 환경적으로 건전한 기술·노우하우·관행 및 공정의 이전이나 이에 대한 접근을 적절히 증진·촉진하며, 이에 필요한 재원을 제공하기 위하여 실행가능한 모든 조치를 행한다. 이러한 조치는 공공소유 또는 사적 권리가 소멸된 환경적으로 건전한 기술의 효과적인 이전을 위한 정책 및 계획의 수립과 민간부문으로 하여금 환경적으로 건전한 기술의 이전과 이에 대한 접근을 증진하고 향상시킬 수 있도록 하는 환경의 조성을 포함한다.

라. 협약 제 5 조를 고려하여, 기후체계 및 기후변화의 부정적 영향이나 다양한 대응전략의 경제적·사회적 영향에 관한 불확실성을 줄이기 위하여 과학적·기술적 연구에서 협력하고, 체계적 관측체제의 유지·발전 및 자료보관제도의 정비를 증진하며, 연구 및 체계적 관측에 관한 국가간 및 정부간 노력·계획 및 협력망에 참여하기 위한 고유한 역량과 능력의 개발·강화를 증진한다.

마. 국제적 차원에서, 적절한 경우에는 기존 기구를 활용하여, 교육·훈련계획(국가적 능력, 특히 인적·제도적 능력형성의 강화, 특히 개발도상국에 있어서 이 분야의 전문가를 양성할 요원의 교류나 파견에 관한 것을 포함한다)의 개발·실시에 협력하고 이를 증진한다. 국가적 차원에서 기후변화에 관한 공중의 인식을 제고하고 관련 정보에 대한 공중의 접근을 용이하게 한다. 이러한 활동을 수행하기 위한 적절한 방식은, 협약 제 6 조를 고려하여, 이 협약의 관련기구를 통하여 개발된다.

바. 당사자총회의 관련 결정들에 따라, 이 조에 의하여 수행한 계획 및 활동에 관한 정보를 자국의 국가보고서에 포함시킨다.

사. 이 조의 공약을 이행함에 있어서 협약 제 4 조 제 8 항을 충분히 고려한다.

제11조

1. 제10조의 이행에 있어, 당사자는 협약 제 4 조 제 4 항·제 5 항 및 제 7 항 내지 제 9 항의 규정을 고려한다.

2. 협약 제 4 조 제 1 항의 이행과 관련하여, 협약 부속서 2의 선진국인 당사자와 그 밖의 선진당사자는 협약 제 4 조 제 3 항 및 제11조와 협약의 재정지원체제의 운영을 위임받은 기구를 통하여 다음을 행한다.
   가. 협약 제 4 조 제 1 항 가목의 규정에 의한 기존 공약으로서 제10조 가목에 규정된 사항의 이행을 진전시키기 위하여 개발도상국인 당사자가 부담하는 합의된 총비용을 충당하기 위하여 신규의 추가적 재원을 제공할 것
   나. 협약 제 4 조 제 1 항의 규정에 의한 기존 공약으로서 제10조에 규정되어 있고 개발도상국인 당사자와 협약 제11조에 규정된 국제기구간에 합의된 사항의 이행을 진전시키는데 소요되는 합의된 총 증가비용을 개발도상국인 당사자가 충당하는 데 필요한 신규의 추가적 재원(기술이전을 위한 재원을 포함한다)을 제11조에 따라 제공할 것 이러한 기존 공약의 이행에는 자금 흐름의 적정성 및 예측가능성이 필요하다는 점과 선진국인 당사자간에 적절한 부담배분이 중요하다는 점이 고려되어야 한다. 이 의정서의 채택 이전에 합의된 결정을 포함하여 당사자총회의 관련 결정에서 협약상의 재정지원체제를 운영하도록 위임받은 기구에 대한 지침은 이 항의 규정에 준용한다.
3. 협약 부속서 2의 선진국인 당사자와 그 밖의 선진당사자는 양자적·지역적 및 그 밖의 다자적 경로를 통하여 제10조의 이행을 위한 재원을 제공할 수 있고, 개발도상국인 당사자는 이를 이용할 수 있다.

제12조

1. 청정개발체제를 이에 규정한다.
2. 청정개발체제는 부속서 1에 포함되지 아니한 당사자가 지속가능한 개발을 달성하고 협약의 궁극적 목적에 기여할 수 있도록 지원하며, 부속서 1의 당사자가 제 3 조의 규정에 의한 수량적 배출량의 제한·감축을 위한 공약을 준수할 수 있도록 지원하는 것을 목적으로 한다.
3. 청정개발체제하에서,
   가. 부속서 1에 포함되지 아니한 당사자는 인증받은 배출감축량을 발생시키는 사업활동으로부터 이익을 얻는다.
   나. 부속서 1의 당사자는 제 3 조의 규정에 의한 수량적 배출량의 제한·감축을 위한

공약의 일부 준수에 기여하기 위하여 이러한 사업활동으로부터 발생하는 인증받은 배출감축량을 이 의정서의 당사자회의의 역할을 수행하는 당사자총회가 결정하는 바에 따라 사용할 수 있다.

4. 청정개발체제는 이 의정서의 당사자회의의 역할을 수행하는 당사자총회의 권한 및 지도에 따르며, 청정개발체제 집행이사회의 감독을 받는다.
5. 각 사업활동으로부터 발생하는 배출감축량은 다음에 기초하여, 이 의정서의 당사자회의의 역할을 수행하는 당사자총회가 지정하는 운영기구에 의하여 인증받는다.
   가. 관련 각 당사자가 승인한 자발적 참여
   나. 기후변화의 완화와 관련되는 실질적이고 측정가능한 장기적 이익
   다. 인증받은 사업활동이 없는 경우에 발생하는 배출량의 감축에 추가적인 배출량의 감축
6. 청정개발체제는, 필요한 경우, 인증받은 사업활동을 위한 재원조달을 지원한다.
7. 이 의정서의 당사자회의의 역할을 수행하는 당사자총회는 제 1 차 회기에서 사업활동에 대한 독립적인 감사·검증을 통하여 투명성·효율성 및 책임성을 보장하기 위한 방식 및 절차를 발전시킨다.
8. 이 의정서의 당사자회의의 역할을 수행하는 당사자총회는 인증받은 사업활동의 수익중 일부가 행정경비로 지불되고, 기후변화의 부정적 효과에 특히 취약한 개발도상국인 당사자의 적응비용의 충당을 지원하는 데 사용되도록 보장한다.
9. 청정개발체제에의 참여(제 3 항 가목에 규정된 활동에의 참여 및 인증받은 배출감축량의 취득에의 참여를 포함한다)는 민간 및/또는 공공 기구를 관여시킬 수 있으며, 이러한 참여는 청정개발체제의 집행이사회가 제공하는 지침에 따라 이루어진다.
10. 2000년부터 제 1 차 공약기간 개시전의 기간동안 취득된 인증받은 배출감축량은 제 1 차 공약기간동안의 공약준수를 지원하기 위하여 사용될 수 있다.

제13조

1. 협약의 최고기관인 당사자총회는 이 의정서의 당사자회의의 역할을 수행한다.
2. 이 의정서의 당사자가 아닌 협약의 당사자는 이 의정서의 당사자회의의 역할을 수행하는 당사자총회의 모든 회기의 심의에 참관인으로 참여할 수 있다. 당사자총회가

이 의정서의 당사자회의의 역할을 수행하는 경우, 이 의정서에 따른 결정은 이 의정서의 당사자만이 할 수 있다.

3. 당사자총회가 이 의정서의 당사자회의의 역할을 수행하는 경우, 그 당시 이 의정서의 당사자가 아닌 협약의 당사자를 대표하는 자가 당사자총회의 의장단의 구성원인 때에는, 동 구성원은 이 의정서의 당사자들이 그들 중에서 선출한 추가구성원으로 대체된다.
4. 이 의정서의 당사자회의의 역할을 수행하는 당사자총회는 이 의정서의 이행상황을 정기적으로 검토하고, 그 권한의 범위안에서 이 의정서의 효과적 이행의 증진에 필요한 결정을 한다. 당사자총회는 이 의정서에 의하여 부여된 기능을 수행하며 다음을 행한다.
   가. 이 의정서의 규정에 따라 제공되는 이용가능한 모든 정보에 입각하여, 당사자의 의정서 이행상황, 이 의정서에 따라 행한 조치의 전반적 효과, 특히 환경적·경제적·사회적 효과 및 이의 누적적 효과와 협약의 목적 성취도를 평가할 것
   나. 협약 제 4 조 제 2 항 라목 및 제 7 조 제 2 항에서 요구되는 모든 검토를 충분히 고려하고, 협약의 목적 및 협약의 이행과정에서 얻은 경험과 과학·기술 지식의 발전에 비추어, 이 의정서에 따른 당사자의 의무를 정기적으로 검토하고, 이러한 측면에서 이 의정서의 이행에 관한 정기보고서를 심의·채택할 것
   다. 당사자의 서로 다른 여건·책임 및 능력과 이 의정서상의 각자의 공약을 고려하여, 기후변화와 그 효과에 대응하기 위하여 당사자가 채택한 조치에 관한 정보의 교환을 촉진하고 용이하게 할 것
   라. 2 이상의 당사자의 요청이 있는 경우, 각 당사자의 서로 다른 여건·책임 및 능력과 이 의정서상의 각자의 공약을 고려하여, 기후변화와 그 효과에 대응하기 위하여 당사자가 채택한 조치의 조정을 용이하게 할 것
   마. 협약의 목적 및 이 의정서의 규정에 따라, 그리고 당사자총회의 관련 결정을 충분히 고려하여, 이 의정서의 당사자회의의 역할을 수행하는 당사자총회가 합의한 방법론으로서 이 의정서의 효과적인 이행을 위한 비교가능한 방법론의 발전과 정기적인 개선을 촉진·지도할 것
   바. 이 의정서의 이행에 필요한 사항에 대하여 권고할 것
   사. 제11조 제 2 항에 따라 추가적 재원의 동원을 위하여 노력할 것

아. 이 의정서의 이행에 필요하다고 판단되는 보조기관을 설치할 것

자. 적절한 경우, 권한있는 국제기구·정부간기구 및 비정부간기구로부터의 지원·협력 및 정보제공을 구하고 이를 활용할 것

차. 이 의정서의 이행을 위하여 필요한 그 밖의 기능을 수행하고, 당사자총회의 결정에 의하여 부여되는 모든 과제를 심의할 것

5. 이 의정서의 당사자회의의 역할을 수행하는 당사자총회가 컨센서스로 달리 결정하는 경우를 제외하고는, 당사자총회의 의사규칙 및 협약상 적용되는 재정절차는 이 의정서에 준용한다.

6. 이 의정서의 당사자회의의 역할을 수행하는 당사자총회의 제 1 차 회기는 사무국에 의하여 이 의정서의 발효일 이후에 예정되어 있는 당사자총회의 첫째 회기와 함께 소집된다. 이 의정서의 당사자회의의 역할을 수행하는 당사자총회의 후속 정기회기는, 동 당사자총회가 달리 결정하지 아니하는 한, 당사자총회의 정기회기와 함께 매년 개최된다.

7. 이 의정서의 당사자회의의 역할을 수행하는 당사자총회의 특별회기는 동 당사자총회가 필요하다고 인정하거나 당사자의 서면요청이 있는 때에 개최된다. 다만, 이러한 서면요청은 사무국이 이를 당사자들에게 통보한 후 6월 이내에 최소한 당사자 3분의 1이상의 지지를 받아야 한다.

8. 국제연합·국제연합전문기구·국제원자력기구 및 이들 기구의 회원국이나 참관인인 협약의 비당사자는 이 의정서의 당사자회의의 역할을 수행하는 당사자총회의 회기에 참관인으로 참석할 수 있다. 국내적·국제적 또는 정부간·비정부간 기구나 기관을 불문하고 이 의정서가 규율하는 사항에 대하여 전문성을 갖는 기구나 기관이 이 의정서의 당사자회의의 역할을 수행하는 당사자총회의 회기에 참관인으로 참석하고자 하는 의사를 사무국에 통보하는 경우, 출석당사자의 3분의 1 이상이 반대하지 아니하는 한 그 참석이 허용될 수 있다. 참관인의 참석 허용 및 회의 참가는 제 5 항에 규정된 의사규칙에 따라 이루어진다.

제14조

1. 협약 제 8 조에 의하여 설치되는 사무국은 이 의정서의 사무국의 역할을 수행한다.

2. 사무국의 기능에 관하여 규정하고 있는 협약 제 8 조 제 2 항 및 사무국의 기능수행에 필요한 준비에 관하여 규정하고 있는 협약 제 8 조 제 3 항은 이 의정서에 준용한다. 또한 사무국은 이 의정서에 의하여 부여된 기능을 수행한다.

제15조

1. 협약 제 9 조 및 제10조에 의하여 설치된 과학·기술자문 보조기관 및 이행을 위한 보조기관은 각각 이 의정서의 과학·기술자문 보조기관 및 이행을 위한 보조기관의 역할을 수행한다. 과학·기술자문 보조기관 및 이행을 위한 보조기관의 기능수행에 관한 협약의 규정은 이 의정서에 준용한다. 이 의정서의 과학·기술자문 보조기관 및 이행을 위한 보조기관 회의의 회기는 각각 협약의 과학·기술 보조기관 및 이행을 위한 보조기관의 회의와 함께 개최된다.
2. 이 의정서의 당사자가 아닌 협약의 당사자는 보조기관의 모든 회기의 심의에 참관인으로 참여할 수 있다. 보조기관이 이 의정서의 보조기관의 역할을 수행하는 경우, 이 의정서에 따른 결정은 이 의정서의 당사자만이 할 수 있다.
3. 협약 제 9 조 및 제10조에 의하여 설치된 보조기관이 이 의정서와 관련된 사항에 대하여 그 기능을 수행하는 경우, 그 당시 이 의정서의 당사자가 아닌 협약의 당사자를 대표하는 자가 보조기관의 의장단의 구성원인 때에는 동 구성원은 이 의정서의 당사자들이 그들중에서 선출한 추가구성원으로 대체된다.

제16조

이 의정서의 당사자회의의 역할을 수행하는 당사자총회는, 당사자총회가 채택한 모든 관련 결정에 비추어 가능한 한 조속히, 협약 제13조에 규정된 다자간 협의절차를 이 의정서에 적용하는 문제를 심의하고, 적절한 경우에는 이를 수정한다. 이 의정서에 적용될 수 있는 모든 다자간 협의절차는 제18조에 따라 마련된 절차 및 체제에 영향을 미치지 아니하도록 운영된다.

제17조

당사자총회는, 특히 검증·보고·책임 등에 관한 것을 비롯하여, 배출량거래에 관한 원칙·방식·규칙·지침을 규정한다. 부속서 나의 당사자는 제 3 조의 규정에 의한 공약을 이행하기 위하여 배출량거래에 참여할 수 있다. 이러한 모든 거래는 제 3 조의 규정에 의한 수량적 배출량의 제한·감축을 위한 공약의 이행을 위한 국내조치의 보조수단으로 활용되어야 한다.

제18조

이 의정서의 당사자회의의 역할을 수행하는 당사자총회는 제 1 차 회기에서, 이 의정서가 준수되지 아니하는 원인·형태·정도 및 빈도를 고려하여, 그 결과에 관한 예시목록의 개발 등 그 사례를 결정하고 이에 대응하기 위한 적절하고 효과적인 절차 및 체제를 승인한다. 이 조의 규정에 의한 절차 및 체제로서 기속력있는 결과를 수반하는 것은 이 의정서의 개정에 의하여 채택된다.

제19조

분쟁해결에 관한 협약 제14조의 규정은 이 의정서에 준용한다.

제20조

1. 모든 당사자는 이 의정서의 개정안을 제안할 수 있다.
2. 이 의정서의 개정안은 이 의정서의 당사자회의의 역할을 수행하는 당사자총회의 정기회기에서 채택된다. 사무국은 개정안의 채택여부가 상정되는 정기회기가 개최되기 최소 6월전에 동 개정안을 당사자들에게 통보하고, 협약의 당사자와 그 서명자에게도 통보하며, 참고용으로 수탁자에게도 통보한다.
3. 당사자는 이 의정서의 개정안에 대하여 컨센서스에 의한 합의에 도달하도록 모든 노력을 다한다. 컨센서스를 위한 모든 노력을 다하였으나 합의에 도달하지 못한 경우,

동 개정안은 최종적으로 회의에 출석하여 투표하는 당사자의 4분의 3 이상의 다수결로 채택된다. 사무국은 채택된 개정안을 수탁자에게 통보하며, 수탁자는 동 개정안의 수락을 위하여 이를 모든 당사자에게 배포한다.

4. 개정안에 대한 수락서는 수탁자에게 기탁된다. 제 3 항에 따라 채택된 개정안은 이 의정서의 당사자중 최소 4분의 3 이상의 수락서가 수탁자에게 접수된 날부터 90일째 되는 날에 수락한 당사자에 대하여 발효한다.
5. 그 밖의 당사자가 그 후에 수탁자에게 수락서를 기탁한 경우에는, 그 개정안은 수락서를 기탁한 날부터 90일째 되는 날에 동 당사자에 대하여 발효한다.

제21조

1. 이 의정서의 부속서는 의정서의 불가분의 일부를 구성하며, 명시적으로 달리 규정하지 아니하는 한, 이 의정서에 관한 언급은 동시에 그 부속서도 언급하는 것으로 본다. 이 의정서의 발효 이후에 채택되는 모든 부속서는 목록·양식이나 과학적·기술적·절차적·행정적 특성을 갖는 서술적 성격의 자료에 국한된다.
2. 모든 당사자는 이 의정서의 부속서안이나 이 의정서의 부속서의 개정안을 제안할 수 있다.
3. 이 의정서의 부속서안 및 이 의정서의 부속서의 개정안은 이 의정서의 당사자회의의 역할을 수행하는 당사자총회의 정기회기에서 채택된다. 사무국은 제안된 부속서안 또는 부속서의 개정안의 채택여부가 상정되는 정기회기가 개최되기 최소 6월전에 동 부속서안 또는 부속서의 개정안을 당사자들에게 통보하고, 협약의 당사자와 그 서명자에게도 통보하며, 참고용으로 수탁자에게도 통보한다.
4. 당사자는 부속서안 또는 부속서의 개정안에 대하여 컨센서스에 의한 합의에 도달하도록 모든 노력을 다한다. 컨센서스를 위한 모든 노력을 다하였으나 합의에 도달하지 못한 경우, 부속서안 또는 부속서의 개정안은 최종적으로 회의에 출석하여 투표하는 당사자의 4분의 3 이상의 다수결로 채택된다. 사무국은 채택된 부속서안 또는 부속서의 개정안을 수탁자에게 통보하며, 수탁자는 수락을 위하여 이를 모든 당사자에게 배포한다.
5. 제 3 항과 제 4 항에 따라 채택된 부속서안 또는 부속서(부속서 가 또는 나를 제외한다)의

개정안은 수탁자가 동 부속서안 또는 부속서의 개정안의 채택을 당사자에게 통보한 날부터 6월 후에 이 의정서의 모든 당사자(동 기간내에 이를 수락하지 아니함을 수탁자에게 서면으로 통고한 당사자를 제외한다)에 대하여 발효한다. 부속서안 또는 부속서의 개정안을 수락하지 아니한다는 서면통고를 한 당사자가 이를 철회한 경우에는, 동 당사자에 대하여는 그 철회통고가 수탁자에게 접수된 날부터 90일째 되는 날에 발효한다.

6. 부속서안 또는 부속서의 개정안의 채택이 이 의정서의 개정을 수반하는 경우에는, 그 부속서안 또는 부속서의 개정안은 이 의정서의 개정안이 발효할 때까지 발효하지 아니한다.
7. 이 의정서의 부속서 가 및 나의 개정안은 제20조에 규정된 절차에 따라 채택되고 발효한다. 다만, 부속서 나의 개정안은 관련 당사자의 서면동의가 있는 경우에만 채택된다.

제22조

1. 각 당사자는 제2항에 규정된 경우를 제외하고는 하나의 투표권을 가진다.
2. 지역경제통합기구는 그 기구의 권한사항에 대하여 이 의정서의 당사자인 기구 회원국의 수와 동수의 투표권을 행사한다. 기구 회원국 중 어느 한 국가라도 투표권을 행사하는 경우, 기구는 투표권을 행사하지 아니하며, 그 반대의 경우도 또한 같다.

제23조

국제연합사무총장은 이 의정서의 수탁자가 된다.

제24조

1. 이 의정서는 협약의 당사자인 국가와 지역경제통합기구의 서명을 위하여 개방되며, 이들에 의하여 비준·수락·승인된다. 이 의정서는 1998년 3월 16일부터 1999년 3월 15일까지 뉴욕의 국제연합본부에서 서명을 위하여 개방되며, 그 서명기간이 종료한 다음 날부터 가입을 위하여 개방된다. 비준서·수락서·승인서·가입서는 수탁

자에게 기탁된다.

2. 이 의정서의 당사자가 되는 지역경제통합기구는, 기구 회원국 중 어느 한 국가도 이 의정서의 당사자가 아닌 경우에도 이 의정서상의 모든 의무에 구속된다. 기구의 1 이상의 회원국이 이 의정서의 당사자인 경우, 기구와 그 회원국은 이 의정서상의 의무를 수행하기 위한 각각의 책임을 결정한다. 이 경우, 기구와 그 회원국은 이 의정서상의 권리를 동시에 행사할 수 없다.
3. 지역경제통합기구는 그 비준서·수락서·승인서·가입서에서 이 의정서가 규율하는 사항에 관한 기구의 권한범위를 선언한다. 또한, 기구는 그 권한범위의 실질적 변동에 관하여 수탁자에게 통보하며, 수탁자는 이를 당사자에게 통보한다.

제25조

1. 이 의정서는 부속서 1의 당사자들의 1990년도 이산화탄소 총 배출량중 55퍼센트 이상을 차지하는 부속서 1의 당사자를 포함하여, 55 이상의 협약의 당사자가 비준서·수락서·승인서·가입서를 기탁한 날부터 90일째 되는 날에 발효한다.
2. 이 조의 목적상, "부속서 1의 당사자들의 1990년도 이산화탄소 총 배출량"이라 함은 부속서 1의 당사자들이 이 의정서의 채택일 또는 그 이전에 협약 제12조에 따라 제출한 제 1 차 국가보고서에서 통보한 양을 말한다.
3. 발효에 관한 제 1 항의 조건이 충족된 후 이 의정서를 비준·수락·승인·가입하는 국가 또는 지역경제통합기구의 경우에는, 그 비준서·수락서·승인서·가입서가 기탁된 날부터 90일째 되는 날에 동 국가 또는 기구에 대하여 발효한다.
4. 이 조의 목적상, 지역경제통합기구가 기탁하는 문서는 기구의 회원국이 기탁하는 문서에 추가되는 것으로 계산되지 아니한다.

제26조

이 의정서에 대하여는 어떠한 유보도 행할 수 없다.

제27조

1. 당사자는 의정서가 자신에 대하여 발효한 날부터 3년이 경과한 후에는 언제나 수탁자에게 서면통고를 함으로써 이 의정서로부터 탈퇴할 수 있다.
2. 탈퇴는 수탁자가 탈퇴 통고를 접수한 날부터 1년이 경과한 날이나 탈퇴통고서에 이보다 더 늦은 날짜가 명시된 경우에는 그 늦은 날에 발효한다.
3. 협약으로부터 탈퇴한 당사자는 이 의정서로부터도 탈퇴한 것으로 본다.

제28조

아랍어 · 중국어 · 영어 · 불어 · 러시아어 및 서반아어본이 동등하게 정본인 이 의정서의 원본은 국제연합 사무총장에게 기탁된다.

1997년 12월 11일에 교토에서 작성하였다.

이상의 증거로, 정당하게 권한을 위임받은 아래 서명자가 명시된 일자에 이 의정서에 서명하였다.

부속서 가

온실가스

이산화탄소(CO_2)
메탄(CH_4)
아산화질소(N_2O)
수소불화탄소(HFCs)
과불화탄소(PFCs)
육불화황(SF_6)

부문/배출원 범주

에너지
- 연료 연소
  - 에너지 산업
  - 제조업 및 건설
  - 수송
  - 그 밖의 부문
  - 기타
- 연료로부터의 탈루성 배출
  - 고체 연료
  - 석유 및 천연가스
  - 기타

산업 공정
- 광물제품
- 화학산업
- 금속생산
- 그 밖의 생산
- 할로카본 및 육불화황 생산
- 할로카본 및 육불화황 소비
- 기타

솔벤트 및 여타 제품 사용

농업
- 장내발효
- 비료관리
- 벼재배
- 농경지
- 초지의 계획적 소각
- 농경지에서의 농부산물 소각
- 기타

폐기물
- 육상 고체 폐기물 처리
- 폐수 처리
- 폐기물 소각
- 기타

부속서 나

당 사 자	수량적 배출량의 제한 · 감축에 관한 공약(기준연도 또는 기간에 대한 백분율)
호주	108
오스트리아	92
벨기에	92
불가리아*	92
캐나다	94
크로아티아*	95
체크 공화국*	92
덴마아크	92
에스토니아*	92
구주공동체	92
핀란드	92
프랑스	92
독일	92
그리스	92
헝가리*	94
아이슬란드	110
아일랜드	92
이탈리아	92
일본	94
라트비아*	92
리히텐슈티인	92
리투아니아*	92
룩셈부르그	92
모나코	92
네덜란드	92
뉴질랜드	100
노르웨이	101
폴란드*	94
포르투갈	92
루마니아*	92
러시아*	100
슬로바키아*	92
슬로베니아*	92
스페인	92
스웨덴	92
스위스	92
우크라이나*	100
영국	92
미국	93

*시장경제로의 이행과정에 있는 국가

발리 행동 계획(Bali Action Plan)[1]

The Conference of the Parties,

Resolving to urgently enhance implementation of the Convention in order to achieve its ultimate objective in full accordance with its principles and commitments,

Reaffirming that economic and social development and poverty eradication are global priorities,

Responding to the findings of the Fourth Assessment Report of the Intergovernmental Panel on Climate Change that warming of the climate system is unequivocal, and that delay in reducing emissions significantly constrains opportunities to achieve lower stabilization levels and increases the risk of more severe climate change impacts,

Recognizing that deep cuts in global emissions will be required to achieve the ultimate objective of the Convention and emphasizing the urgency1 to address climate change as indicated in the Fourth Assessment Report of the Intergovernmental Panel on Climate Change,

1. ***Decides*** to launch a comprehensive process to enable the full, effective and sustained implementation of the Convention through long-term cooperative action, now, up to and beyond 2012, in order to reach an agreed outcome and adopt a decision at its fifteenth session, by addressing, inter alia:

---

1) FCCC/CP/2007/6/Add.1.

(a) A shared vision for long-term cooperative action, including a long-term global goal for emission reductions, to achieve the ultimate objective of the Convention, in accordance with the provisions and principles of the Convention, in particular the principle of common but differentiated responsibilities and respective capabilities, and taking into account social and economic conditions and other relevant factors;

(b) Enhanced national/international action on mitigation of climate change, including, inter alia, consideration of:

(i) Measurable, reportable and verifiable nationally appropriate mitigation commitments or actions, including quantified emission limitation and reduction objectives, by all developed country Parties, while ensuring the comparability of efforts among them, taking into account differences in their national circumstances;

(ii) Nationally appropriate mitigation actions by developing country Parties in the context of sustainable development, supported and enabled by technology, financing and capacity-building, in a measurable, reportable and verifiable manner;

(iii) Policy approaches and positive incentives on issues relating to reducing emissions from deforestation and forest degradation in developing countries; and the role of conservation, sustainable management of forests and enhancement of forest carbon stocks in developing countries;

(iv) Cooperative sectoral approaches and sector-specific actions, in order to enhance implementation of Article 4, paragraph 1(c), of the Convention;

(v) Various approaches, including opportunities for using markets, to enhance the cost-effectiveness of, and to promote, mitigation actions, bearing in mind different circumstances of developed and developing countries;

(vi) Economic and social consequences of response measures;

(vii) Ways to strengthen the catalytic role of the Convention in encouraging multilateral bodies, the public and private sectors and civil society, building on synergies among activities and processes, as a means to support mitigation in a coherent and integrated manner;

(c) Enhanced action on adaptation, including, inter alia, consideration of:

(i) International cooperation to support urgent implementation of adaptation actions, including through vulnerability assessments, prioritization of actions, financial needs assessments, capacity-building and response strategies, integration of adaptation actions into sectoral and national planning, specific projects and programmes, means to incentivize the implementation of adaptation actions, and other ways to enable climate-resilient development and reduce vulnerability of all Parties, taking into account the urgent and immediate needs of developing countries that are particularly vulnerable to the adverse effects of climate change, especially the least developed countries and small island developing States, and further taking into account the needs of countries in Africa affected by drought, desertification and floods;

(ii) Risk management and risk reduction strategies, including risk sharing and transfer mechanisms such as insurance;

(iii) Disaster reduction strategies and means to address loss and damage associated with climate change impacts in developing countries that are particularly vulnerable to the adverse effects of climate change;

(iv) Economic diversification to build resilience;

(v) Ways to strengthen the catalytic role of the Convention in encouraging multilateral bodies, the public and private sectors and civil society, building on synergies among activities and processes, as a means to support adaptation in a coherent and integrated manner;

(d) Enhanced action on technology development and transfer to support action on mitigation and adaptation, including, inter alia, consideration of:

(i) Effective mechanisms and enhanced means for the removal of obstacles to, and provision of financial and other incentives for, scaling up of the development and transfer of technology to developing country Parties in order to promote access to affordable environmentally sound technologies;

(ii) Ways to accelerate deployment, diffusion and transfer of affordable environmentally sound technologies;

(iii) Cooperation on research and development of current, new and innovative technology, including win-win solutions;

(iv) The effectiveness of mechanisms and tools for technology cooperation in specific sectors;

(e) Enhanced action on the provision of financial resources and investment to support action on mitigation and adaptation and technology cooperation, including, inter alia, consideration of:

(i) Improved access to adequate, predictable and sustainable financial resources and financial and technical support, and the provision of new and additional resources, including official and concessional funding for developing country Parties;

(ii) Positive incentives for developing country Parties for the enhanced implementation of national mitigation strategies and adaptation action;

(iii) Innovative means of funding to assist developing country Parties that are particularly vulnerable to the adverse impacts of climate change in meeting the cost of adaptation;

(iv) Means to incentivize the implementation of adaptation actions on the basis of sustainable development policies;

(v) Mobilization of public- and private-sector funding and investment, including facilitation of climate-friendly investment choices;

(vi) Financial and technical support for capacity-building in the assessment of the costs of adaptation in developing countries, in particular the most vulnerable ones, to aid in determining their financial needs;

2. ***Decides*** that the process shall be conducted under a subsidiary body under the Convention, hereby established and known as the Ad Hoc Working Group on Long-term Cooperative Action under the Convention, that shall complete its

work in 2009 and present the outcome of its work to the Conference of the Parties for adoption at its fifteenth session;

3. ***Agrees*** that the process shall begin without delay, that the sessions of the group will be scheduled as often as is feasible and necessary to complete the work of the group, where possible in conjunction with sessions of other bodies established under the Convention, and that its sessions may be complemented by workshops and other activities, as required;
4. ***Decides*** that the first session of the group shall be held as soon as is feasible and not later than April 2008;
5. ***Decides*** that the Chair and Vice-Chair of the group, with one being from a Party included in Annex I to the Convention (Annex I Party) and the other being from a Party not included in Annex I to the Convention (non-Annex I Party), shall alternate annually between an Annex I Party and a non-Annex I Party;
6. ***Takes note*** of the proposed schedule of meetings contained in the annex to this decision;
7. ***Instructs*** the group to develop its work programme at its first session in a coherent and integrated manner;
8. ***Invites*** Parties to submit to the secretariat, by 22 February 2008, their views regarding the work programme, taking into account the elements referred to in paragraph 1 above, to be compiled by the secretariat for consideration by the group at its first meeting;
9. ***Requests*** the group to report to the Conference of the Parties at its fourteenth session on progress made;
10. ***Agrees*** to take stock of the progress made, at its fourteenth session, on the basis of the report by the group;
11. ***Agrees*** that the process shall be informed by, inter alia, the best available scientific information, experience in implementation of the Convention and its Kyoto Protocol, and processes thereunder, outputs from other relevant

intergovernmental processes and insights from the business and research communities and civil society;

12. ***Notes*** that the organization of work of the group will require a significant amount of additional resources to provide for the participation of delegates from Parties eligible to be funded and to provide conference services and substantive support;

13. ***Strongly urges*** Parties in a position to do so, in order to facilitate the work of the group, to provide contributions to the Trust Fund for Participation in the UNFCCC Process and the Trust Fund for Supplementary Activities for the purposes referred to in paragraph 12 above and to provide other forms of in kind support such as hosting a session of the group.

코펜하겐 합의(Copenhagen Accord)[1]

The Heads of State, Heads of Government, Ministers, and other heads of the following delegations present at the United Nations Climate Change Conference 2009 in Copenhagen:[2]

Albania, Algeria, Armenia, Australia, Austria, Bahamas, Bangladesh, Belarus, Belgium, Benin, Bhutan, Bosnia and Herzegovina, Botswana, Brazil, Bulgaria, Burkina Faso, Cambodia, Canada, Central African Republic, Chile, China, Colombia, Congo, Costa Rica, Côte d''Ivoire, Croatia, Cyprus, Czech Republic, Democratic Republic of the Congo, Denmark, Djibouti, Eritrea, Estonia, Ethiopia, European Union, Fiji, Finland, France, Gabon, Georgia, Germany, Ghana, Greece, Guatemala, Guinea, Guyana, Hungary, Iceland, India, Indonesia, Ireland, Israel, Italy, Japan, Jordan, Kazakhstan, Kiribati, Lao People''s Democratic Republic, Latvia, Lesotho, Liechtenstein, Lithuania, Luxembourg, Madagascar, Malawi, Maldives, Mali, Malta, Marshall Islands, Mauritania, Mexico, Monaco, Mongolia, Montenegro, Morocco, Namibia, Nepal, Netherlands, New Zealand, Norway, Palau, Panama, Papua New Guinea, Peru, Poland, Portugal, Republic of Korea, Republic of Moldova, Romania, Russian Federation, Rwanda, Samoa, San Marino, Senegal, Serbia, Sierra Leone, Singapore, Slovakia, Slovenia, South Africa, Spain, Swaziland, Sweden, Switzerland, the former Yugoslav Republic of Macedonia, Tonga, Trinidad and Tobago, Tunisia, United Arab

1) UNFCCC/CP/2009/11/Add.1.

2) Some Parties listed above stated in their communications to the secretariat specific understandings on the nature of the Accord and related matters, based on which they have agreed to be listed here. The full text of the letters received from Parties in relation to the Copenhagen Accord, including the specific understandings, can be found at 〈http://unfccc.int/meetings/items/5276.php〉.

Emirates, United Kingdom of Great Britain and Northern Ireland, United Republic of Tanzania, United States of America, Uruguay and Zambia,

In pursuit of the ultimate objective of the Convention as stated in its Article 2,

Being guided by the principles and provisions of the Convention,

Noting the results of work done by the two Ad hoc Working Groups,

Endorsing decision 1/CP.15 on the Ad hoc Working Group on Long-term Cooperative Action and decision 1/CMP.5 that requests the Ad hoc Working Group on Further Commitments of Annex I Parties under the Kyoto Protocol to continue its work,

Have agreed on this Copenhagen Accord which is operational immediately.

1. We underline that climate change is one of the greatest challenges of our time. We emphasise our strong political will to urgently combat climate change in accordance with the principle of common but differentiated responsibilities and respective capabilities. To achieve the ultimate objective of the Convention to stabilize greenhouse gas concentration in the atmosphere at a level that would prevent dangerous anthropogenic interference with the climate system, we shall, recognizing the scientific view that the increase in global temperature should be below 2 degrees Celsius, on the basis of equity and in the context of sustainable development, enhance our long-term cooperative action to combat climate change. We recognize the critical impacts of climate change and the potential impacts of response measures on countries particularly vulnerable to its adverse effects and stress the need to establish a comprehensive adaptation programme including international support.

2. We agree that deep cuts in global emissions are required according to science, and as documented by the IPCC Fourth Assessment Report with a view to reduce global emissions so as to hold the increase in global temperature below 2 degrees Celsius, and take action to meet this objective consistent with science and on the basis of equity. We should cooperate in achieving the peaking of global and national emissions as soon as possible, recognizing that the time frame for peaking will be longer in developing countries and bearing in mind that social and economic development and poverty eradication are the first and overriding priorities of developing countries and that a low-emission development strategy is indispensable to sustainable development.

3. Adaptation to the adverse effects of climate change and the potential impacts of response measures is a challenge faced by all countries. Enhanced action and international cooperation on adaptation is urgently required to ensure the implementation of the Convention by enabling and supporting the implementation of adaptation actions aimed at reducing vulnerability and building resilience in developing countries, especially in those that are particularly vulnerable, especially least developed countries, small island developing States and Africa. We agree that developed countries shall provide adequate, predictable and sustainable financial resources, technology and capacity-building to support the implementation of adaptation action in developing countries.

4. Annex I Parties commit to implement individually or jointly the quantified economywide emissions targets for 2020, to be submitted in the format given in Appendix I by Annex I Parties to the secretariat by 31 January 2010 for compilation in an INF document. Annex I Parties that are Party to the Kyoto Protocol will thereby further strengthen the emissions reductions initiated by the Kyoto Protocol. Delivery of reductions and financing by developed countries will be measured, reported and verified in accordance with existing and any

further guidelines adopted by the Conference of the Parties, and will ensure that accounting of such targets and finance is rigorous, robust and transparent.

5. Non-Annex I Parties to the Convention will implement mitigation actions, including those to be submitted to the secretariat by non-Annex I Parties in the format given in Appendix II by 31 January 2010, for compilation in an INF document, consistent with Article 4.1 and Article 4.7 and in the context of sustainable development. Least developed countries and small island developing States may undertake actions voluntarily and on the basis of support. Mitigation actions subsequently taken and envisaged by Non-Annex I Parties, including national inventory reports, shall be communicated through national communications consistent with Article 12.1(b) every two years on the basis of guidelines to be adopted by the Conference of the Parties. Those mitigation actions in national communications or otherwise communicated to the Secretariat will be added to the list in appendix II. Mitigation actions taken by Non-Annex I Parties will be subject to their domestic measurement, reporting and verification the result of which will be reported through their national communications every two years. Non-Annex I Parties will communicate information on the implementation of their actions through National Communications, with provisions for international consultations and analysis under clearly defined guidelines that will ensure that national sovereignty is respected. Nationally appropriate mitigation actions seeking international support will be recorded in a registry along with relevant technology, finance and capacity building support. Those actions supported will be added to the list in appendix II. These supported nationally appropriate mitigation actions will be subject to international measurement, reporting and verification in accordance with guidelines adopted by the Conference of the Parties.

6. We recognize the crucial role of reducing emission from deforestation and forest

degradation and the need to enhance removals of greenhouse gas emission by forests and agree on the need to provide positive incentives to such actions through the immediate establishment of a mechanism including REDD-plus, to enable the mobilization of financial resources from developed countries.

7. We decide to pursue various approaches, including opportunities to use markets, to enhance the cost-effectiveness of, and to promote mitigation actions. Developing countries, especially those with low emitting economies should be provided incentives to continue to develop on a low emission pathway.

8. Scaled up, new and additional, predictable and adequate funding as well as improved access shall be provided to developing countries, in accordance with the relevant provisions of the Convention, to enable and support enhanced action on mitigation, including substantial finance to reduce emissions from deforestation and forest degradation(REDD-plus), adaptation, technology development and transfer and capacity-building, for enhanced implementation of the Convention. The collective commitment by developed countries is to provide new and additional resources, including forestry and investments through international institutions, approaching USD 30 billion for the period 2010 . 2012 with balanced allocation between adaptation and mitigation. Funding for adaptation will be prioritized for the most vulnerable developing countries, such as the least developed countries, small island developing States and Africa. In the context of meaningful mitigation actions and transparency on implementation, developed countries commit to a goal of mobilizing jointly USD 100 billion dollars a year by 2020 to address the needs of developing countries. This funding will come from a wide variety of sources, public and private, bilateral and multilateral, including alternative sources of finance. New multilateral funding for adaptation will be delivered through effective and efficient fund arrangements, with a governance structure providing for equal

representation of developed and developing countries. A significant portion of such funding should flow through the Copenhagen Green Climate Fund.

9. To this end, a High Level Panel will be established under the guidance of and accountable to the Conference of the Parties to study the ontribution of the potential sources of revenue, including alternative sources of finance, towards meeting this goal.

10. We decide that the Copenhagen Green Climate Fund shall be established as an operating entity of the financial mechanism of the Convention to support projects, programme, policies and other activities in developing countries related to mitigation including REDD-plus, adaptation, capacitybuilding, technology development and transfer.

11. In order to enhance action on development and transfer of technology we decide to establish a Technology Mechanism to accelerate technology development and transfer in support of action on adaptation and mitigation that will be guided by a country-driven approach and be based on national circumstances and priorities.

12. We call for an assessment of the implementation of this Accord to be completed by 2015, including in light of the Convention.s ultimate objective. This would include consideration of strengthening the long-term goal referencing various matters presented by the science, including in relation to temperature rises of 1.5 degrees Celsius.

APPENDIX I

Quantified economy-wide emissions targets for 2020

Annex I Parties	Quantified economy-wide emissions targets for 2020	
	Emissions reduction in 2020	Base year

APPENDIX II

Nationally appropriate mitigation actions of developing country Parties

Non-Annex I	Actions	

저탄소 녹색성장 기본법

제 1 장 총　　칙

제 1 조(목적) 이 법은 경제와 환경의 조화로운 발전을 위하여 저탄소(低炭素) 녹색성장에 필요한 기반을 조성하고 녹색기술과 녹색산업을 새로운 성장동력으로 활용함으로써 국민경제의 발전을 도모하며 저탄소 사회 구현을 통하여 국민의 삶의 질을 높이고 국제사회에서 책임을 다하는 성숙한 선진 일류국가로 도약하는 데 이바지함을 목적으로 한다.

제 2 조(정의) 이 법에서 사용하는 용어의 뜻은 다음과 같다.

1. "저탄소"란 화석연료(化石燃料)에 대한 의존도를 낮추고 청정에너지의 사용 및 보급을 확대하며 녹색기술 연구개발, 탄소흡수원 확충 등을 통하여 온실가스를 적정수준 이하로 줄이는 것을 말한다.
2. "녹색성장"이란 에너지와 자원을 절약하고 효율적으로 사용하여 기후변화와 환경훼손을 줄이고 청정에너지와 녹색기술의 연구개발을 통하여 새로운 성장동력을 확보하며 새로운 일자리를 창출해 나가는 등 경제와 환경이 조화를 이루는 성장을 말한다.
3. "녹색기술"이란 온실가스 감축기술, 에너지 이용 효율화 기술, 청정생산기술, 청정에너지 기술, 자원순환 및 친환경 기술(관련 융합기술을 포함한다) 등 사회·경제 활동의 전 과정에 걸쳐 에너지와 자원을 절약하고 효율적으로 사용하여 온실가스 및 오염물질의 배출을 최소화하는 기술을 말한다.
4. "녹색산업"이란 경제·금융·건설·교통물류·농림수산·관광 등 경제활동 전반에 걸쳐 에너지와 자원의 효율을 높이고 환경을 개선할 수 있는 재화(財貨)의 생산 및 서비스의 제공 등을 통하여 저탄소 녹색성장을 이루기 위한 모든 산업을 말한다.
5. "녹색제품"이란 에너지·자원의 투입과 온실가스 및 오염물질의 발생을 최소화하는 제품을 말한다.
6. "녹색생활"이란 기후변화의 심각성을 인식하고 일상생활에서 에너지를 절약하여

온실가스와 오염물질의 발생을 최소화하는 생활을 말한다.

7. “녹색경영”이란 기업이 경영활동에서 자원과 에너지를 절약하고 효율적으로 이용하며 온실가스 배출 및 환경오염의 발생을 최소화하면서 사회적, 윤리적 책임을 다하는 경영을 말한다.
8. “지속가능발전”이란 「지속가능발전법」 제 2 조 제 2 호에 따른 지속가능발전을 말한다.
9. “온실가스”란 이산화탄소(CO_2), 메탄(CH_4), 아산화질소(N_2O), 수소불화탄소(HFCs), 과불화탄소(PFCs), 육불화황(SF_6) 및 그 밖에 대통령령으로 정하는 것으로 적외선 복사열을 흡수하거나 재방출하여 온실효과를 유발하는 대기 중의 가스 상태의 물질을 말한다.
10. “온실가스 배출”이란 사람의 활동에 수반하여 발생하는 온실가스를 대기 중에 배출·방출 또는 누출시키는 직접배출과 다른 사람으로부터 공급된 전기 또는 열(연료 또는 전기를 열원으로 하는 것만 해당한다)을 사용함으로써 온실가스가 배출되도록 하는 간접배출을 말한다.
11. “지구 온난화”란 사람의 활동에 수반하여 발생하는 온실가스가 대기 중에 축적되어 온실가스 농도를 증가시킴으로써 지구 전체적으로 지표 및 대기의 온도가 추가적으로 상승하는 현상을 말한다.
12. “기후변화”란 사람의 활동으로 인하여 온실가스의 농도가 변함으로써 상당 기간 관찰되어 온 자연적인 기후변동에 추가적으로 일어나는 기후체계의 변화를 말한다.
13. “자원순환”이란 「자원의 절약과 재활용촉진에 관한 법률」 제 2 조 제 1 호에 따른 자원순환을 말한다.
14. “신·재생에너지”란 「신에너지 및 재생에너지 개발·이용·보급 촉진법」 제 2 조 제 1 호에 따른 신에너지 및 재생에너지를 말한다.
15. “에너지 자립도”란 국내 총소비에너지량에 대하여 신·재생에너지 등 국내 생산에너지량 및 우리나라가 국외에서 개발(지분 취득을 포함한다)한 에너지량을 합한 양이 차지하는 비율을 말한다.

제 3 조(저탄소 녹색성장 추진의 기본원칙) 저탄소 녹색성장은 다음 각 호의 기본원칙에 따라 추진되어야 한다.

1. 정부는 기후변화·에너지·자원 문제의 해결, 성장동력 확충, 기업의 경쟁력 강화,

국토의 효율적 활용 및 쾌적한 환경 조성 등을 포함하는 종합적인 국가 발전전략을 추진한다.

2. 정부는 시장기능을 최대한 활성화하여 민간이 주도하는 저탄소 녹색성장을 추진한다.
3. 정부는 녹색기술과 녹색산업을 경제성장의 핵심 동력으로 삼고 새로운 일자리를 창출·확대할 수 있는 새로운 경제체제를 구축한다.
4. 정부는 국가의 자원을 효율적으로 사용하기 위하여 성장잠재력과 경쟁력이 높은 녹색기술 및 녹색산업 분야에 대한 중점 투자 및 지원을 강화한다.
5. 정부는 사회·경제 활동에서 에너지와 자원 이용의 효율성을 높이고 자원순환을 촉진한다.
6. 정부는 자연자원과 환경의 가치를 보존하면서 국토와 도시, 건물과 교통, 도로·항만·상하수도 등 기반시설을 저탄소 녹색성장에 적합하게 개편한다.
7. 정부는 환경오염이나 온실가스 배출로 인한 경제적 비용이 재화 또는 서비스의 시장가격에 합리적으로 반영되도록 조세(租稅)체계와 금융체계를 개편하여 자원을 효율적으로 배분하고 국민의 소비 및 생활 방식이 저탄소 녹색성장에 기여하도록 적극 유도한다. 이 경우 국내산업의 국제경쟁력이 약화되지 않도록 고려하여야 한다.
8. 정부는 국민 모두가 참여하고 국가기관, 지방자치단체, 기업, 경제단체 및 시민단체가 협력하여 저탄소 녹색성장을 구현하도록 노력한다.
9. 정부는 저탄소 녹색성장에 관한 새로운 국제적 동향(動向)을 조기에 파악·분석하여 국가 정책에 합리적으로 반영하고, 국제사회의 구성원으로서 책임과 역할을 성실히 이행하여 국가의 위상과 품격을 높인다.

제 4 조(국가의 책무) ① 국가는 정치·경제·사회·교육·문화 등 국정의 모든 부문에서 저탄소 녹색성장의 기본원칙이 반영될 수 있도록 노력하여야 한다.

② 국가는 각종 정책을 수립할 때 경제와 환경의 조화로운 발전 및 기후변화에 미치는 영향 등을 종합적으로 고려하여야 한다.

③ 국가는 지방자치단체의 저탄소 녹색성장 시책을 장려하고 지원하며, 녹색성장의 정착·확산을 위하여 사업자와 국민, 민간단체에 정보의 제공 및 재정 지원 등 필요한 조치를 할 수 있다.

④ 국가는 에너지와 자원의 위기 및 기후변화 문제에 대한 대응책을 정기적으로 점검하여 성과를 평가하고 국제협상의 동향 및 주요 국가의 정책을 분석하여 적절한 대책을 마련하

여야 한다.

⑤ 국가는 국제적인 기후변화대응 및 에너지·자원 개발협력에 능동적으로 참여하고, 개발도상국가에 대한 기술적·재정적 지원을 할 수 있다.

제 5 조(지방자치단체의 책무) ① 지방자치단체는 저탄소 녹색성장 실현을 위한 국가시책에 적극 협력하여야 한다.

② 지방자치단체는 저탄소 녹색성장대책을 수립·시행할 때 해당 지방자치단체의 지역적 특성과 여건을 고려하여야 한다.

③ 지방자치단체는 관할구역 내에서의 각종 계획 수립과 사업의 집행과정에서 그 계획과 사업이 저탄소 녹색성장에 미치는 영향을 종합적으로 고려하고, 지역주민에게 저탄소 녹색성장에 대한 교육과 홍보를 강화하여야 한다.

④ 지방자치단체는 관할구역 내의 사업자, 주민 및 민간단체의 저탄소 녹색성장을 위한 활동을 장려하기 위하여 정보 제공, 재정 지원 등 필요한 조치를 강구하여야 한다.

제 6 조(사업자의 책무) ① 사업자는 녹색경영을 선도하여야 하며 기업활동의 전 과정에서 온실가스와 오염물질의 배출을 줄이고 녹색기술 연구개발과 녹색산업에 대한 투자 및 고용을 확대하는 등 환경에 관한 사회적·윤리적 책임을 다하여야 한다.

② 사업자는 정부와 지방자치단체가 실시하는 저탄소 녹색성장에 관한 정책에 적극 참여하고 협력하여야 한다.

제 7 조(국민의 책무) ① 국민은 가정과 학교 및 직장 등에서 녹색생활을 적극 실천하여야 한다.

② 국민은 기업의 녹색경영에 관심을 기울이고 녹색제품의 소비 및 서비스 이용을 증대함으로써 기업의 녹색경영을 촉진한다.

③ 국민은 스스로가 인류가 직면한 심각한 기후변화, 에너지·자원 위기의 최종적인 문제해결자임을 인식하여 건강하고 쾌적한 환경을 후손에게 물려주기 위하여 녹색생활 운동에 적극 참여하여야 한다.

제 8 조(다른 법률과의 관계) ① 저탄소 녹색성장에 관하여는 다른 법률에 우선하여 이 법을 적용한다.

② 저탄소 녹색성장과 관련되는 다른 법률을 제정하거나 개정하는 경우에는 이 법의 목적과 기본원칙에 맞도록 하여야 한다.

③ 국가와 지방자치단체가 다른 법령에 따라 수립하는 행정계획과 정책은 제 3 조에 따른

저탄소 녹색성장 추진의 기본원칙 및 제 9 조에 따른 저탄소 녹색성장 국가전략과 조화를 이루도록 하여야 한다.

제 2 장 저탄소 녹색성장 국가전략

제 9 조(저탄소 녹색성장 국가전략) ① 정부는 국가의 저탄소 녹색성장을 위한 정책목표·추진전략·중점추진과제 등을 포함하는 저탄소 녹색성장 국가전략(이하 "녹색성장국가전략"이라 한다)을 수립·시행하여야 한다.

② 녹색성장국가전략에는 다음 각 호의 사항이 포함되어야 한다.

1. 제22조에 따른 녹색경제 체제의 구현에 관한 사항
2. 녹색기술·녹색산업에 관한 사항
3. 기후변화대응 정책, 에너지 정책 및 지속가능발전 정책에 관한 사항
4. 녹색생활, 제51조에 따른 녹색국토, 제53조에 따른 저탄소 교통체계 등에 관한 사항
5. 기후변화 등 저탄소 녹색성장과 관련된 국제협상 및 국제협력에 관한 사항
6. 그 밖에 재원조달, 조세·금융, 인력양성, 교육·홍보 등 저탄소 녹색성장을 위하여 필요하다고 인정되는 사항

③ 정부는 녹색성장국가전략을 수립하거나 변경하려는 경우 제14조에 따른 녹색성장위원회의 심의 및 국무회의의 심의를 거쳐야 한다. 다만, 대통령령으로 정하는 경미한 사항을 변경하는 경우에는 그러하지 아니한다.

제10조(중앙행정기관의 추진계획 수립·시행) ① 중앙행정기관의 장은 녹색성장국가전략을 효율적·체계적으로 이행하기 위하여 대통령령으로 정하는 바에 따라 소관 분야의 추진계획(이하 "중앙추진계획"이라 한다)을 수립·시행하여야 한다.

② 중앙행정기관의 장은 중앙추진계획을 수립하거나 변경하는 때에는 대통령령으로 정하는 바에 따라 제14조에 따른 녹색성장위원회에 보고하여야 한다. 다만, 대통령령으로 정하는 경미한 사항을 변경하는 경우에는 그러하지 아니하다.

제11조(지방자치단체의 추진계획 수립·시행) ① 특별시장·광역시장·도지사 또는 특별자치도지사(이하 "시·도지사"라 한다)는 해당 지방자치단체의 저탄소 녹색성장을 촉진하기 위하여 대통령령으로 정하는 바에 따라 녹색성장국가전략과 조화를 이루는 지방녹색성장 추진계획(이하 "지방추진계획"이라 한다)을 수립·시행하여야 한다.

② 시 · 도지사는 지방추진계획을 수립하거나 변경하는 때에는 제20조에 따른 지방녹색성장위원회의 심의를 거친 후 지방의회에 보고하고 지체 없이 이를 제14조에 따른 녹색성장위원회에 제출하여야 한다. 다만, 대통령령으로 정하는 경미한 사항을 변경하는 경우에는 그러하지 아니하다.

제12조(추진상황 점검 및 평가) ① 국무총리는 대통령령으로 정하는 바에 따라 녹색성장 국가전략과 중앙추진계획의 이행사항을 점검 · 평가하여야 한다. 이 경우 국무총리는 평가의 절차, 기준, 결과 등에 대하여 제14조에 따른 녹색성장위원회와 협의하여야 한다.

② 시 · 도지사는 대통령령으로 정하는 바에 따라 지방추진계획의 이행상황을 점검 · 평가하여 그 결과를 지방의회에 보고하고 지체 없이 이를 제14조에 따른 녹색성장위원회에 제출하여야 한다.

제13조(정책에 관한 의견제시) ① 제14조에 따른 녹색성장위원회는 제12조에 따른 추진상황 점검 · 평가 결과 등에 따라 필요하다고 인정되는 경우에는 관계 중앙행정기관의 장 또는 시 · 도지사에게 의견을 제시할 수 있다.

② 제1항에 따른 의견을 제시받은 관계 중앙행정기관의 장 또는 시·도지사는 해당 기관의 정책 등에 이를 반영하기 위하여 노력하여야 한다.

제 3 장 녹색성장위원회 등

제14조(녹색성장위원회의 구성 및 운영) ① 국가의 저탄소 녹색성장과 관련된 주요 정책 및 계획과 그 이행에 관한 사항을 심의하기 위하여 대통령 소속으로 녹색성장위원회(이하 "위원회"라 한다)를 둔다.

② 위원회는 위원장 2명을 포함한 50명 이내의 위원으로 구성한다.

③ 위원회의 위원장은 국무총리와 제 4 항 제 2 호의 위원 중에서 대통령이 지명하는 사람이 된다.

④ 위원회의 위원은 다음 각 호의 사람이 된다.

1. 기획재정부장관, 교육과학기술부장관, 지식경제부장관, 환경부장관, 국토해양부장관 등 대통령령으로 정하는 공무원
2. 기후변화, 에너지 · 자원, 녹색기술 · 녹색산업, 지속가능발전 분야 등 저탄소 녹색성장에 관한 학식과 경험이 풍부한 사람 중에서 대통령이 위촉하는 사람

⑤ 위원회의 사무를 처리하게 하기 위하여 위원회에 간사위원 1명을 두며, 간사위원의 지명에 관한 사항은 대통령령으로 정한다.
⑥ 위원장은 각자 위원회를 대표하며, 위원회의 업무를 총괄한다.
⑦ 위원장이 부득이한 사유로 직무를 수행할 수 없는 때에는 국무총리인 위원장이 미리 정한 위원이 위원장의 직무를 대행한다.
⑧ 제 4 항 제 2 호의 위원의 임기는 1년으로 하되, 연임할 수 있다.

제15조(위원회의 기능) 위원회는 다음 각 호의 사항을 심의한다.
1. 저탄소 녹색성장 정책의 기본방향에 관한 사항
2. 녹색성장국가전략의 수립 · 변경 · 시행에 관한 사항
3. 기후변화대응 기본계획, 에너지기본계획 및 지속가능발전 기본계획에 관한 사항
4. 저탄소 녹색성장 추진의 목표 관리, 점검, 실태조사 및 평가에 관한 사항
5. 관계 중앙행정기관 및 지방자치단체의 저탄소 녹색성장과 관련된 정책 조정 및 지원에 관한 사항
6. 저탄소 녹색성장과 관련된 법제도에 관한 사항
7. 저탄소 녹색성장을 위한 재원의 배분방향 및 효율적 사용에 관한 사항
8. 저탄소 녹색성장과 관련된 국제협상 · 국제협력, 교육 · 홍보, 인력양성 및 기반구축 등에 관한 사항
9. 저탄소 녹색성장과 관련된 기업 등의 고충조사, 처리, 시정권고 또는 의견표명
10. 다른 법률에서 위원회의 심의를 거치도록 한 사항
11. 그 밖에 저탄소 녹색성장과 관련하여 위원장이 필요하다고 인정하는 사항

제16조(회의) ① 위원장은 위원회의 회의를 소집하고 그 의장이 된다.
② 위원회의 회의는 정기회의와 임시회의로 구분하며, 임시회의는 위원장이 필요하다고 인정하는 경우 또는 위원 5명 이상의 소집요구가 있을 경우에 위원장이 소집한다.
③ 위원회의 회의는 위원 과반수의 출석으로 개의하고, 출석위원 과반수의 찬성으로 의결한다. 다만, 대통령령으로 정하는 경우에는 서면으로 심의 · 의결할 수 있다.
④ 제 1 항부터 제 3 항까지에서 규정한 사항 외에 정기회의의 시기 등 위원회의 운영에 필요한 사항은 대통령령으로 정한다.

제17조(분과위원회) ① 위원회의 업무를 효율적으로 수행 · 지원하고 위원회가 위임하는 업무를 검토 · 조정 또는 처리하기 위하여 대통령령으로 정하는 바에 따라 위원회에 분과위

원회를 둘 수 있다.

② 분과위원회는 위촉위원으로 구성하며, 분과위원회의 위원장은 분과위원회의 위원 중에서 호선(互選)한다.

③ 중앙행정기관의 고위공무원단에 속하는 공무원은 관계 분야의 안건에 대하여 해당 분과위원회에 참석하여 의견을 제시할 수 있다.

④ 제 1 항부터 제 3 항까지에서 규정한 사항 외에 분과위원회의 운영에 필요한 사항은 위원회의 의결을 거쳐 위원회의 위원장이 정한다.

第18조(녹색성장기획단) ① 위원회 및 분과위원회의 운영 및 업무를 효율적으로 지원하기 위하여 위원회에 녹색성장기획단(이하 "기획단"이라 한다)을 둔다.

② 기획단의 구성 및 운영 등에 필요한 사항은 대통령령으로 정한다.

第19조(공무원 등의 파견 요청) 위원회는 위원회의 운영 또는 기획단의 업무수행을 위하여 필요한 경우에는 중앙행정기관, 지방자치단체 소속의 공무원 및 관련 민간기관·단체 또는 연구소, 기업 임직원 등의 파견 또는 겸임을 요청할 수 있다.

第20조(지방녹색성장위원회의 구성 및 운영) ① 지방자치단체의 저탄소 녹색성장과 관련된 주요 정책 및 계획과 그 이행에 관한 사항을 심의하기 위하여 시·도지사 소속으로 지방녹색성장위원회(이하 "지방녹색성장위원회"라 한다)를 둘 수 있다.

② 지방녹색성장위원회의 구성, 운영 및 기능 등에 필요한 사항은 대통령령으로 정한다.

第21조(녹색성장책임관의 지정) 저탄소 녹색성장의 원활한 추진을 위하여 중앙행정기관의 장 및 시·도지사는 소속 공무원 중에서 녹색성장책임관을 지정할 수 있다.

제 4 장 저탄소 녹색성장의 추진

第22조(녹색경제·녹색산업 구현을 위한 기본원칙) ① 정부는 화석연료의 사용을 단계적으로 축소하고 녹색기술과 녹색산업을 육성함으로써 국가경쟁력을 강화하고 지속가능발전을 추구하는 경제(이하 "녹색경제"라 한다)를 구현하여야 한다.

② 정부는 녹색경제 정책을 수립·시행할 때 금융·산업·과학기술·환경·국토·문화 등 다양한 부문을 통합적 관점에서 균형 있게 고려하여야 한다.

③ 정부는 새로운 녹색산업의 창출, 기존 산업의 녹색산업으로의 전환 및 관련 산업과의 연계 등을 통하여 에너지·자원 다소비형 산업구조가 저탄소 녹색산업구조로 단계적으로

전환되도록 노력하여야 한다.

④ 정부는 저탄소 녹색성장을 추진할 때 지역 간 균형발전을 도모하며 저소득층이 소외되지 않도록 지원 및 배려하여야 한다.

제23조(녹색경제 · 녹색산업의 육성 · 지원) ① 정부는 녹색경제를 구현함으로써 국가경제의 건전성과 경쟁력을 강화하고 성장잠재력이 큰 새로운 녹색산업을 발굴 · 육성하는 등 녹색경제 · 녹색산업의 육성 · 지원 시책을 마련하여야 한다.

② 제 1 항에 따른 녹색경제 · 녹색산업의 육성 · 지원 시책에는 다음 각 호의 사항이 포함되어야 한다.

1. 국내외 경제여건 및 전망에 관한 사항
2. 기존 산업의 녹색산업 구조로의 단계적 전환에 관한 사항
3. 녹색산업을 촉진하기 위한 중장기 · 단계별 목표, 추진전략에 관한 사항
4. 녹색산업의 신성장동력으로의 육성 · 지원에 관한 사항
5. 전기 · 정보통신 · 교통시설 등 기존 국가기반시설의 친환경 구조로의 전환에 관한 사항
6. 녹색경영을 위한 자문서비스 산업의 육성에 관한 사항
7. 녹색산업 인력 양성 및 일자리 창출에 관한 사항
8. 그 밖에 녹색경제 · 녹색산업의 촉진에 관한 사항

제24조(자원순환의 촉진) ① 정부는 자원을 절약하고 효율적으로 이용하며 폐기물의 발생을 줄이는 등 자원순환의 촉진과 자원생산성 제고를 위하여 자원순환 산업을 육성 · 지원하기 위한 다양한 시책을 마련하여야 한다.

② 제 1 항에 따른 자원순환 산업의 육성 · 지원 시책에는 다음 각 호의 사항이 포함되어야 한다.

1. 자원순환 촉진 및 자원생산성 제고 목표설정
2. 자원의 수급 및 관리
3. 유해하거나 재제조 · 재활용이 어려운 물질의 사용억제
4. 폐기물 발생의 억제 및 재제조 · 재활용 등 재자원화
5. 에너지자원으로 이용되는 목재, 식물, 농산물 등 바이오매스의 수집 · 활용
6. 자원순환 관련 기술개발 및 산업의 육성
7. 자원생산성 향상을 위한 교육훈련 · 인력양성 등에 관한 사항

제25조(기업의 녹색경영 촉진) ① 정부는 기업의 녹색경영을 지원·촉진하여야 한다.
② 정부는 기업의 녹색경영을 지원·촉진하기 위하여 다음 각 호의 사항을 포함하는 시책을 수립·시행하여야 한다.
1. 친환경 생산체제로의 전환을 위한 기술지원
2. 기업의 에너지·자원 이용 효율화, 온실가스 배출량 감축, 산림조성 및 자연환경 보전, 지속가능발전 정보 등 녹색경영 성과의 공개
3. 중소기업의 녹색경영에 대한 지원
4. 그 밖에 저탄소 녹색성장을 위한 기업활동 지원에 관한 사항

제26조(녹색기술의 연구개발 및 사업화 등의 촉진) ① 정부는 녹색기술의 연구개발 및 사업화 등을 촉진하기 위하여 다음 각 호의 사항을 포함하는 시책을 수립·시행할 수 있다.
1. 녹색기술과 관련된 정보의 수집·분석 및 제공
2. 녹색기술 평가기법의 개발 및 보급
3. 녹색기술 연구개발 및 사업화 등의 촉진을 위한 금융지원
4. 녹색기술 전문인력의 양성 및 국제협력 등
② 정부는 정보통신·나노·생명공학 기술 등의 융합을 촉진하고 녹색기술의 지식재산권화를 통하여 저탄소 지식기반경제로의 이행을 신속하게 추진하여야 한다.
③ 「과학기술기본법」에 따른 과학기술기본계획에 제 1 항의 시책이 포함되는 경우에는 미리 위원회의 의견을 들어야 한다.

제27조(정보통신기술의 보급·활용) ① 정부는 에너지 절약, 에너지 이용효율 향상 및 온실가스 감축을 위하여 정보통신기술 및 서비스를 적극 활용하는 다음 각 호에 대한 시책을 수립·시행하여야 한다.
1. 방송통신 네트워크 등 정보통신 기반 확대
2. 새로운 정보통신 서비스의 개발·보급
3. 정보통신 산업 및 기기 등에 대한 녹색기술 개발 촉진
② 정부는 저탄소 녹색성장을 위한 생활문화를 조속히 확산시키기 위하여 재택근무·영상회의·원격교육·원격진료 등을 활성화하는 등의 방송통신 시책을 수립·시행하여야 한다.
③ 정부는 정보통신기술을 활용하여 전력 네트워크를 지능화·고도화함으로써 고품질의 전력서비스를 제공하고 에너지 이용효율을 극대화하며 온실가스를 획기적으로 감축할 수 있도록 하여야 한다.

제28조(금융의 지원 및 활성화) 정부는 저탄소 녹색성장을 촉진하기 위하여 다음 각 호의 사항을 포함하는 금융 시책을 수립·시행하여야 한다.

1. 녹색경제 및 녹색산업의 지원 등을 위한 재원의 조성 및 자금 지원
2. 저탄소 녹색성장을 지원하는 새로운 금융상품의 개발
3. 저탄소 녹색성장을 위한 기반시설 구축사업에 대한 민간투자 활성화
4. 기업의 녹색경영 정보에 대한 공시제도 등의 강화 및 녹색경영 기업에 대한 금융지원 확대
5. 탄소시장(온실가스를 배출할 수 있는 권리 또는 온실가스의 감축·흡수 실적 등을 거래하는 시장을 말한다. 이하 같다)의 개설 및 거래 활성화 등

제29조(녹색산업투자회사의 설립과 지원) ① 녹색기술 및 녹색산업에 자산을 투자하여 그 수익을 투자자에게 배분하는 것을 목적으로 하는 녹색산업투자회사(「자본시장과 금융투자업에 관한 법률」 제 9 조 제18항의 집합투자기구를 말한다. 이하 같다)를 설립할 수 있다.

② 녹색산업투자회사가 투자하는 녹색기술 및 녹색산업은 다음 각호에서 정하는 사업 또는 기업으로 한다.

1. 제 2 조 제 3 호에 따른 녹색기술에 대한 연구와 시제품의 제작 및 상용화를 위한 연구개발 또는 기술지원 사업
2. 제 2 조 제 4 호에 따른 녹색산업에 해당하는 사업
3. 녹색기술 또는 녹색산업에 대한 투자 또는 영업을 영위하는 기업

③ 정부는 「공공기관의 운영에 관한 법률」 제 4 조에 따른 공공기관이 녹색산업투자회사에 출자하려는 경우 이를 위한 자금의 전부 또는 일부를 예산의 범위에서 지원할 수 있다.

④ 금융위원회는 제 3 항의 규정에 따라 공공기관이 출자한 녹색산업투자회사(해당 회사의 자산운용회사·자산보관회사 및 일반사무관리회사를 포함한다. 이하 이 조에서 같다)에게 해당 회사의 업무 및 재산 등에 관한 자료의 제출이나 보고를 요구할 수 있으며, 관계 중앙행정기관은 금융위원회에 해당 자료의 제출을 요구할 수 있다.

⑤ 관계 중앙행정기관은 제 4 항에 의하여 제출된 자료나 보고 내용에 대하여 검사가 필요하다고 인정하는 경우 금융위원회에게 해당 녹색산업투자회사에 대한 업무 및 재산 등에 관한 검사를 요청할 수 있으며, 해당 검사 결과 중대한 문제가 있다고 여겨지는 경우에는 금융위원회는 관계 중앙행정기관과 협의하여 해당 녹색산업투자회사의 등록을 취소할 수 있다.

⑥ 제 1 항 내지 제 5 항에 따른 녹색산업투자회사의 설립 · 운영 및 재정지원과 그 밖에 필요한 세부사항은 대통령령으로 정한다.

제30조(조세 제도 운영) 정부는 에너지 · 자원의 위기 및 기후변화 문제에 효과적으로 대응하고 저탄소 녹색성장을 촉진하기 위하여 온실가스와 오염물질을 발생시키거나 에너지 · 자원 이용효율이 낮은 재화와 서비스를 줄이고 환경친화적인 재화와 서비스를 촉진하는 방향으로 국가의 조세 제도를 운영하여야 한다.

제31조(녹색기술 · 녹색산업에 대한 지원 · 특례 등) ① 국가 또는 지방자치단체는 녹색기술 · 녹색산업에 대하여 보조금의 지급 등 필요한 지원을 할 수 있다.

② 「신용보증기금법」에 따라 설립된 신용보증기금 및 「기술신용보증기금법」에 따라 설립된 기술신용보증기금은 녹색기술 · 녹색산업에 우선적으로 신용보증을 하거나 보증조건 등을 우대할 수 있다.

③ 국가나 지방자치단체는 녹색기술 · 녹색산업과 관련된 기업을 지원하기 위하여 「조세특례제한법」과 「지방세법」에서 정하는 바에 따라 소득세 · 법인세 · 취득세 · 재산세 · 등록세 등을 감면할 수 있다.

④ 국가나 지방자치단체는 녹색기술 · 녹색산업과 관련된 기업이 「외국인투자 촉진법」 제 2 조 제 1 항 제 4 호에 따른 외국인투자를 유치하는 경우에 이를 최대한 지원하기 위하여 노력하여야 한다.

제32조(녹색기술 · 녹색산업의 표준화 및 인증 등) ① 정부는 국내에서 개발되었거나 개발 중인 녹색기술 · 녹색산업이 「국가표준기본법」 제 3 조 제 2 호에 따른 국제표준에 부합되도록 표준화 기반을 구축하고 녹색기술 · 녹색산업의 국제표준화 활동 등에 필요한 지원을 할 수 있다.

② 정부는 녹색기술 · 녹색산업의 발전을 촉진하기 위하여 녹색기술, 녹색사업, 녹색제품 등에 대한 적합성 인증을 하거나 녹색전문기업 확인, 공공기관의 구매의무화 또는 기술지도 등을 할 수 있다.

③ 정부는 다음 각 호의 어느 하나에 해당하는 경우에는 제 2 항에 따른 적합성 인증 및 녹색전문기업 확인을 취소하여야 한다.

1. 거짓이나 그 밖의 부정한 방법으로 인증이나 확인을 받은 경우
2. 중대한 결함이 있어 인증이나 확인이 적당하지 아니하다고 인정되는 경우

④ 제 1 항 내지 제 3 항에 따른 표준화, 인증 및 취소 등에 관하여 그 밖에 필요한 사항은

대통령령으로 정한다.

제33조(중소기업의 지원 등) 정부는 중소기업의 녹색기술 및 녹색경영을 촉진하기 위하여 다음 각 호의 시책을 수립·시행할 수 있다.

1. 대기업과 중소기업의 공동사업에 대한 우선 지원
2. 대기업의 중소기업에 대한 기술지도·기술이전 및 기술인력 파견에 대한 지원
3. 중소기업의 녹색기술 사업화의 촉진
4. 녹색기술 개발 촉진을 위한 공공시설의 이용
5. 녹색기술·녹색산업에 관한 전문인력 양성·공급 및 국외진출
6. 그 밖에 중소기업의 녹색기술 및 녹색경영을 촉진하기 위한 사항

제34조(녹색기술·녹색산업 집적지 및 단지 조성 등) ① 정부는 녹색기술의 공동연구개발, 시설장비의 공동활용 및 산·학·연 네트워크 구축 등의 사업을 위한 집적지와 단지를 조성하거나 이를 지원할 수 있다.

② 제 1 항에 따른 사업을 추진하는 경우에는 다음 각 호의 사항을 고려하여야 한다.

1. 산업단지별 산업집적 현황에 관한 사항
2. 기업·대학·연구소 등의 연구개발 역량강화 및 상호연계에 관한 사항
3. 산업집적기반시설의 확충 및 우수한 녹색기술·녹색산업 인력의 유치에 관한 사항
4. 녹색기술·녹색산업의 사업추진체계 및 재원조달방안

③ 정부는 대통령령으로 정하는 기관 또는 단체로 하여금 녹색기술·녹색산업 집적지 및 단지를 조성하게 할 수 있다.

④ 정부는 제 3 항에 따른 기관 또는 단체가 같은 항에 따른 녹색기술·녹색산업 집적지 및 단지를 조성하는 사업을 수행하는 데에 소요되는 비용의 전부 또는 일부를 출연할 수 있다.

제35조(녹색기술·녹색산업에 대한 일자리 창출 등) ① 정부는 녹색기술·녹색산업에 대한 일자리를 창출·확대하여 모든 국민이 녹색성장의 혜택을 누릴 수 있도록 하여야 한다.

② 정부는 녹색기술·녹색산업에 대한 일자리를 창출하는 과정에서 산업분야별 노동력의 원활한 이동·전환을 촉진하고 국민이 새로운 기술을 습득할 수 있는 기회를 확대하며, 녹색기술·녹색산업에 대한 일자리 창출을 위한 재정적·기술적 지원을 할 수 있다.

제36조(규제의 선진화) ① 정부는 자원을 효율적으로 이용하고 온실가스와 오염물질의 발생을 줄이기 위한 규제를 도입하려는 경우에는 온실가스 또는 오염물질의 발생 원인자가

스스로 온실가스와 오염물질의 발생을 줄이도록 유도함으로써 사회·경제적 비용을 줄이도록 노력하여야 한다.

② 정부는 온실가스와 오염물질의 발생을 줄이기 위한 규제를 도입하려는 경우에는 민간의 자율과 창의를 저해하지 않도록 하고, 기업의 규제에 대한 국내외 실태조사 등을 하여 산업경쟁력을 높일 수 있도록 규제의 중복을 피하는 등 규제 체계를 선진화하여야 한다.

제37조(국제규범 대응) ① 정부는 외국 정부 또는 국제기구에서 제정하거나 도입하려는 저탄소 녹색성장과 관련된 제도·정책에 관한 동향과 정보를 수집·조사·분석하여 관련 제도·정책을 합리적으로 정비하고 지원체제를 구축하는 등 적절한 대책을 마련하여야 한다.

② 정부는 제 1 항의 동향·정보 및 대책에 관한 사항을 기업·국민들에게 충분히 제공함으로써 국내 기업과 국민들이 대응역량을 높일 수 있도록 하여야 한다.

제 5 장 저탄소 사회의 구현

제38조(기후변화대응의 기본원칙) 정부는 저탄소 사회를 구현하기 위하여 기후변화대응 정책 및 관련 계획을 다음 각 호의 원칙에 따라 수립·시행하여야 한다.

1. 지구 온난화에 따른 기후변화 문제의 심각성을 인식하고 국가적·국민적 역량을 모아 총체적으로 대응하고 범지구적 노력에 적극 참여한다.
2. 온실가스 감축의 비용과 편익을 경제적으로 분석하고 국내 여건 등을 감안하여 국가 온실가스 중장기 감축 목표를 설정하고, 가격기능과 시장원리에 기반을 둔 비용효과적 방식의 합리적 규제체제를 도입함으로써 온실가스 감축을 효율적·체계적으로 추진한다.
3. 온실가스를 획기적으로 감축하기 위하여 정보통신·나노·생명 공학 등 첨단기술 및 융합기술을 적극 개발하고 활용한다.
4. 온실가스 배출에 따른 권리·의무를 명확히 하고 이에 대한 시장거래를 허용함으로써 다양한 감축수단을 자율적으로 선택할 수 있도록 하고, 국내 탄소시장을 활성화하여 국제 탄소시장에 적극 대비한다.
5. 대규모 자연재해, 환경생태와 작물상황의 변화에 대비하는 등 기후변화로 인한 영향을 최소화하고 그 위험 및 재난으로부터 국민의 안전과 재산을 보호한다.

제39조(에너지정책 등의 기본원칙) 정부는 저탄소 녹색성장을 추진하기 위하여 에너지정책 및 에너지와 관련된 계획을 다음 각 호의 원칙에 따라 수립·시행하여야 한다.

1. 석유·석탄 등 화석연료의 사용을 단계적으로 축소하고 에너지 자립도를 획기적으로 향상시킨다.
2. 에너지 가격의 합리화, 에너지의 절약, 에너지 이용효율 제고 등 에너지 수요관리를 강화하여 지구 온난화를 예방하고 환경을 보전하며, 에너지 저소비·자원순환형 경제·사회구조로 전환한다.
3. 친환경에너지인 태양에너지, 폐기물·바이오에너지, 풍력, 지열, 조력, 연료전지, 수소에너지 등 신·재생에너지의 개발·생산·이용 및 보급을 확대하고 에너지 공급원을 다변화한다.
4. 에너지가격 및 에너지산업에 대한 시장경쟁 요소의 도입을 확대하고 공정거래 질서를 확립하며, 국제규범 및 외국의 법제도 등을 고려하여 에너지산업에 대한 규제를 합리적으로 도입·개선하여 새로운 시장을 창출한다.
5. 국민이 저탄소 녹색성장의 혜택을 고루 누릴 수 있도록 저소득층에 대한 에너지 이용 혜택을 확대하고 형평성을 제고하는 등 에너지와 관련한 복지를 확대한다.
6. 국외 에너지자원 확보, 에너지의 수입 다변화, 에너지 비축 등을 통하여 에너지를 안정적으로 공급함으로써 에너지에 관한 국가안보를 강화한다.

제40조(기후변화대응 기본계획) ① 정부는 기후변화대응의 기본원칙에 따라 20년을 계획기간으로 하는 기후변화대응 기본계획을 5년마다 수립·시행하여야 한다.

② 기후변화대응 기본계획을 수립하거나 변경하는 경우에는 위원회의 심의 및 국무회의 심의를 거쳐야 한다. 다만, 대통령령으로 정하는 경미한 사항을 변경하는 경우에는 그러하지 아니하다.

③ 기후변화대응 기본계획에는 다음 각 호의 사항이 포함되어야 한다.

1. 국내외 기후변화 경향 및 미래 전망과 대기 중의 온실가스 농도변화
2. 온실가스 배출·흡수 현황 및 전망
3. 온실가스 배출 중장기 감축목표 설정 및 부문별·단계별 대책
4. 기후변화대응을 위한 국제협력에 관한 사항
5. 기후변화대응을 위한 국가와 지방자치단체의 협력에 관한 사항
6. 기후변화대응 연구개발에 관한 사항

7. 기후변화대응 인력양성에 관한 사항
8. 기후변화의 감시 · 예측 · 영향 · 취약성평가 및 재난방지 등 적응대책에 관한 사항
9. 기후변화대응을 위한 교육 · 홍보에 관한 사항
10. 그 밖에 기후변화대응 추진을 위하여 필요한 사항

제41조(에너지기본계획의 수립) ① 정부는 에너지정책의 기본원칙에 따라 20년을 계획기간으로 하는 에너지기본계획(이하 이 조에서 "에너지기본계획"이라 한다)을 5년마다 수립 · 시행하여야 한다.

② 에너지기본계획을 수립하거나 변경하는 경우에는 「에너지법」 제 9 조에 따른 에너지위원회의 심의를 거친 다음 위원회와 국무회의의 심의를 거쳐야 한다. 다만, 대통령령으로 정하는 경미한 사항을 변경하는 경우에는 그러하지 아니하다.

③ 에너지기본계획에는 다음 각 호의 사항이 포함되어야 한다.

1. 국내외 에너지 수요와 공급의 추이 및 전망에 관한 사항
2. 에너지의 안정적 확보, 도입 · 공급 및 관리를 위한 대책에 관한 사항
3. 에너지 수요 목표, 에너지원 구성, 에너지 절약 및 에너지 이용효율 향상에 관한 사항
4. 신 · 재생에너지 등 환경친화적 에너지의 공급 및 사용을 위한 대책에 관한 사항
5. 에너지 안전관리를 위한 대책에 관한 사항
6. 에너지 관련 기술개발 및 보급, 전문인력 양성, 국제협력, 부존 에너지자원 개발 및 이용, 에너지 복지 등에 관한 사항

제42조(기후변화대응 및 에너지의 목표관리) ① 정부는 범지구적인 온실가스 감축에 적극 대응하고 저탄소 녹색성장을 효율적 · 체계적으로 추진하기 위하여 다음 각 호의 사항에 대한 중장기 및 단계별 목표를 설정하고 그 달성을 위하여 필요한 조치를 강구하여야 한다.

1. 온실가스 감축 목표
2. 에너지 절약 목표 및 에너지 이용효율 목표
3. 에너지 자립 목표
4. 신 · 재생에너지 보급 목표

② 정부는 제 1 항에 따른 목표를 설정할 때 국내 여건 및 각국의 동향 등을 고려하여야 한다.

③ 정부는 제 1 항에 따른 목표를 달성하기 위하여 관계 중앙행정기관, 지방자치단체 및 대통령령으로 정하는 공공기관 등에 대하여 대통령령으로 정하는 바에 따라 해당 기관별로 에너지절약 및 온실가스 감축목표를 설정하도록 하고 그 이행사항을 지도·감독할 수 있다.

④ 정부는 제 1 항 제 1 호 및 제 2 호에 따른 목표를 달성할 수 있도록 산업, 교통·수송, 가정·상업 등 부문별 목표를 설정하고 그 달성을 위하여 필요한 조치를 적극 마련하여야 한다.

⑤ 정부는 제 1 항 제 1 호 및 제 2 호에 따른 목표를 달성하기 위하여 대통령령으로 정하는 기준량 이상의 온실가스 배출업체 및 에너지 소비업체(이하 "관리업체"라 한다)별로 측정·보고·검증이 가능한 방식으로 목표를 설정·관리하여야 한다. 이 경우 정부는 관리업체와 미리 협의하여야 하며, 온실가스 배출 및 에너지 사용 등의 이력, 기술 수준, 국제경쟁력, 국가목표 등을 고려하여야 한다.

⑥ 관리업체는 제 5 항에 따른 목표를 준수하여야 하며, 그 실적을 대통령령으로 정하는 바에 따라 정부에 보고하여야 한다.

⑦ 정부는 제 6 항에 따라 보고받은 실적에 대하여 등록부를 작성하고 체계적으로 관리하여야 한다.

⑧ 정부는 관리업체의 준수실적이 제 5 항에 따른 목표에 미달하는 경우 목표달성을 위하여 필요한 개선을 명할 수 있다. 이 경우 관리업체는 개선명령에 따른 이행계획을 작성하여 이를 성실히 이행하여야 한다.

⑨ 관리업체는 제 8 항에 따른 이행결과를 측정·보고·검증이 가능한 방식으로 작성하여 대통령령으로 정하는 공신력 있는 외부 전문기관의 검증을 받아 정부에 보고하고 공개하여야 한다.

⑩ 정부는 관리업체가 제 5 항에 따른 목표를 달성하고 제 8 항에 따른 이행계획을 차질 없이 이행할 수 있도록 하기 위하여 필요한 경우 재정·세제·경영·기술지원, 실태조사 및 진단, 자료 및 정보의 제공 등을 할 수 있다.

⑪ 제 5 항부터 제 9 항까지에서 규정한 사항 외에 등록부의 관리, 관리업체의 지원 등에 필요한 사항은 대통령령으로 정한다.

제43조(온실가스 감축의 조기행동 촉진) ① 정부는 관리업체가 제42조 제 5 항에 따른 목표관리를 받기 전에 자발적으로 행한 실적에 대해서는 이를 목표관리 실적으로 인정하거나 그 실적을 거래할 수 있도록 하는 등 자발적으로 온실가스를 미리 감축하는 행동을

하도록 촉진하여야 한다.

② 제 1 항에 따른 실적을 거래할 수 있는 방법 및 절차 등에 필요한 사항은 대통령령으로 정한다.

제44조(온실가스 배출량 및 에너지 사용량 등의 보고) ① 관리업체는 사업장별로 매년 온실가스 배출량 및 에너지 소비량에 대하여 측정 · 보고 · 검증 가능한 방식으로 명세서를 작성하여 정부에 보고하여야 한다.

② 관리업체는 제 1 항에 따른 보고를 할 때 명세서의 신뢰성 여부에 대하여 대통령령으로 정하는 공신력 있는 외부 전문기관의 검증을 받아야 한다. 이 경우 정부는 명세서에 흠이 있거나 빠진 부분에 대하여 시정 또는 보완을 명할 수 있다.

③ 정부는 명세서를 체계적으로 관리하고 명세서에 포함된 주요 정보를 관리업체별로 공개할 수 있다. 다만, 관리업체는 정보공개로 인하여 그 관리업체의 권리나 영업상의 비밀이 현저히 침해되는 특별한 사유가 있는 경우에는 비공개를 요청할 수 있다.

④ 정부는 관리업체로부터 제 3 항 단서에 따른 정보의 비공개 요청을 받았을 때에는 심사위원회를 구성하여 30일 이내에 그 결과를 통지하여야 한다.

⑤ 명세서의 내용, 보고 · 관리, 공개방법 및 심사위원회의 구성 · 운영 등에 필요한 사항은 대통령령으로 정한다.

제45조(온실가스 종합정보관리체계의 구축) ① 정부는 국가 온실가스 배출량 · 흡수량, 배출 · 흡수 계수(係數), 온실가스 관련 각종 정보 및 통계를 개발 · 검증 · 관리하는 온실가스 종합정보관리체계를 구축하여야 한다.

② 관계 중앙행정기관의 장은 제 1 항에 따른 종합정보관리체계가 원활히 운영될 수 있도록 에너지 · 산업공정 · 농업 · 폐기물 · 산림 등 부문별 소관 분야의 정보 및 통계를 작성하여 제공하는 등 적극 협력하여야 한다.

③ 정부는 제 1 항에 따른 각종 정보 및 통계를 작성 · 관리하거나 종합정보관리체계를 구축함에 있어 국제기준을 최대한 반영하여 전문성 · 투명성 및 신뢰성을 제고하여야 한다.

④ 정부는 제 1 항에 따른 각종 정보 및 통계를 분석 · 검증하여 그 결과를 매년 공표하여야 한다.

⑤ 제 1 항부터 제 4 항까지에서 규정한 사항 외에 세부적인 정보 및 통계 관리방법, 관리기관 및 방법 등은 대통령령으로 정한다.

제46조(총량제한 배출권 거래제 등의 도입) ① 정부는 시장기능을 활용하여 효율적으로

국가의 온실가스 감축목표를 달성하기 위하여 온실가스 배출권을 거래하는 제도를 운영할 수 있다.

② 제 1 항의 제도에는 온실가스 배출허용총량을 설정하고 배출권을 거래하는 제도 및 기타 국제적으로 인정되는 거래 제도를 포함한다.

③ 정부는 제 2 항에 따른 제도를 실시할 경우 기후변화 관련 국제협상을 고려하여야 하고, 국제경쟁력이 현저하게 약화될 우려가 있는 제42조 제 5 항의 관리업체에 대하여는 필요한 조치를 강구할 수 있다.

④ 제 2 항에 따른 제도의 실시를 위한 배출허용량의 할당방법, 등록·관리방법 및 거래소 설치·운영 등은 따로 법률로 정한다.

제47조(교통부문의 온실가스 관리) ① 자동차 등 교통수단을 제작하려는 자는 그 교통수단에서 배출되는 온실가스를 감축하기 위한 방안을 마련하여야 하며, 온실가스 감축을 위한 국제경쟁 체제에 부응할 수 있도록 적극 노력하여야 한다.

② 정부는 자동차의 평균에너지소비효율을 개선함으로써 에너지 절약을 도모하고, 자동차 배기가스 중 온실가스를 줄임으로써 쾌적하고 적정한 대기환경을 유지할 수 있도록 자동차 평균에너지소비효율기준 및 자동차 온실가스 배출허용기준을 각각 정하되, 이중규제가 되지 않도록 자동차 제작업체(수입업체를 포함한다)로 하여금 어느 한 기준을 택하여 준수토록 하고 측정방법 등이 중복되지 않도록 하여야 한다.

③ 정부는 온실가스 배출량이 적은 자동차 등을 구매하는 자에 대하여 재정적 지원을 강화하고 온실가스 배출량이 많은 자동차 등을 구매하는 자에 대해서는 부담금을 부과하는 등의 방안을 강구할 수 있다.

④ 정부는 하이브리드 자동차, 수소연료전지 자동차 등 저탄소·고효율 교통수단의 제작·보급을 촉진하기 위하여 재정·세제 지원, 연구개발 및 관련 제도 개선 등의 방안을 강구할 수 있다.

제48조(기후변화 영향평가 및 적응대책의 추진) ① 정부는 기상현상에 대한 관측·예측·제공·활용 능력을 높이고, 지역별·권역별로 태양력·풍력·조력 등 신·재생에너지원을 확보할 수 있는 잠재력을 지속적으로 분석·평가하여 이에 관한 기상정보관리 체계를 구축·운영하여야 한다.

② 정부는 기후변화에 대한 감시·예측의 정확도를 향상시키고 생물자원 및 수자원 등의 변화 상황과 국민건강에 미치는 영향 등 기후변화로 인한 영향을 조사·분석하기 위한

조사 · 연구, 기술개발, 관련 전문기관의 지원 및 국내외 협조체계 구축 등의 시책을 추진하여야 한다.

③ 정부는 관계 중앙행정기관의 장과 협의하여 기후변화로 인한 생태계, 생물다양성, 대기, 수자원 · 수질, 보건, 농 · 수산식품, 산림, 해양, 산업, 방재 등에 미치는 영향 및 취약성을 조사 · 평가하고 그 결과를 공표하여야 한다.

④ 정부는 기후변화로 인한 피해를 줄이기 위하여 사전 예방적 관리에 우선적인 노력을 기울여야 하며 대통령령으로 정하는 바에 따라 기후변화의 영향을 완화시키거나 건강 · 자연재해 등에 대응하는 적응대책을 수립 · 시행하여야 한다.

⑤ 정부는 국민 · 사업자 등이 기후변화 적응대책에 따라 활동할 경우 이에 필요한 기술적 및 재정적 지원을 할 수 있다.

제 6 장 녹색생활 및 지속가능발전의 실현

제49조(녹색생활 및 지속가능발전의 기본원칙) 녹색생활 및 지속가능발전의 실현을 위한 국가의 시책은 다음 각 호의 기본원칙에 따라 추진되어야 한다.

1. 국토는 녹색성장의 터전이며 그 결과의 전시장이라는 점을 인식하고 현세대 및 미래세대가 쾌적한 삶을 영위할 수 있도록 국토의 개발 및 보전 · 관리가 조화될 수 있도록 한다.
2. 국토 · 도시공간구조와 건축 · 교통체제를 저탄소 녹색성장 구조로 개편하고 생산자와 소비자가 녹색제품을 자발적 · 적극적으로 생산하고 구매할 수 있는 여건을 조성한다.
3. 국가 · 지방자치단체 · 기업 및 국민은 지속가능발전과 관련된 국제적 합의를 성실히 이행하고, 국민의 일상생활 속에 녹색생활이 내재화되고 녹색문화가 사회전반에 정착될 수 있도록 한다.
4. 국가 · 지방자치단체 및 기업은 경제발전의 기초가 되는 생태학적 기반을 보호할 수 있도록 토지이용과 생산시스템을 개발 · 정비함으로써 환경보전을 촉진한다.

제50조(지속가능발전 기본계획의 수립 · 시행) ① 정부는 1992년 브라질에서 개최된 유엔환경개발회의에서 채택한 의제21, 2002년 남아프리카공화국에서 개최된 세계지속가능발전정상회의에서 채택한 이행계획 등 지속가능발전과 관련된 국제적 합의를 성실히 이행하고, 국가의 지속가능발전을 촉진하기 위하여 20년을 계획기간으로 하는 지속가능발전 기

본계획을 5년마다 수립·시행하여야 한다.

② 지속가능발전 기본계획을 수립하거나 변경하는 경우에는 「지속가능발전법」 제15조에 따른 지속가능발전위원회의 심의를 거친 다음 위원회와 국무회의의 심의를 거쳐야 한다. 다만, 대통령령으로 정하는 경미한 사항을 변경하는 경우에는 그러하지 아니하다.

③ 지속가능발전 기본계획에는 다음 각 호의 사항이 포함되어야 한다.

1. 지속가능발전의 현황 및 여건변화와 전망에 관한 사항
2. 지속가능발전을 위한 비전, 목표, 추진전략과 원칙, 기본정책 방향, 주요지표에 관한 사항
3. 지속가능발전에 관련된 국제적 합의이행에 관한 사항
4. 그 밖에 지속가능발전을 위하여 필요한 사항

④ 중앙행정기관의 장은 제 1 항에 따른 지속가능발전 기본계획과 조화를 이루는 소관 분야의 중앙 지속가능발전 기본계획을 중앙추진계획에 포함하여 수립·시행하여야 한다.

⑤ 시·도지사는 제 1 항에 따른 지속가능발전 기본계획과 조화를 이루며 해당 지방자치단체의 지역적 특성과 여건을 고려한 지방 지속가능발전 기본계획을 지방추진계획에 포함하여 수립·시행하여야 한다.

제51조(녹색국토의 관리) ① 정부는 건강하고 쾌적한 환경과 아름다운 경관이 경제발전 및 사회개발과 조화를 이루는 국토(이하 "녹색국토"라 한다)를 조성하기 위하여 국토종합계획·도시기본계획 등 대통령령으로 정하는 계획을 제49조에 따른 녹색생활 및 지속가능발전의 기본원칙에 따라 수립·시행하여야 한다.

② 정부는 녹색국토를 조성하기 위하여 다음 각 호의 사항을 포함하는 시책을 마련하여야 한다.

1. 에너지·자원 자립형 탄소중립도시 조성
2. 산림·녹지의 확충 및 광역생태축 보전
3. 해양의 친환경적 개발·이용·보존
4. 저탄소 항만의 건설 및 기존 항만의 저탄소 항만으로의 전환
5. 친환경 교통체계의 확충
6. 자연재해로 인한 국토 피해의 완화
7. 그 밖에 녹색국토 조성에 관한 사항

③ 정부는 「국토기본법」에 따른 국토종합계획, 「국가균형발전 특별법」에 따른 지역발전계

획 등 대통령령으로 정하는 계획을 수립할 때에는 미리 위원회의 의견을 들어야 된다.

제52조(기후변화대응을 위한 물 관리) 정부는 기후변화로 인한 가뭄 등 자연재해와 물 부족 및 수질악화와 수생태계 변화에 효과적으로 대응하고 모든 국민이 물의 혜택을 고루 누릴 수 있도록 하기 위하여 다음 각 호의 사항을 포함하는 시책을 수립·시행하여야 한다.

1. 깨끗하고 안전한 먹는 물 공급과 가뭄 등에 대비한 안정적인 수자원의 확보
2. 수생태계의 보전·관리와 수질개선
3. 물 절약 등 수요관리, 빗물 이용·하수 재이용 등 순환 체계의 정비 및 수해의 예방
4. 자연친화적인 하천의 보전·복원
5. 수질오염 예방·처리를 위한 기술 개발 및 관련 서비스 제공 등

제53조(저탄소 교통체계의 구축) ① 정부는 교통부문의 온실가스 감축을 위한 환경을 조성하고 온실가스 배출 및 에너지의 효율적인 관리를 위하여 대통령령으로 정하는 바에 따라 온실가스 감축목표 등을 설정·관리하여야 한다.

② 정부는 에너지소비량과 온실가스 배출량을 최소화하는 저탄소 교통체계를 구축하기 위하여 대중교통분담률, 철도수송분담률 등에 대한 중장기 및 단계별 목표를 설정·관리하여야 한다.

③ 정부는 철도가 국가기간교통망의 근간이 되도록 철도에 대한 투자를 지속적으로 확대하고 버스·지하철·경전철 등 대중교통수단을 확대하며, 자전거 등의 이용 및 연안해운을 활성화하여야 한다.

④ 정부는 온실가스와 대기오염을 최소화하고 교통체증으로 인한 사회적 비용을 획기적으로 줄이며 대도시·수도권 등에서의 교통체증을 근본적으로 해결하기 위하여 다음 각 호의 사항을 포함하는 교통수요관리대책을 마련하여야 한다.

1. 혼잡통행료 및 교통유발부담금 제도 개선
2. 버스·저공해차량 전용차로 및 승용차진입제한 지역 확대
3. 통행량을 효율적으로 분산시킬 수 있는 지능형교통정보시스템 확대·구축

제54조(녹색건축물의 확대) ① 정부는 에너지이용 효율 및 신·재생에너지의 사용비율이 높고 온실가스 배출을 최소화하는 건축물(이하 "녹색건축물"이라 한다)을 확대하기 위하여 녹색건축물 등급제 등의 정책을 수립·시행하여야 한다.

② 정부는 건축물에 사용되는 에너지소비량과 온실가스 배출량을 줄이기 위하여 대통령령으로 정하는 기준 이상의 건물에 대한 중장기 및 기간별 목표를 설정·관리하여야 한다.

③ 정부는 건축물의 설계·건설·유지관리·해체 등의 전 과정에서 에너지·자원 소비를 최소화하고 온실가스 배출을 줄이기 위하여 설계기준 및 허가·심의를 강화하는 등 설계·건설·유지관리·해체 등의 단계별 대책 및 기준을 마련하여 시행하여야 한다.
④ 정부는 기존 건축물이 녹색건축물로 전환되도록 에너지 진단 및 「에너지이용 합리화법」 제25조에 따른 에너지절약사업과 이를 통한 온실가스 배출을 줄이는 사업을 지속적으로 추진하여야 한다.
⑤ 정부는 신축되거나 개축되는 건축물에 대해서는 전력소비량 등 에너지의 소비량을 조절·절약할 수 있는 지능형 계량기를 부착·관리하도록 할 수 있다.
⑥ 정부는 중앙행정기관, 지방자치단체, 대통령령으로 정하는 공공기관 및 교육기관 등의 건축물이 녹색건축물의 선도적 역할을 수행하도록 제 1 항부터 제 5 항까지의 규정에 따른 시책을 적용하고 그 이행사항을 점검·관리하여야 한다.
⑦ 정부는 대통령령으로 정하는 일정 규모 이상의 신도시의 개발 또는 도시 재개발을 하는 경우에는 녹색건축물을 확대·보급하도록 노력하여야 한다.
⑧ 정부는 녹색건축물의 확대를 위하여 필요한 경우 대통령령으로 정하는 바에 따라 자금의 지원, 조세의 감면 등의 지원을 할 수 있다.

제55조(친환경 농림수산의 촉진 및 탄소흡수원 확충) ① 정부는 에너지 절감 및 바이오에너지 생산을 위한 농업기술을 개발하고, 기후변화에 대응하는 친환경 농산물 생산기술을 개발하여 화학비료·자재와 농약사용을 최대한 억제하고 친환경·유기농 농수산물 및 나무제품의 생산·유통 및 소비를 확산하여야 한다.
② 정부는 농지의 보전·조성 및 바다숲(대기의 온실가스를 흡수하기 위하여 바다 속에 조성하는 우뭇가사리 등의 해조류군을 말한다)의 조성 등을 통하여 탄소흡수원을 확충하여야 한다.
③ 정부는 산림의 보전 및 조성을 통하여 탄소흡수원을 대폭 확충하고, 산림바이오매스 활용을 촉진하여야 한다.
④ 정부는 기후변화에 적극 대응할 수 있는 신품종 개량 등을 통하여 식량자립도를 높일 수 있는 시책을 수립·시행하여야 한다.

제56조(생태관광의 촉진 등) 정부는 동·식물의 서식지, 생태적으로 우수한 자연환경자산, 지역의 특색 있는 문화자산 등을 조화롭게 보존·복원 및 이용하여 이를 관광자원화하고 지역경제를 활성화함으로써 생태관광을 촉진하고, 국민 모두가 생태체험·교육의 장으로 활용할 수 있도록 하여야 한다.

제57조(녹색성장을 위한 생산·소비 문화의 확산) ① 정부는 재화의 생산·소비·운반 및 폐기(이하 "생산등"이라 한다)의 전 과정에서 에너지와 자원을 절약하고 효율적으로 이용하며 온실가스와 오염물질의 발생을 줄일 수 있도록 관련 시책을 수립·시행하여야 한다.
② 정부는 재화 및 서비스의 가격에 에너지 소비량 및 탄소배출량 등이 합리적으로 연계·반영되고 그 정보가 소비자에게 정확하게 공개·전달될 수 있도록 하여야 한다.
③ 정부는 재화의 생산등의 전 과정에서 에너지와 자원의 사용량, 온실가스와 오염물질의 배출량 등을 분석·평가하고 그 결과에 관한 정보를 축적하여 이용할 수 있는 정보관리체계를 구축·운영할 수 있다.
④ 정부는 녹색제품의 사용·소비의 촉진 및 확산을 위하여 재화의 생산자와 판매자 등으로 하여금 그 재화의 생산등의 과정에서 발생되는 온실가스와 오염물질의 양에 대한 정보 또는 등급을 소비자가 쉽게 인식할 수 있도록 표시·공개하도록 하는 등의 시책을 수립·시행할 수 있다.
제58조(녹색생활 운동의 촉진) ① 정부는 국민 및 기업들이 녹색생활에 친숙할 수 있도록 하는 시책을 마련하고 지방자치단체·기업·민간단체 및 기구 등과 협력체계를 구축하며 교육·홍보를 강화하는 등 범국민적 녹색생활 운동을 적극 전개하여야 한다.
② 정부는 녹색생활 운동이 민간주도형의 자발적 실천운동으로 전개될 수 있도록 관련 민간단체 및 기구 등에 대하여 필요한 재정적·행정적 지원 등을 할 수 있다.
제59조(녹색생활 실천의 교육·홍보) ① 정부는 저탄소 녹색성장을 위한 교육·홍보를 확대함으로써 산업체와 국민 등이 저탄소 녹색성장을 위한 정책과 활동에 자발적으로 참여하고 일상생활에서 녹색생활 문화를 실천할 수 있도록 하여야 한다.
② 정부는 녹색생활 실천이 어릴 때부터 자연스럽게 이루어질 수 있도록 교과용 도서를 포함한 교재 개발 및 교원 연수 등 저탄소 녹색성장에 관한 학교교육을 강화하고 일반교양교육, 직업교육, 기초평생교육 과정 등과 통합·연계한 교육을 강화하여야 한다.
③ 정부는 녹색생활 문화의 정착과 확산을 촉진하기 위하여 신문·방송·인터넷포털 등 대중매체를 통한 교육·홍보 활동을 강화하여야 한다.
④ 공영방송은 지구 온난화에 따른 기후변화 및 에너지 관련 프로그램을 제작·방영하고 공익광고를 활성화하도록 적극 노력하여야 한다.

제 7 장 보 칙

제60조(자료제출 등의 요구) ① 위원회는 직무 수행상 필요하다고 인정되는 경우 관계 중앙행정기관·지방자치단체·공공기관의 장에게 저탄소 녹색성장에 관한 정보 또는 자료의 제출을 요구할 수 있다.

② 제 1 항에 따른 요구를 받은 관계 기관의 장은 국방상 또는 국가안전보장상 기밀을 요하는 사항 등 정당한 사유가 없으면 이에 응하여야 한다.

제61조(국제협력의 증진) ① 정부는 외국 및 국제기구 등과 저탄소 녹색성장에 관한 정보교환, 기술협력 및 표준화, 공동조사·연구 등의 활동에 참여하여 국제협력, 국외진출의 증진을 도모하기 위한 각종 시책을 마련하도록 한다.

② 국가는 개발도상국가가 기후변화에 효과적으로 대응하고 지속가능발전을 촉진할 수 있도록 재정 지원을 하는 등 국제사회의 기대에 맞는 국가적 책무를 성실히 이행하고 국가의 외교적 위상을 높일 수 있도록 노력하여야 한다.

③ 정부는 국제기구 및 관련 기관에서 발표하는 공신력 있는 기후변화대응 평가에 대한 국가별 지수에서 우리나라의 위상 및 평가가 올라갈 수 있도록 기후변화대응을 적극 추진하고 국제협력을 강화하며 관련 정보를 충분히 제공하는 등 모든 노력을 기울여야 한다.

제62조(국회 보고) ① 정부는 제 9 조 제 1 항에 따른 녹색성장 국가전략을 수립하였을 때에는 지체없이 국회에 보고하여야 한다.

② 중앙행정기관의 장은 중앙추진계획을 수립하였을 때에는 지체없이 소관 상임위원회(또는 관련 특별위원회)에 보고하여야 하며, 그 이행결과를 다음 해 2월 말일까지 소관 상임위원회(또는 관련 특별위원회)에 보고하여야 한다.

제63조(국가보고서의 작성) ① 정부는 「기후변화에 관한 국제연합 기본협약」에서 정하는 바에 따라 국가보고서를 작성할 수 있다.

② 정부는 제 1 항에 따른 국가보고서를 작성하기 위하여 필요한 경우 관계 중앙행정기관의 장에게 자료의 제출을 요청할 수 있다. 이 경우 관계 중앙행정기관의 장은 특별한 사유가 없으면 요청에 따라야 한다.

③ 정부는 제 1 항에 따른 국가보고서를 「기후변화에 관한 국제연합 기본협약」의 당사국 총회에 제출할 때에는 위원회의 심의를 거쳐야 한다.

제64조(과태료) ① 다음 각 호의 자에게는 1천만원 이하의 과태료를 부과한다.

1. 제42조 제 6 항·제 9 항 또는 제44조 제 1 항에 따른 보고를 하지 아니하거나 거짓으로 보고한 자
2. 제42조 제 8 항에 따른 개선명령을 이행하지 아니한 자
3. 제42조 제 9 항에 따른 공개를 하지 아니한 자
4. 제44조 제 2 항에 따른 시정이나 보완 명령을 이행하지 아니한 자

② 제 1 항에 따른 과태료는 대통령령으로 정하는 바에 따라 관계 행정기관의 장이 부과·징수한다.

부칙<제12345호, 2010.1.13>

제 1 조(시행일) 이 법은 공포 후 3개월이 경과한 날부터 시행한다. 다만, 부칙 제 4 조 제12항 및 제13항에 따른 환경경영체제인증의 녹색경영체제인증으로의 변경은 공포 후 1년 6개월이 경과한 날로부터 시행한다.

제 2 조(명세서 작성에 관한 특례) 관리업체는 제44조에도 불구하고 이 법 시행 첫해에는 과거 3년간의 온실가스 배출량 및 에너지 소비량에 대하여 명세서를 작성하여 보고하여야 한다.

제 3 조(녹색성장 국가전략에 관한 경과조치) 이 법 시행 당시 종전의 대통령 훈령 제239호에 따라 설치된 녹색성장위원회가 수립하여 국무회의의 심의를 거쳐 시행 중인 녹색성장 국가전략은 제 9 조에 따른 녹색성장국가전략으로 본다.

제 4 조(다른 법률의 개정) ① 대기환경보전법 일부를 다음과 같이 개정한다.

제12조를 삭제한다.

제81조 제 1 항 제 2 호를 삭제한다.

② 대·중소기업 상생협력 촉진에 관한 법률 일부를 다음과 같이 개정한다.

제12조의 제목 및 같은 조 제 1 항 중 "환경경영"을 각각 "녹색경영"으로 한다.

③ 산업기술혁신 촉진법 일부를 다음과 같이 개정한다.

제 2 조 제 1 호 중 "「에너지기본법」"을 "「에너지법」"으로 한다.

④ 산업발전법 일부를 다음과 같이 개정한다.

제 4 조 제 2 항 제 4 호 중 "「에너지기본법」"을 "「에너지법」"으로 한다.

⑤ 수도권 대기환경개선에 관한 특별법 일부를 다음과 같이 개정한다.

제10조 제2호를 다음과 같이 한다.
2. 「저탄소 녹색성장 기본법」 제41조에 따른 에너지기본계획
⑥ 신에너지 및 재생에너지 개발·이용·보급 촉진법 일부를 다음과 같이 개정한다.
제5조 제2항 제3호의2 중 "「에너지기본법」 제2조 제10호의 규정에 의한"을 "「에너지법」 제2조 제10호에 따른"으로 한다.
제32조 제2항 중 "「에너지기본법」 제13조에 따른"을 "「에너지법」 제13조에 따른"으로 한다.
⑦ 에너지기본법 일부를 다음과 같이 개정한다.
제명 "에너지기본법"을 "에너지법"으로 한다.
제3조를 삭제한다.
제5조 본문 중 "기본원칙"을 "「저탄소 녹색성장 기본법」 제39조에 따른 기본원칙"으로 한다.
제6조를 삭제한다.
제7조 제1항 중 "기본계획"을 "「저탄소 녹색성장 기본법」 제41조에 따른 에너지기본계획(이하 "기본계획"이라 한다)"으로 한다.
제8조 제2항 중 "제9조의 규정에 따른 국가에너지위원회"를 "제9조에 따른 에너지위원회"로 한다.
제9조의 제목 "(국가에너지위원회의 구성 및 운영)"을 "(에너지위원회의 구성 및 운영)"으로 한다.
제9조 제1항 중 "국가에너지위원회"를 "에너지위원회"로 하고, 같은 조 제2항 중 "위원장 및 부위원장 각 1인을 포함한 25인"을 "위원장 1명을 포함한 25명"으로 하며, 같은 조 제3항을 다음과 같이 한다.
③ 위원장은 지식경제부장관이 된다.
제9조 제4항 중 "중앙행정기관의 장"을 "중앙행정기관의 고위공무원단에 속하는 고위공무원"으로 하고, 같은 조 제5항 전단 중 "대통령"을 "지식경제부장관"으로 하며, 같은 조 제8항을 다음과 같이 하고, 같은 조 제9항 중 "지식경제부장관"을 "지식경제부차관"으로 한다.
⑧ 위원장이 부득이한 사유로 직무를 수행할 수 없을 때에는 위원장이 미리 지명한 위원이 그 직무를 대행한다.

제10조 제 1 호를 다음과 같이 한다.

1. 「저탄소 녹색성장 기본법」 제41조 제 2 항에 따른 에너지기본계획 수립 · 변경의 사전 심의에 관한 사항

제19조 제 1 항 중 "제 6 조의 규정에 의한 국가에너지기본계획"을 "기본계획"으로 하고, 같은 조 제 3 항을 삭제한다.

⑧ 에너지이용 합리화법 일부를 다음과 같이 개정한다.

제 2 조 중 "「에너지기본법」"을 "「에너지법」"으로 한다.

⑨ 전기 · 전자제품 및 자동차의 자원순환에 관한 법률 일부를 다음과 같이 개정한다.

제 2 조 제 7 호 중 "「에너지기본법」"을 "「에너지법」"으로 한다.

⑩ 지속가능발전 기본법 일부를 다음과 같이 개정한다.

제명 "지속가능발전 기본법"을 "지속가능발전법"으로 한다.

제 3 조부터 제 6 조까지를 각각 삭제한다.

제 7 조를 다음과 같이 한다.

제 7 조(국가 · 지방이행계획의 협의 · 조정) 중앙행정기관의 장이나 특별시장 · 광역시장 · 도지사 · 특별자치도지사(이하 "시 · 도지사"라 한다)는 다른 중앙행정기관이나 특별시 · 광역시 · 도 · 특별자치도(이하 "시 · 도"라 한다)의 「저탄소 녹색성장 기본법」 제50조 제 4 항에 따른 중앙 지속가능발전 기본계획(이하 "국가이행계획"이라 한다) 또는 같은 조 제 5 항에 따른 지방 지속가능발전 기본계획(이하 "지방이행계획"이라 한다)이 그 중앙행정기관 또는 시 · 도의 이행계획의 시행에 지장을 초래하거나 초래할 우려가 있다고 인정할 때에는 대통령령으로 정하는 바에 따라 상호 협의 · 조정하여야 한다. 이 경우 중앙행정기관의 장이나 시 · 도지사는 그 협의 · 조정 사항에 관하여 제15조에 따른 지속가능발전위원회(이하 "위원회"라 한다) 또는 「저탄소 녹색성장 기본법」 제20조에 따른 해당 지방녹색성장위원회의 의견을 들을 수 있다.

제 8 조를 삭제한다.

제 9 조 제 1 항 중 "국가위원회"를 "위원회"로 하고, 같은 조 제 2 항 중 "국가위원회로부터"를 "위원회로부터"로 하며, 같은 조 제 3 항 및 제 4 항을 각각 삭제한다.

제10조를 다음과 같이 한다.

제10조(다른 법령에 따른 계획과의 연계) 국가와 지방자치단체는 다른 법령에 따라 수립하는 행정계획과 정책이 「저탄소 녹색성장 기본법」 제49조에 따른 기본원칙과 같은 법

제50조에 따른 지속가능발전 기본계획과 조화를 이루도록 노력하여야 한다.
제11조 제 1 항, 제 2 항 및 제 5 항부터 제 8 항까지 중 "국가위원회"를 각각 "위원회"로 한다.
제11조 제 3 항 및 제 5 항부터 제 8 항까지 중 "지방위원회"를 각각 "지방 녹색성장위원회"로 한다.
제11조 제 2 항 중 "국가기본전략"을 "지속가능발전 기본계획"으로 하고, 같은 조 제 3 항 중 "지방기본전략"을 "지방이행계획"으로 한다.
제12조를 삭제한다.
제13조 및 제14조를 각각 다음과 같이 한다.
제13조(지속가능발전지표 및 지속가능성 평가) ① 국가는 지속가능발전지표를 작성하여 보급하여야 한다.
② 제15조에 따른 지속가능발전위원회는 제 1 항에 따른 지속가능발전지표에 따라 2년마다 국가의 지속가능성을 평가하여야 한다.
③ 제 1 항 및 제 2 항에 따른 지속가능발전지표의 작성·보급 및 지속가능성 평가에 필요한 사항은 대통령령으로 정한다.
제14조(지속가능성보고서) ① 제15조에 따른 지속가능발전위원회는 2년마다 제13조 제 2 항에 따른 지속가능성 평가결과를 종합하는 지속가능성보고서를 작성하여 대통령에게 보고한 후 공표(公表)하여야 한다.
② 정부는 제 1 항에 따라 작성한 지속가능성보고서를 국회에 보고하여야 한다.
③ 제 1 항에 따른 지속가능성보고서의 작성 등에 필요한 사항은 대통령령으로 정한다.
제 4 장의 제목 "국가 및 지방 지속가능발전위원회"를 "지속가능발전위원회"로 한다.
제15조 및 제16조를 각각 다음과 같이 한다.
제15조(지속가능발전위원회의 설치) 국가의 지속가능발전을 효율적으로 추진하기 위하여 환경부장관 소속으로 지속가능발전위원회를 둔다.
제16조(위원회의 기능) 위원회는 다음 각 호의 사항을 심의한다.

1. 「저탄소 녹색성장 기본법」 제50조 제 2 항에 따른 지속가능발전 기본계획 수립·변경의 사전심의에 관한 사항
2. 제 7 조에 따른 이행계획의 협의·조정에 관한 사항
3. 제 9 조 제 1 항에 따른 국가이행계획의 추진상황 점검에 관한 사항

4. 제11조에 따른 법령 및 행정계획에 대한 검토 및 통보 등에 관한 사항
5. 제13조에 따른 지속가능발전지표의 작성 및 지속가능성 평가에 관한 사항
6. 제14조 제1항에 따른 지속가능성보고서의 작성 및 공표에 관한 사항
7. 제20조에 따른 지속가능발전 지식·정보의 보급 등에 관한 사항
8. 제21조에 따른 교육·홍보 등에 관한 사항
9. 제22조에 따른 국내외 협력 등에 관한 사항
10. 그 밖에 지속가능발전을 위하여 고려하여야 할 주요 정책과 이와 관련된 사회적 갈등 해결에 관하여 환경부장관에 대한 자문이 필요한 사항

제17조의 제목 "(국가위원회의 구성 등)"을 "(위원회의 구성 등)"으로 한다.

제17조 제1항 중 "국가위원회"를 "위원회"로 하고, 같은 조 제2항 중 "중앙행정기관의 장과 시·도의 지방위원회 위원장"을 "중앙행정기관의 고위공무원단에 속하는 고위공무원"으로 하며, 같은 조 제3항 중 "대통령"을 "환경부장관"으로 하고, 같은 조 제5항 및 제6항 중 "국가위원회"를 각각 "위원회"로 한다.

제18조를 다음과 같이 한다.

제18조(정책에 관한 의견의 제시) ① 위원회는 지속가능발전을 위하여 필요하다고 인정하면 관계 중앙행정기관 또는 지방자치단체의 정책에 관하여 의견을 제시할 수 있다.
② 제1항에 따라 의견을 제시받은 관계 중앙행정기관 또는 관계 지방자치단체의 장은 그 의견을 존중하고 이를 관계 법령의 제·개정이나 행정계획의 수립·변경에 반영하기 위하여 노력하여야 한다.

제19조 제1항 및 제2항 중 "국가위원회"를 각각 "위원회"로 한다.

제20조 제2항, 같은 조 제3항 전단 및 같은 조 제4항 중 "국가위원회"를 각각 "위원회"로 한다.

제21조 중 "기본전략의 수립·이행·평가와 그 밖에 지속가능발전을"을 "지속가능발전을"로 한다.

제22조 제1항을 다음과 같이 한다.

① 국가와 지방자치단체는 지속가능발전을 위하여 긴밀하게 상호 협력하여야 한다.

⑪ 폐기물관리법 일부를 다음과 같이 개정한다.

제2조 제7호 중 "「에너지기본법」"을 "「에너지법」"으로 한다.

⑫ 환경기술개발 및 지원에 관한 법률 일부를 다음과 같이 개정한다.

제 1 조 중 "환경보전"을 "환경보전, 녹색성장 촉진"으로 한다.

제 5 조의2 제 1 항 중 "「친환경상품 구매촉진에 관한 법률」 제 2 조 제 1 호에 따른"을 "「저탄소 녹색성장 기본법」 제 2 조 제 5 호에 따른"으로 한다.

제 5 조의2 제 1 항 중 "친환경상품"을 각각 "녹색제품"으로 하고, 같은 조 제 4 항 제 3 호 중 "환경기술 · 경영"을 "환경기술 및 녹색경영"으로 하며, 같은 항 제 7 호 중 "환경산업 · 기술 · 경영"을 "환경산업 · 기술 및 녹색경영"으로 한다.

제 5 조의2 제 4 항 제 8 호 및 제 9 호 중 "친환경상품"을 각각 "녹색제품"으로 하고, 같은 항 제10호 중 "환경산업 · 기술 · 경영 및 친환경상품"을 "환경산업 · 기술, 녹색경영 및 녹색제품"으로 하며, 같은 항 제11호 중 "환경경영"을 "녹색경영"으로, "친환경상품 구매촉진과"를 "녹색제품 구매촉진과"로 한다.

제16조의2의 제목, 같은 조 제 1 항부터 제 5 항까지, 제16조의3의 제목, 같은 조 각 호 외의 부분 및 같은 조 제 3 호 중 "환경친화기업"을 각각 "녹색기업"으로 한다.

제16조의2 제 1 항 전단 중 "환경경영체제"를 "녹색경영체제"로 한다.

제16조의2 제 1 항 후단 중 "환경경영체제인증"을 "녹색경영체제인증"이라 한다.

⑬ 환경친화적 산업구조로의 전환촉진에 관한 법률 일부를 다음과 같이 개정한다.

제 2 조 제 5 호를 다음과 같이 한다.

5. "녹색경영"이란 「저탄소 녹색성장 기본법」 제 2 조 제 7 호에 따른 녹색경영을 말한다.

제 2 조 제 7 호 중 "환경경영체제"를 "녹색경영체제"로, "환경경영을"을 "녹색경영을"로 하고, 같은 조 제 8 호 중 "환경경영체제인증"을 "녹색경영체제인증"으로, "환경경영체제가"를 "녹색경영체제가"로 한다.

제 6 조의2의 제목 "(환경경영컨설팅사업의 육성 등)"을 "(녹색경영컨설팅사업의 육성 등)"으로 한다.

제 6 조의2 제 1 항 각 호 외의 부분 중 "환경경영을"을 "녹색경영을"로, "환경경영컨설팅사업"을 "녹색경영컨설팅사업"으로 하고, 같은 항 제 3 호 및 같은 조 제 2 항 후단 중 "환경경영컨설팅사업"을 각각 "녹색경영컨설팅사업"으로 한다.

제 7 조 제 2 항 제 4 호 중 "환경경영체제구축"을 "녹색경영체제구축"으로 한다.

제12조 제 1 항 제 3 호 중 "환경친화적 산업구조전환 추진본부"를 "녹색경영 추진본부"로 하고, 같은 항 제 4 호 중 "환경경영촉진"을 "녹색경영 촉진"으로 한다.

제13조의 제목 "(환경친화적 산업구조전환 추진본부)"를 "(녹색경영 추진본부)"로 한다.

제13조 제 1 항 중 “환경친화적 산업구조전환 추진본부”를 “녹색경영 추진본부”로 하고, 같은 조 제 2 항 제 5 호 중 “환경경영활동”을 “녹색경영 활동”으로 한다.

제 3 장의 제목 중 “환경경영”을 “녹색경영”으로 한다.

제15조의 제목 “(환경경영 촉진시책의 마련 등)”을 “(녹색경영 촉진시책의 마련 등)”으로 한다.

제16조의 제목 “(환경경영체제의 인증 등)”을 “(녹색경영체제의 인증 등)”으로 한다.

제16조의2의 제목 “(환경경영체제인증의 신뢰성 제고 등)”을 “(녹색경영체제인증의 신뢰성 제고 등)”으로 한다.

제18조의 제목 “(환경경영에 관한 교육 · 홍보 등)”을 “(녹색경영에 관한 교육 · 홍보 등)”으로 한다.

제19조의 제목 “(환경경영에 관한 진단 · 지도)”를 “(녹색경영에 관한 진단 · 지도)”로 한다.

제 2 조 제 1 호, 제 4 조 제 2 항 제 4 호, 제 6 조 제 1 항 제 4 호, 같은 조 제 3 항 각 호 외의 부분 및 제15조 제 1 항 · 제 2 항 중 “환경친화적인 제품”을 각각 “녹색제품”으로 한다.

제 2 조 제 9 호, 제16조 제 1 항 각 호 외의 부분, 같은 항 제 1 호부터 제 3 호까지 및 같은 조 제 2 항, 같은 조 제 3 항 전단, 같은 조 제 7 항 중 “환경경영체제”를 각각 “녹색경영체제”로 한다.

제 3 조 제 2 항 제 5 호, 제 7 조 제 1 항, 제15조 제 1 항, 제16조의2 제1 항 각 호 외의 부분, 제17조제 1 항 제 2 호, 제18조 제 1 항 · 제 2 항, 제19조 및 제28조 제 2 항 중 “환경경영”을 각각 “녹색경영”으로 한다.

제16조의2 제 1 항 각 호 외의 부분, 같은 조 제 1 호 · 제 3 호, 제16조의3 전단 및 제27조 제 2 항 중 “환경경영체제인증”을 각각 “녹색경영체제인증”으로 한다.

⑭ 친환경상품 구매촉진에 관한 법률 일부를 다음과 같이 개정한다.

제 2 조 제 1 호를 다음과 같이 한다.

1. “친환경상품”이란 「저탄소 녹색성장 기본법」 제 2 조 제 5 호에 따른 녹색제품으로서 다음 각 목의 어느 하나에 해당하는 것을 말한다.
   가. 「환경기술개발 및 지원에 관한 법률」 제17조 제 1 항에 따른 환경표지의 인증을 위한 대상품목으로서 인증을 받은 상품 또는 같은 조 제 3 항에 따라 환경부장관이 정하여 고시하는 대상품목별 인증기준에 적합한 상품

나. 「자원의 절약과 재활용촉진에 관한 법률」 제33조 및 「산업기술혁신 촉진법」 제15조에 따라 지식경제부장관이 정하여 고시하는 재활용제품의 품질인증 대상품목으로서 인증을 받은 상품 또는 인증기준에 적합한 상품

다. 그 밖에 녹색제품으로서 환경부장관이 지식경제부장관과 협의하여 고시하는 대상품목별 판단기준에 적합한 상품

색　인

저자약력

정 서 용

서울대학교 법과대학 졸업 및 동 대학원 석사 및 박사과정 수료
영국 런던정경대학교(LSE) 국제관계학 석사(Diploma)
미국 스탠포드 대학교 법학석사(JSM) 및 법학박사(JSD)

명지대학교 법과대학 부교수 역임
(현) 고려대학교 국제학부 부교수
대통령직속 녹색성장위원회 위원(기후변화 분과)
유엔 바젤협약(Basel Convention) 이행준수위원회 위원
외교안보연구원 겸임교수(국제법/환경)
(재) 서울국제법연구원 기후환경법정책센터 센터장
아시아태평양 안보협력이사회(CSCAP) 한국위원회 사무국장
서울국제법연구 편집위원
환경정책연구 편집위원
국제관계연구 편집위원

주요저서 및 논문

동북아시아 환경협력: 황해와 황사, 집문당(아산재단 연구총서), 2005.
국제법 판례 100선(개정판, 3인공저), 박영사, 2010.
"Strengthening Regional Governance to Protect the Marine Environment in Northeast Asia: From a Fragmented to an Integrated Approach." *Marine Policy* Vol. 34 (2010) 외
국내외 논문 다수

글로벌 기후변화 거버넌스와 국제법

2011년 2월 20일 초판인쇄
2011년 2월 28일 초판발행
저 자 정 서 용
발행인 안 종 만
발행처 (株) 博 英 社
서울특별시 종로구 평동 13-31번지
전화 (733)6771 FAX (736)4818
등록 1959. 3. 11. 제300-1959-1호(倫)
www.pakyoungsa.co.kr e-mail: pys@pakyoungsa.co.kr

정 가 19,000원 ISBN 978-89-6454-667-3